全国革命老区县发展史丛书·广东卷

梅州市梅县区革命老区发展史

梅州市梅县区革命老区发展史编委会 编

SPM 南方出版传媒·广东人民出版社
·广州·

图书在版编目（CIP）数据

梅州市梅县区革命老区发展史／梅州市梅县区革命老区发展史编委会编. —广州：广东人民出版社，2020.5

（全国革命老区县发展史丛书·广东卷）

ISBN 978-7-218-13945-6

Ⅰ. ①梅… Ⅱ. ①梅… Ⅲ. ①梅县—地方史 Ⅳ. ①K296.54

中国版本图书馆 CIP 数据核字（2019）第 238100 号

MEIZHOU SHI MEIXIAN QU GEMING LAOQU FAZHANSHI

梅州市梅县区革命老区发展史

梅州市梅县区革命老区发展史编委会　编　　　版权所有　翻印必究

出　版　人：肖风华

责任编辑：谢　尚
责任校对：沈展云
装帧设计：张力平
责任技编：吴彦斌　周星奎

出版发行：广东人民出版社
地　　址：广州市海珠区新港西路 204 号 2 号楼（邮政编码：510300）
电　　话：（020）85716809（总编室）
传　　真：（020）85716872
网　　址：http://www.gdpph.com
印　　刷：广州市浩诚印刷有限公司
开　　本：715mm×995mm　1/16
印　　张：26.375　插　页：8　字　数：329 千
版　　次：2020 年 5 月第 1 版
印　　次：2020 年 5 月第 1 次印刷
定　　价：98.00 元

如发现印装质量问题，影响阅读，请与出版社（020-85716808）联系调换。
售书热线：（020）85716826

广东省编纂《革命老区县发展史》丛书
指导小组

组　　长：陈开枝（广东省老区建设促进会会长）

副组长：林华景（广东省老区建设促进会常务副会长）

宋宗约（广东省农业农村厅副巡视员、广东省老区
建设促进会副会长）

刘文炎（广东省老区建设促进会副会长）

郑木胜（广东省老区建设促进会副会长）

姚泽源（广东省老区建设促进会副会长兼秘书长）

谭世勋（广东省老区建设促进会副会长）

办公室

主　　任：姚泽源（兼）

副主任：廖纪坤（广东省农业农村厅扶贫协作与老区建设处
处长）

柯绍华（广东省老区建设促进会副秘书长）

伍依丽（广东省老区建设促进会副秘书长）

《梅州市梅县区革命老区发展史》编纂编委会

顾　　　问：黄甘英　王　维　梁集祥　谢毕真　谢强华

　　　　　　曾　洪　何正拔　李俊夫　罗德宜　罗伟奎

　　　　　　连建文　王宗钦　蓝锦生　余光旋

编委会主任：钟光灵

编委会副主任：张运全　温助民

执 行 主 任：李瑞金

编委会成员：黄声洪　翁尚华　陈标君　陈永征　曾婉玲

编委会办公室

主　任：李耿新

副主任：陈其树　王继伟

编辑部

主　　编：黄声洪

执行主编：李耿新

副 主 编：郭来生　黄水泉　王继伟

责任编辑：李耿新　郭来生

特约编辑：叶剑灵

编　　辑：安　平　邓玉印　潘敏华　林柿华　陈其树　叶立新

编　　审：黄声洪　翁尚华　李耿新　郭来生　黄水泉　王继伟

校　　对：梁荣生　邱荣宗

电子版合成：王继伟

在举国欢庆新中国成立 70 周年前夕，中国老区建设促进会王健会长请我为《全国革命老区县发展史》丛书作序，作为一名在老区战斗过并得到老区人民生死相助的老兵，回首往事，心潮澎湃，感慨万千，深感义不容辞，欣然应允。

中国革命老区，是以毛泽东为代表的中国共产党人在领导人民推翻帝国主义、封建主义和官僚资本主义三座大山，争取民族独立和人民解放伟大斗争中建立的革命根据地，在这片红色的土地上，诞生了无数可歌可泣的革命英雄儿女，为后人树起了一座不朽的丰碑，她是新中国的摇篮，是党和军队的根。

在艰苦卓绝的战争年代，老区人民把自己的命运与中华民族的命运紧紧地联系在一起，与中国共产党和人民军队的命运紧紧地联系在一起，他们生死相依，患难与共。我曾亲历过战争年代，并得到过老区红哥红嫂的救助，切身感受到发生在身边的一幕幕撼天动地的革命故事，在那极其艰难的条件下，老区人民倾其所有、破家支前，不怕艰难困苦，不怕流血牺牲。"最后一碗米送去做军粮，最后一尺布送去做军装，最后一件老棉袄盖在担架上，最后一个亲骨肉送去上战场"，这是当时伟大的老区人民为建立新中国做出巨大牺牲的真实写照，它将永远镌刻在中国共产党、中国人民解放军、中华人民共和国的历史丰碑上。他们的光辉业绩永载史册，他们的革命精神必将影响一代又一代的革命新人，造就一代又一代的民族脊梁。

在社会主义革命和建设时期，革命老区和老区人民响应党的号召，面对落后的面貌、脆弱的经济、恶劣的生态环境，他们本色不变，精神不丢，自力更生，艰苦奋斗，干一行爱一行。始终坚持"革命理想高于天"，自觉做共产主义远大理想的坚定信仰者和忠实实践者，勇于向恶劣的自然环境和贫穷落后宣战，他们在各条战线上为国建功立业，用平凡的双手创造了一个又一个不平凡的奇迹，彰显了老区人民的崇高精神和人格力量。

在改革开放的伟大进程中，老区人民解放思想，勇于创新，发奋图强，攻坚克难，老区的经济社会建设取得了辉煌成就。特别是在改变中国的面貌、中华民族的面貌、中国人民的面貌、中国共产党的面貌的伟大实践中发挥了至关重要的作用。老区人民既是改革开放的参与者，也是改革开放的推动者。

艰苦练意志，危难见精神。老区人民在近百年的革命战争、社会主义建设和改革开放的伟大实践中，孕育形成了伟大的老区精神：爱党信党、坚定不移的理想信念；舍生忘死、无私奉献的博大胸怀；不屈不挠、敢于胜利的英雄气概；自强不息、艰苦奋斗的顽强斗志；求真务实、开拓创新的科学态度；鱼水情深、生死相依的光荣传统。这是党和人民宝贵的精神财富、丰厚的政治资源，是凝心聚力、振奋民族精神的重要法宝，也是社会主义核心价值观的重要内容。

中国老区建设促进会怀着强烈的政治责任感和历史使命感，组织全国各地老促会人员克服困难，尽心竭力编纂《全国革命老区县发展史》丛书，记录老区的光辉历史和辉煌成就，传承红色基因，弘扬老区精神，是功在当代、利及千秋的一件大事。手捧这部丛书的部分书稿，读着书中的故事，倍感亲切，深感这部丛书具有资政、育人、存史的社会功能，有着重要的时代和历史价值。它是不忘初心、牢记使命的源头活水，是赞颂共产党、讴歌老区人民的一部精品力作，是弘扬老区精神、传承红色记忆的丰厚载体，是一项继承优秀传统文化、弘扬革命文化、发展社会主义先进文化，坚定"四个自信"的宏大文化工程。它必将成为一种文化品牌，为各界人士了解老区、宣传老区、支持老区提供一部有价值的研究史料。希望读者朋友们能从中了解并牢记这些为党和民族的利益不断奉献的老区人民，从中得到教益，汲取人生奋斗的精神动力。

新时代赋予新使命，新起点开启新征程。让我们更加紧密地团结在以习近平同志为核心的党中央周围，坚持以习近平新时代中国特色社会主义思想为指导，增强"四个意识"，坚定"四个自信"，做到"两个维护"，弘扬老区精神，铭记苦难辉煌。为实现"两个一百年"奋斗目标，实现中华民族伟大复兴的中国梦作出新的更大的贡献！

周涛田

2019 年 4 月 11 日

2017 年 6 月，中国老区建设促进会组织全国各地老促会启动编纂《全国革命老区县发展史》丛书，按照"建立中国共产党、成立中华人民共和国、推进改革开放和中国特色社会主义事业"三大里程碑的历史脉络，系统书写革命老区百年历史，深入挖掘革命老区红色文化资源，这对于充实丰富中国革命史籍宝库、在新时代传承红色基因、弘扬革命精神、强固根本，对于激励人们在新的历史条件下夺取中国特色社会主义伟大胜利，实现中华民族伟大复兴的中国梦具有重要意义。

丛书编纂以习近平新时代中国特色社会主义思想为指导，以《中国共产党历史》《中国共产党的九十年》等重要文献为基本依据，以党的领导为核心，以老区人民为主体，以老区发展为主线，体现历史进程特征，突出时代发展特色，坚持辩证唯物主义和历史唯物主义相统一、历史真实性与内容可读性相统一的原则，书写革命老区从站起来、富起来到强起来的光辉革命史、不懈奋斗史、辉煌成就史，把老区人民的伟大贡献、伟大创造、伟大成就、伟大精神充分展示出来，形成一部具有厚重历史特征和鲜明时代特色的精品力作。这是一部培根铸魂、守正创新，既为历史立言，又为时代服务，字里行间流淌着红色血脉、催生着革命激情的传世之作。丛书的编纂出版将成为讴歌党讴歌人民讴歌时代、传播红色文化、为革命老区和老区人民树碑立传的重要载体。

丛书按照编年体与纪事本末体相结合、以编年体为主的编写体例确定框架结构；运用时经事纬、点面结合的方式记述史实；坚持人事结合、以事带人的原则处理人与事的关系；采取夹叙夹议、叙论结合以叙为主的方法展开内容。做到了史料与史论、历史与现实、政治与学术统一，文献性、学术性、知识性相兼容。

为编纂好《全国革命老区县发展史》丛书，打造红色文化品牌，中国老区建设促进会认真组织积极协调，提出政治立场鲜明、史料真实准确、思想论述深刻、历史维度厚重、时代特色突出、编写体例规范、篇目布局合理、审读把关严格、出版制作精良的编纂出版总要求，力求达到革命史籍精品的精神高度、思想深度、知识广度、语言力度，增强丛书的权威性和社会影响力。各省（区、市）、市（州、盟）、县（市、区、旗）老促会的同志，以强烈的使命感、责任感和紧迫感，勇于担当，积极作为，认真实施，组织由老促会成员、专家学者等参加的十余万人编纂队伍。编纂工作主体责任在县，省、市组织协调、有力指导、审读把关。各方面人员以高度负责的精神和科学严谨的态度，满腔热情地投入工作，为丛书编纂出版做出了重要贡献。丛书编纂工作还得到了党和国家有关部委、地方各级党委政府及有关部门的大力支持和积极参与，社会各界也给予了热情帮助。中共中央政治局原委员、中央军委原副主席、原国务委员兼国防部长迟浩田上将，对老区人民怀有深厚感情，对革命老区建设发展十分关注，欣然为《全国革命老区县发展史》丛书作总序。

丛书由总册和 1599 部分册（每个革命老区县编纂 1 部分册）组成，共 1600 册。鉴于丛书所记述的史实内容多、时间跨度长和编纂时间紧，不妥之处，敬请批评指正。

中国老区建设促进会

梅县区行政区划图

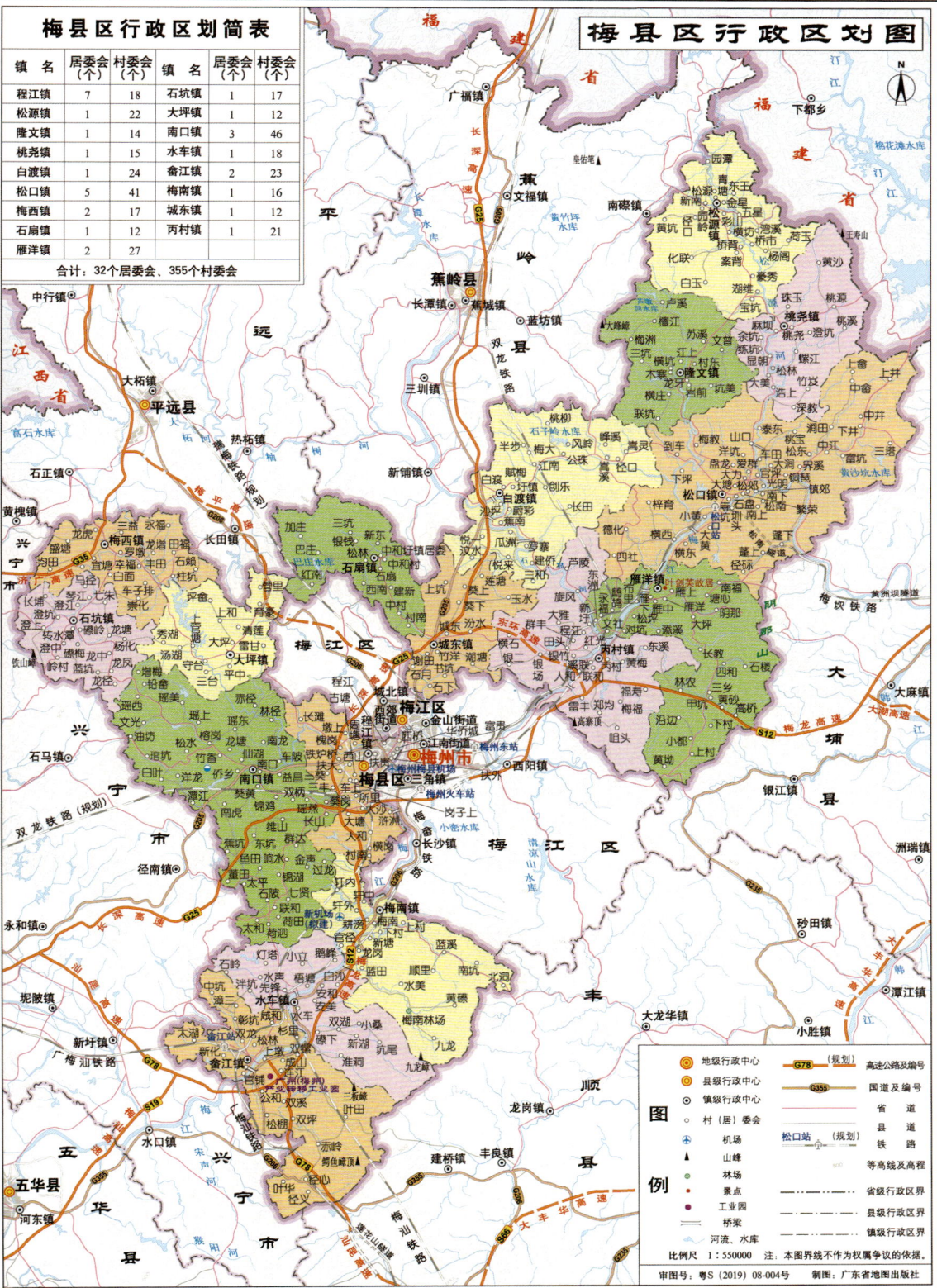

梅县区行政区划简表

镇名	居委会（个）	村委会（个）	镇名	居委会（个）	村委会（个）
程江镇	7	18	石坑镇	1	17
松源镇	1	22	大坪镇	1	12
隆文镇	1	14	南口镇	3	46
桃尧镇	1	15	水车镇	1	18
白渡镇	1	24	畲江镇	2	23
松口镇	5	41	梅南镇	1	16
梅西镇	2	17	城东镇	1	12
石扇镇	1	12	丙村镇	1	21
雁洋镇	2	27			

合计：32个居委会、355个村委会

图例

◎ 地级行政中心	G78（规划）	高速公路及编号
◎ 县级行政中心	G355	国道及编号
○ 镇级行政中心		省道
○ 村（居）委会		县道
✈ 机场	松口站（规划）	铁路
▲ 山峰		等高线及高程
● 林场		省级行政区界
● 景点		县级行政区界
● 工业园		镇级行政区界
		河流、水库
		桥梁

比例尺 1：550000   注：本图界线不作为权属争议的依据。

审图号：粤S（2019）08-004号   制图：广东省地图出版社

● 红色土地 ●

1927 年秋创建的梅县九龙嶂革命根据地是土地革命战争时期梅州革命武装斗争的中心，是被梅州史学界及中央、省级党史专家赞誉为"粤东北井岗山"的红色苏区。

九龙嶂根据地
粤东北井岗山

2009 年，梅县县委、县政府为传承革命历史，在梅南九龙嶂九里岃〔广东工农革命军（东路）第十团团部旧址〕建立九龙嶂革命斗争纪念亭、纪念馆。

东江工农红军总指挥部旧址——梅南水尾村"星拱楼"

2018年6月26日，梅县区在梅南水尾村举行纪念原中央苏区粤东北（九龙嶂）革命根据地创建90周年纪念活动。

● 老区新貌 ●

梅县新城人民广场航拍图

丙村荷树园发电厂

广东宝丽华集团公司

松源烟叶基地

2005 年开通梅县至丙村雁洋的 S223 线路段

梅县梅南镇 206 国道与广梅汕铁路一角

1985 年开始建、1987 年 9 月 1 日通航的梅县机场

曾宪梓大桥坐落在梅江区三角镇三龙村，与梅县程江镇大沙河唇相接，于2002年12月由中国改革开放40周年"改革先锋"奖获得者、原全国人大常委曾宪梓博士独资捐建。

梅县外国语学校全貌

中山大学粤东医院

2012 年 10 月在梅县新城曾宪梓体育场举行强民体育运动会足球比赛

2018 年 10 月世界客都·梅州马拉松赛在梅县人民广场开跑盛况

国家 5A 级旅游景区雁南飞茶田

雁山度假村

国际慢城梅县区雁洋镇新貌

雁南飞茶田·桥溪古韵

千年古镇——松口老街一角

梅县南口侨乡村

梅县大新城盘古步行街

2018年8月22日上午，广东省老区建设促进会、广东省雁洋公益基金会、梅州市老区建设促进会等单位，联合组织梅州市8个县（市、区）烈士后裔代表，到梅县区雁洋镇叶剑英纪念园，举行烈士后裔助学助困金发放仪式。

● 发展成果 ●

2018 年首届中国农民丰收节全国六个分会场之一暨广东省主会场（梅县松口镇大黄村）庆典盛况

● **本土特色** ●

梅县隆文大米

梅州市土特产梅县区松源镇麦芽糖

客家特产梅县区松源镇豆腐干

● 调研活动 ●

庆祝梅县荣获中央苏区县留影

2014年5月8日，梅州市县老促会部分成员在畲江镇邹韬奋纪念馆合影留念

在广东工农革命军（东路）第十团团部、五县暴委、七县联委所在地——梅县梅南镇九龙村九里岃，市县镇老促会部分成员调研留影

在全国各族人民满怀豪情迎接中华人民共和国成立 70 周年之际，《梅州市梅县区革命老区发展史》编纂完成，值得庆贺！这是一部具有史料价值和革命传统教育意义的地方史书，图文并茂，内容丰富，特色鲜明，很有意义。

梅县区地处粤东北山区，为闽粤赣边陲重地，历来是梅州地区的政治、经济、文化和革命斗争的中心，在这片红色土地上，孕育了开国元勋叶剑英等一大批光耀中华的名人贤士。梅县区是广东省革命老区重点县，并于 2011 年 8 月被确认为中央苏区县。

在《梅州市梅县区革命老区发展史》一书中，大量翔实的史料，生动再现了梅县苏区的英雄儿女在大革命时期和土地革命战争时期创建以梅南片九龙嶂、松源片等为中心的革命根据地的历史过程。梅县是当时梅州地区革命指挥中心、领导中心；在抗战时期是恢复、重建梅州地区党组织的策源地；在解放战争期间是贯彻执行中共中央和华南分局"先粤东后闽西南"战略方针的主战场；数度成为梅州乃至整个闽粤赣边区的革命斗争中心。老区人民在革命斗争的烽火岁月中，在中国共产党的领导下，为国家的独立、民族的解放和人民的幸福，展开了长达 20 多年艰辛、曲折的革命斗争——周旋在梅江河畔，辗转在梅埔丰、梅兴平蕉、杭武蕉梅边县，英勇战斗在九龙嶂等地区的崇山峻岭。据不完全统计，在土地革命战争期间，经历过百多次大大小小的战斗，创建九龙嶂革命根据地的数位县委书记杨雪如、廖祝华、黄炎、黎果等先后在战斗中牺牲或遭到被捕杀害，付出了年轻的生命。九龙嶂下梅南片老区被杀的干部、群众就有1600多人，其中被评为烈士的有417人，烧毁房屋5000多间。《梅州市梅县区革命老区发展史》真实地展现了老区人民为革命胜利作出的重大牺牲和贡献。他们用鲜血和生命谱写了可歌可泣的光辉史篇。在残酷的革命斗争岁月里，在梅县这块红色土地上从事革命活动、工作战斗，在中华人民共和国成立前后成为党和国家、军队、省部、厅级以上的领导就有190多位，无数革命前辈在这里为祖国的解放事业留下了光辉的战斗足迹；众多革命先烈用热血染红了这片土地，筑起了一座座不朽的历史丰碑，我们永记心中。梅县的革命事迹和人物既是丰富的红色资源，更是宝贵的精神财富，理应载入史册。

《梅州市梅县区革命老区发展史》一书，真实记载了革命老区的光辉历史，展现了老区建设的巨大成就，描绘了老区发展的美好前景。在新的历史起点上，为把革命老区建设得更加美好，让人民群众生活得更加幸福安康，梅县苏区的干部、群众应铭记肩负的历史使命，深入贯彻党的十九大精神，以习近平新时代中国特色社会主义思想为指引，全面实施"十三五"规划，奋力决胜全面建成小康社会，按照中共中央和省委、市委的决策部署，坚持稳中求进工作总基调，坚持新发展理念，不断开创梅县区发展新局面。这既是对革命先烈最好的怀念，也是时代赋予的神圣职责。

值此向关心《梅州市梅县区革命老区发展史》一书编辑出

版，并为之付出辛勤努力的领导、同志及有关部门的同志表示诚挚的问候！

王维

2018 年 10 月

（作者系解放战争时期闽粤赣边党委常委、组织部长，广东省中共七大代表，于 2019 年 6 月去世。）

《梅州市梅县区革命老区发展史》的出版问世，是梅县苏区老区人民值得庆贺的一件大事。

为贯彻落实习近平总书记关于"发扬红色资源优势，深入进行党史、军史、老区革命史优良传统教育，把红色基因代代传下去"的指示，中国老区建设促进会于 2017 年 6 月下发文件，组织全国 1599 个革命老区县（市、区、旗）编纂《革命老区县发展史》丛书，要求各革命老区县（市、区、旗）通过丛书阐述与反映老区的光辉历史和优良传统，展现老区人民在党和政府的领导下几十年来艰苦奋斗、发展壮大的历史，肯定老区人民的伟大贡献，总结老区建设发展的经验，展示老区建设的伟大成就。

《梅州市梅县区革命老区发展史》的编纂，是梅县苏区老区人民发扬革命传统，传承红色基因，弘扬老区精神，不忘初心，牢记使命，与时俱进，迎接中华人民共和国成立 70 周年，向中国迈入新时代的献礼。

《梅州市梅县区革命老区发展史》生动地再现了梅县苏区老区人民从 1924 年的大革命至 1949 年梅县解放的各个时期开展革命斗争的历程，也对中华人民共和国成立后在党中央的正确领导下梅县取得建设发展的新成就给予客观的阐述。

此书重点将梅县在土地革命战争、抗日战争、解放战争三个时期的革命斗争历史，在书中尽量展现，使当年历史革命斗争的重大事件和革命者所作的贡献，在有限的篇幅中得以展现，留存后世。

梅县是梅州地区的政治、经济、文化和革命斗争的中心，在中国共产党的领导下，在1927年5月12日便发动了震撼粤东乃至闽粤赣边的梅县"五一二"武装暴动，揭开了梅县土地革命斗争的序幕。暴动胜利后成立了红色政权——梅县人民政府。

土地革命战争时期，梅县创建了以九龙嶂为中心的革命根据地。在1929年10月朱德率红四军来梅的推动与影响下，梅县革命力量迅猛发展，一度成为粤东地区的革命指挥中心、领导中心。在1930年成立了梅县苏维埃政权，除县城外，大部分区域都成立了各级苏维埃政府。为保卫红色政权和革命根据地，配合中央苏区反"围剿"，从1930年5月至1934年红军长征离开福建闽西（梅县党组织便与上级失去联系），先后长达五年时间，梅县苏区军民与国民党顽固派展开血战，历经百余次大小战斗，进行了艰苦卓绝的斗争，无数苏区军民为保卫红色政权和革命根据地，配合中央苏区反"围剿"献出了宝贵的生命。梅县的光辉历史，使梅县在中华人民共和国成立后，被评为广东革命老区重点县，被中央党史研究室确认为中央苏区县。在抗日战争时期，梅县再度成为闽粤赣边的领导中心，是李碧山在梅州恢复、重建中共梅州地区党组织，发动、组织梅州人民掀起抗日高潮的策源地。抗日战争期间梅县党组织为新四军输送了数百名中共党员、抗日义勇军成员到抗战前线参战，动员了梅县有志之士两万多人奔赴抗战前线；为抗日战争的胜利，数以千计梅县人民的优秀儿女血洒疆场，为国捐躯。解放战争期间梅县是中共闽粤赣边区党委、中国人民解放军闽粤赣边纵队指挥梅州夺取全境解放的领导中心、指挥中心，是梅州解放战争的主战场。

中华人民共和国成立后，在党和国家的领导下，梅县从解放之初的满目疮痍、百废待兴之中走上恢复、发展国民经济之路，梅县人民感受到国家从新民主主义过渡到社会主义的喜悦，也经历过社会主义建设探索时期的曲折，迎来了改革开放的春天。2018年是改革开放以来的第四十个年头，四十年来，特别是党的十八大以来，在以习近平同志为核心的党中央领导下，梅县的各项建设取得翻天覆地的变化，人民的幸福指数一年比一年提高。

梅县在1949年以前几乎是个纯农业的山区县。据统计，1949年全县工农业总产值只有2525万元（其中工业产值386万元，农业产值2139万元）；改革开放前的1978年增至24838万元（其中工业产值12988万元，农业产值11850万元），至2017年已增至236.01亿元（其中工业产值157.2亿元，农业产值78.81亿元），是1949年的935倍、1978年改革开放前的95倍。

梅县在解放初的1949年全县人均收入只有78元，在改革开放前的1978年为228元，至2017年人均可支配收入（人均收入）增至24115元，是1949年的309倍，是1978年改革开放前的106倍。

以上两组数字，是对中华人民共和国成立后梅县在党和国家领导下所取得成绩的真实对比。改革开放之后，梅县贯彻中央对农村实行家庭联产承包责任制等一系列惠民政策，特别是在根据梅县特点贯彻梅州市委关于发挥"三乡"（文化之乡、华侨之乡、足球之乡）优势、实施"三个希望"（希望在山、希望在外、希望在路）的发展战略决策后，极大地激发了全县人民以及"三胞"（港澳同胞、台湾同胞、海外侨胞）建设家乡的热情。现在梅县的乡村，举目可望的满园金柚，连片果园，一派瓜果飘香的新农村景象让人心旷神怡；县、镇、村学校在政府的重视下和在广大"三胞"的热心桑梓的义举中建起了座座高楼，为学子们读书提供优良环境；交通基础建设更是跨大步，高速公路在县境纵横交错，公路密度为每百平方公里 61.6 公里，境内广梅汕、梅坎铁路分别于 1995 年、2000 年开通，梅汕高铁也于 2019 年开通；梅县的新城建设在搭乘国家城镇化和城市扩容提质的快车道上迅猛发展，现已从 1999 年梅县新县城搬迁时新城区建成面积的 2.86 平方公里，发展至 2017 年新县城建成面积的 20 平方公里，是梅州城市建设中扩容提质的典范。梅县苏区人民能在中华人民共和国成立后，特别是在改革开放以后取得巨大成就，我们应勿忘众多革命先烈为今天的幸福生活抛头颅洒热血的壮举。2018 年，梅县迎来了原中央苏区粤东北（九龙嶂）革命根据地创建 90 周年的光辉时刻，梅县于 6 月 26 日举行纪念活动，全国各地党史专家云集，一众开国将士后裔共聚一堂，缅怀先烈，回顾历史，展望未来。在深入学习贯彻党的十九大精神，以习近平新时代中国特色社会主义思想为指引，为了贯彻落实习近平总书记关于"发扬红色资源优势，深入进行党史、军史、老区革命史优良传统教育，把红色基因代代传下去"的重要指示，今编纂《梅州市梅县区革命老区发展史》，为梅县的革命传统教育增添一份宝贵的教材。

值此，向关心《梅州市梅县区革命老区发展史》一书编辑出版，并为之付出辛勤努力的老领导、老同志及有关部门的同志们表示崇高的敬意！

《梅州市梅县区革命老区发展史》编委会
2019 年 3 月

1

第一章

梅县区区域和革命老区概况

第一节 梅县区基本概况

一、地理位置和境域

梅县区①位于广东省东北部，居韩江西源梅江流域，界于北纬 23°55′~24°48′，东经 115°47′~116°33′之间，东西最宽为 78 公里，南北长 98 公里。东邻大埔，西界兴宁，南连丰顺，北接蕉岭，中部与梅州市梅江区环接，东北与永定上杭交界，西北与平远接壤，1988 年前总面积 3017.4 平方公里；1988 年 1 月从梅县辖内划出分设梅江区（县级）后，梅县总面积为 2755.36 平方公里；2012 年 9 月，梅县辖内的西阳镇划入梅江区辖，梅县现辖面积为 2482.86 平方公里。

南朝齐（479—502 年）时，析海阳建程乡县，为梅县建县之始。时县境约 5000 平方公里，即今梅县、梅江区、蕉岭、平远 4 县（区）总面积之全部及丰顺县的一小部分。

明嘉靖四十一年（1562 年）5 月，划程乡县的豪居都（今平远县的仁居一带）组建平远县；四十三年（1564 年）增划程乡县的西北境的义化都（今平远坝头、东石、大柘一带）、长田都（今平远长田、热柘、超竹一带）、石窟都一图、石窟都二图（今

---

① 梅县辖称历史悠久，于 1979 年从县辖内分出梅州市，1983 年合并，时称梅州市，后改为梅县市，1988 年后又改回为梅县，2013 年 10 月起改称梅县区，为方便叙述，本书中均以梅县为称谓。

平远泗水及今蕉岭的广福、蕉城、新铺一带）归平远县，此时，程乡县境面积缩小1000多平方公里。

明崇祯六年（1633年）划程乡县的松源都第二图（今蕉岭县的南、北礤）、龟浆都第二图（今白渡与蕉岭）相连部分组建镇平县（今蕉岭县），县境面积又缩小近千平方公里。清乾隆四年（1739年），划出程乡县的西南境的小溪坝、环清、径心三地组建丰顺县，县域面积减至2900多平方公里。

中华人民共和国成立后，丰顺县的径心、义士、赤岭、叶田，蕉岭县的田心划归梅县的畲江和松源；1956年，石扇乡的黄竹坪村划给平远县热柘乡辖，兴宁县的石岭划归梅县水车乡辖；1966年，兴宁县的叶华划归梅县径义。梅县全境面积计3017.4平方公里。

1958年11月，蕉岭并入梅县，1961年3月又复分出。蕉岭并入期间，县境面积增至近4000平方公里。

1979年3月，划出梅城及附城部分乡镇设置县级梅州市（总面积46.3平方公里），梅县总面积减为2971.1平方公里。1983年6月，梅县与梅州市合并为梅县市，县境面积复为3017.4平方公里。

1988年梅县市撤销，分设梅县和梅州市梅江区（县级区），将梅县市所辖的梅城中区、东区、西区、南区、北区5个街道办事处和梅江、长沙两镇及东郊、西郊、城北3个乡划归梅州市梅江区，此时梅县辖7乡20镇，总面积2755.36平方公里。

2012年9月，西阳镇划归梅江区辖，梅县总面积现为2482.86平方公里。

二、建制与历史沿革

（一）历史概要

中华人民共和国成立后，从考古工作者在梅县境内的水车、畲江、梅西、松口等22个乡镇挖掘的数十处新石器遗址——"山岗遗址"表明，距今5000—4000年间，梅县境内便有人类繁衍生息。

梅县是汉族客家民系聚居地，迄今已有1500多年历史，素有"文化之乡""华侨之乡""足球之乡"的美誉。历来崇文重教，名人辈出，宋有进士、抗元英雄蔡蒙吉，明有侍读学士、翰林李士淳，清有"岭南第一才子"、诗人书法家宋湘，当代有作家、雕塑家李金发，更有如开国元勋叶剑英等一大批光耀中华的名人贤士。近百年来诞生了229名将军（包括抗日战争时期的梅县籍国民党将领，含梅江区1988年前的梅县籍将军)[①]，中华人民共和国成立后培养出62名大学校长（党委书记）和14名院士。郭沫若先生曾赞美此地"文物由来第一流"。优美动听的客家山歌被列入第一批国家非物质文化遗产。是全国文化先进县、中国山歌艺术之乡、中华诗词之乡、全国文明县城。

（二）建制沿革

梅县建置始于南朝齐（479—502年）时称程乡县，以纪念乡贤程旻而得名，析海阳县地置县。南汉乾和三年（945年）于程乡置敬州，领程乡一县，州县并置。北宋开宝四年（971年）避宋太祖赵匡胤祖父赵敬之讳改名梅州，因境内有梅溪、梅山，

---

① 梅州市政协文化和文史资料委员会、中共梅州市委党史研究室编《梅州将军录》内有详尽记载，2008年11月印制，内部印刷物。梅州市委市政府在梅州院士广场建有将军馆。

"因山水而得名"（见清光绪《嘉应州志·山川》）①，有说因境内多梅花而得名。明代，撤梅州，仍设程乡县。清雍正十一年（1733年）升格为直隶嘉应州，领兴宁、长乐（今五华）、平远、镇平（今蕉岭）四县，连同嘉应本属（原程乡县）称为"嘉应五属"。清宣统三年（1911年）辛亥革命推翻清朝在嘉应州的地方政权后，嘉应本属复名梅州。1912年，废除州府制，改称梅县。中华人民共和国成立后仍称梅县。1979年划出县城梅州镇和附城部分乡镇成立县级的梅州市。1983年6月县、市合并，称梅县市。1988年1月，撤销梅县地区，设立地级梅州市，实行市管县体制。梅县市撤销，析为梅县和梅江区（县级），隶属梅州市。

2013年10月，经国务院批准撤县设区，梅县改称为梅县区。

（三）县城（治所）

从南朝齐置县至1988年1月撤销梅县市，分设梅县、梅江区之前，县、州、府、市治所均在梅城。隋朝，程乡县治在梅城西区更楼下。宋皇祐四年（1052年），梅州始筑土城，周长450.3丈（折合1383米）。明清两代，城区面积有所增加。民国期间扩展到4.4平方公里。中华人民共和国成立后，城区陆续扩展，至1987年，城区面积增至9.3平方公里，建成区面积8.2平方公里，居民11.62万人。1988年县、区分设后，梅城归梅江区，梅县人民政府暂驻梅州市江南一路。20世纪90年代初，梅县在辖内的程江、扶大二镇境内建设新县城。新县城与梅州市区隔河相望，规划面积25平方公里，初期规划面积12平方公里，2000年建成区面积2.86平方公里，聚集人口8万多人。1999年9月28日，县委、县政府及部分县直机关迁入新县城办公，新县城成为梅县政治、经济、文化的中心。随着新型城市化进程，至2017年，新

---

① 见《梅县志》第一册，广东人民出版社1994年版，第75页。

县城建成区面积已达 20 平方公里，聚集人口 18 万多人。

（四）行政区划

县以下的行政区划，唐朝始有记载，时称乡、里。唐高祖武德年间（618—626 年），程乡县分为"怀仁、光德、丰顺、逢福、万安、大平"6 乡。北宋时，全县设"怀仁、万安、大平"3 乡。元代，改乡、里为都、图。

明初，县以下设厢、都制。程乡县设东、西、南三厢和石坑等 9 都，共辖 19 图。清代，县以下政区改堡，堡以下设甲、约，全县划分为西街等 36 堡，下辖 230 个甲、约。

民国初年，沿用清代的堡甲、约制。直至 1931 年，梅县废堡改为区乡，时全县划为第一至第十四区，下辖 370 乡，13 镇。1949 年 5 月 17 日梅县解放，废除民国时期的乡保甲制，基层政区改设区、村（农村圩镇称市）制。全县共设 25 区。

1956 年 10 月—12 月，撤区并乡，基层政权实行乡村制。将原有 197 个小乡镇合并为 29 个大乡（基层乡），保留梅城、松口 2 个镇。下辖 706 个村，22 个居民委员会。

1958 年 9 月—11 月，实现人民公社化，全县建立 11 个人民公社，撤销乡村建制，实行"政社合一"的人民公社体制。1958 年 12 月，蕉岭并入梅县。

1961 年 3 月，蕉岭县分出。是年冬，梅县重新调整行政规划。全县共设 2 个镇（梅城镇、松口镇）、27 个公社、3 个农场，公社下设 715 个生产大队。

1962 年、1963 年、1966 年，行政区划有过 3 次调整。至 1966 年 6 月，全县分为 31 个公社。

1979 年 3 月，梅州镇从梅县分出，设立县级的梅州市，隶属梅县地区。梅县基层政区此时有 28 个公社和 1 个镇（松口镇）。

1983 年 6 月，梅县与梅州市合并，初称梅州市，9 月改称梅县市。

1983 年 11 月，撤销人民公社建制，取消人民公社名称，恢复区、乡村建制，以原有公社改为区，设区公所；生产大队或联队改为乡，设乡人民政府；按农民居住聚落点和自然村建立村民委员会，作为基层群众性自治组织。梅县市共设 31 个农村区、4 个（市区）区办事处、1 个直辖区级镇（松口）；区以下设 271 个乡、10 个乡级镇、34 个居委会，乡以下设 849 个村。

1987 年 4 月，区、小乡建制撤销，改设乡镇制。全县共设 10 个乡、22 个镇、4 个市区街道办事处（8 月增设北区，共 5 个市区）。

1988 年 1 月，梅县地区改设地级梅州市，撤销梅县市，恢复梅县，成立县级的梅江区。梅县此时辖 27 个乡。

1989 年 7—11 月，进行"两改一完善"，乡、镇区划未变，村民委员会改名管理区，村民小组改为村民委员会，全县设 395 个管理区，下辖 4418 个村民委员会。1993 年县辖 7 个乡，除松北乡并入松口镇外，其余 6 个乡均改名镇。全县共设 26 个镇，分辖 398 个管理区（居委）、4576 个村民委员会。

1998 年农村管理区改为村民委员会，村民委员会改为村民小组。

1999 年，在梅县新城区增设新城办事处。

2003 年 11 月，经省人民政府批准（粤民区〔2003〕56 号和粤民区〔2003〕11 号），决定撤销径义镇、三乡镇、白宫镇的镇级行政区划建制。将径义镇行政区域并入畲江镇，将三乡镇行政区域并入雁洋镇，将白宫镇行政区域并入西阳镇。

2003 年 4 月，扶大镇改名扶大高新产业园区，又称扶大高新区、梅州高新技术产业开发区。

2004 年 11 月，经广东省人民政府批准（粤民区〔2004〕86

号），决定撤销瑶上镇、荷泗镇、松东镇、松南镇的镇级行政区划建制；将瑶上镇、荷泗镇 2 个镇行政区域并入南口镇；将松东镇、松南镇 2 个镇行政区域并入松口镇。

2012 年 9 月，西阳镇划入梅江区辖。

2013 年 10 月，梅县改称为梅县区。2013 年后，梅县区下辖新城办事处、扶大高新区管理委员会 2 个镇级建制单位和畲江、水车、梅南、石坑、梅西、大坪、南口、程江、城东、石扇、白渡、丙村、雁洋、松口、桃尧、隆文、松源 17 个镇。下设 387 个村委会（居委会），其中村委会 355 个，居委会 32 个。全县总人口 61.63 万人[1]，其中常住人口 54.36 万人。

三、自然环境与自然资源

（一）自然环境

梅县四周群山环抱，山峦起伏。西北部有武夷山延伸而下的项山余脉，像一道天然屏障，挡住北方寒冷天气袭击；东南部则有莲花山脉的阴那山脉护卫着境内，减少受台风的袭扰。梅江自西南向东北穿流，各乡镇处于两列山脉之间的断裂凹隔带上，沿梅江水系发育成一连串河谷小盆地呈"丫"字形展开。

地势西南高、东北低。地形可分为三个类型，即河谷盆地、丘陵和山地。海拔 500 米以上的山地有 601 平方公里，占总面积的 22.1%，主要分布在县境东北部和东南部；海拔 150—500 米的低山丘陵有 1506.5 平方公里，占 55.4%，主要分布在西北部和中部的梅西、大坪、城东、白渡一带；海拔在 150 米以下的河谷盆地有 611.9 平方公里，占 22.5%，主要分布在梅江两岸，如畲江盆地、附城盆地、丙村盆地、雁洋盆地、松口盆地、松源盆地等。

---

[1] 全县总人口 61.63 万人是 2018 年的统计数据。

这些盆地，耕地连片，土壤深厚肥沃，是梅县的重要耕作地带。

梅县有逾千米和近千米的山峰23座，最高为明山嶂的银窿顶（海拔1357米），其次是阴那山的五指峰（1297米），第三是王寿山（1147米），还有北山嶂、鳄鱼嶂、铜罗湖、九龙嶂、大峰嶂、小峰笔、铁山嶂等。

梅县境内溪河多，水系分散，较大的河流有43条。主要河流梅江，发源于陆丰县和紫金县交界的武顿山七星崀；经五华、兴宁流入县境，再经畬江、梅南、附城、西阳、丙村、雁洋、松口等12个乡镇于大埔县三河坝汇入韩江，直下潮州至澄海县境北流入南海。县境流域100平方公里以上的支流有12条，其中一级支流9条，二级支流3条。还有流域面积在10—100平方公里的河流30条，各河流均直接或间接汇入梅江。

梅江，清代之前称"梅溪"，民国初年改名梅江，全长307公里，流经县境90公里，流域面积14060.9平方公里，年平均径流总量94.17亿立方米，最大径流量168.10亿立方米（1959年），最小径流量为33.09亿立方米（1963年）。可通行机船、木船。

梅县山地面积有20多万公顷，占全县土地面积的76.9%，植被属中亚热带常绿针、阔叶混交林。林木多为松、杉、荷、枫、楮、桉等。

梅县地理位置靠近北回归线，且东靠太平洋，光照充足，热量丰富，无霜期长，雨量充沛，且雨热同季，干冷同期，但易旱易涝。偶有奇热和严寒。

（二）自然资源

梅县是个山区县，向有"八山一水一分田"之说。全县土地总面积（县区分设后）275533.33公顷。2000年，全县耕作面积23760公顷，占土地总面积的8.6%，按农业人口51.53万人计，人均占有耕地 0.04 公顷（0.69 亩）；全县山地面积 212013.33 公顷，占土地面积的 76.9%，山地中，森林面积 186666.66 公顷，森林覆盖率 70.1%，林木蓄积量 383.6 万立方米。

梅县矿产资源种类较多，分布面广，已发现的贵重金属有金和银 2 种，有色金属钨、钼、锡、铋、锑、铜、铅、锌、钴 9 种，黑色金属锰和铁 2 种，稀有金属磷钇矿和离子吸附型混合稀土 2 种，非金属煤、黄铁矿、石灰石、白云石、大理石、硅砂岩、黏土（瓷土、陶土）、珍珠岩、膨润土、钾长石、萤石、重晶石、耐火石、泥炭土、花岗岩等 15 种，矿泉水 2 种。

含量较丰富的有煤炭、石灰石、锰矿、萤石等。全县各农村乡镇均有不同种类和储量的矿产资源。

梅县水力资源较为丰富，全县水能理论蕴藏量 40.13 万千瓦，可开发装机 16.45 万千瓦。

梅县水资源的特点是主河道年平均流量大，但天然落差小；支流落差大，年平均径流量小，适宜小水电开发利用。至 2000 年，全县已在各河流开发水资源总容量 93795 千瓦。

革命老区情况

一、梅县革命老区评划的过程

从 1952 年至 1990 年，梅县先后几次参与革命老区（即在第二次国内革命战争和抗日战争时期，合乎条件的革命活动地区）评划工作，当时评划出的村、乡（镇）称为××革命老根据地；1991 年后按照广东省民政厅（粤民办字〔1991〕18 号）《关于开展评划解放战争游击根据地和确定老区乡镇、老区县工作方案》的通知要求，评划出来的村、乡（镇）连同 1990 年以前的革命老根据地统一改为××革命老区村、××革命老区镇。梅县是广东省革命老区重点县。

在第一、第二次国内革命战争期间，梅县的大部分乡村先后成立中共地方组织：农民协会、革命委员会、苏维埃政府。梅县分别于 1929 年、1930 年建立梅县革命委员会、梅县苏维埃政权，在全县广大乡村掀起轰轰烈烈的打土豪、分田地的高潮。县域内党的组织与武装斗争一直坚持到 1934 年红军长征后。中华人民共和国成立后，中共中央和广东省人民政府对梅县老区人民的斗争业绩给予充分肯定。

梅县县委、县政府历来重视革命老区的工作，早在 1951 年 7 月 9 日即在梅城召开了梅县首次革命老根据地人民代表大会，到会代表（含烈、军、工属）76 人。紧接着中央人民政府南方革命老根据地访问团于 1951 年 8 月 15 日起，历时 18 天访问梅县老区，并深入到老区镇村进行慰问，访问团还参加同月 20 日梅南区长沙乡举行的为 300 多名在第二次国内革命战争时期被国民党集体屠杀的先烈们建立的革命烈士纪念碑落成仪式，并为纪念碑揭幕。

梅县评划老区的工作启动于 1952 年 8 月，当时梅县县委、县人民政府组成 5 人的老区调查组，对老区乡、村进行摸底调查，（按当时的行政区域）初步定出，老区分布于 59 个乡，99 个村；1953 年 6 月，广东省革命老根据地调查工作队第二分队一行 13 人由分队长何大任带领（梅县派出 2 人参与），对梅县革命老根据地开展调查。

1958 年 1 月，梅县召开第二次革命老根据地人民代表大会。大会期间，充分酝酿和对照评划革命老根据地的条件，按当时的行政区域评定出 15 个乡（镇级乡）、127 个村为革命老根据地乡村，并报广东省人民政府。

1958 年 7 月，广东省人民政府对梅县评划的革命老根据地 15 个（镇级）乡、127 个村复查完毕。

1989 年，根据广东省人民政府办公厅粤府办〔1988〕129 号文件要求，全县开展了革命老根据地补划工作，全县补评划了 24 个村庄。进入 90 年代，按照广东省民政厅（粤民办字〔1991〕18 号）《关于开展评划解放战争游击根据地和确定老区乡镇、老区县工作方案》的通知精神，梅县经过严格认真对照条件、标准，评划出符合条件的老区乡镇、村，上报广东省民政厅备案。90 年代初，省、市、县级相关部门单位成立领导小组，评审梅县为广东省革命根据地重点县。

2011 年 8 月，经中共中央党史研究室确认梅县为中央苏区县。

二、不同时期梅县被评划为老区乡镇、村的数量与人口

由于行政区划的变化和名称的变更，梅县的老区乡镇村数量也相应发生变化。

1958年7月经广东省人委（即省政府）复查认定梅县革命老根据地（后改称为革命老区村、镇）有梅南、畲江、荷泗、梅西、石坑、南口、城北、石扇、西阳、丙村、三乡、松源、隆文、松口、桃尧15个乡，梅南的轩坑、顺里、罗田、赤土、赤湖、坑尾、双湖、新湖等127个村，99个重点村计有17590户69617人；至1987年统计，全县革命老根据地分别为梅南等20个区77个乡128个村，共计23199户110142人；至1990年统计，梅县（不含梅江区）计有梅南、水车等20个老区乡镇，老区自然村庄142个，总户数30179户，总人口138849人。

1991年后，按广东省人民政府有关评划老区标准（含解放战争时期），确定梅县全县共有老区乡镇24个，老区村庄248个，共计66836户309257人，梅县为广东省革命根据地重点县。2011年8月后，梅县被确认为中央苏区县。

三、梅县老区苏区发展变化的若干亮点

根据梅县老区面积和人口占全县绝大部分的实际，历届县委、县政府在谋划全县发展战略大局的框架中，对在中华人民共和国成立以前各个时期的重点老区村、镇采取大力扶持与重点帮扶相结合的方式，加快老区苏区的建设发展步伐，特别是在党的十八大以后，县委、县政府围绕要在梅州市率先完成建成小康社会的各项目标，贯彻中央"精准脱贫""乡村振兴"的战略决策，采用"广泛发动，全社会参与，突出典型示范，以点带面"的方式将梅县老区苏区建设成梅州市乡村振兴的先进县（市、区）。回

顾 70 年来县委、县政府对老区苏区建设的方略与行动，归纳出以下几方面较具梅县特色的亮点：

（一）针对行路难这个制约老区苏区人民发展的一大难点，在梅州市委提出"希望在山、希望在路、希望在外"发展战略的引领下，梅县县委、县政府从 1991 年起带领全县人民，广泛发动全社会力量（包括"三胞"）参与道路建设。其中有如从 2004 年动工建设的梅南九龙嶂通丰顺县马图、龙岗、大龙华等第二次国内革命战争时期的老苏区，横跨梅丰二县三镇 12 个老区村，全长 43 公里的水泥公路项目，在 2005 年完工通车盛典时，梅丰两县老区人民无不欢欣雀跃，无数年长者热泪盈眶。根据梅县扶贫局一组统计数据：在中华人民共和国成立几十年来老区苏区道路建设取得成就的基础上，2003 年至 2009 年全县完成老区公路建设项目 463 项，全长 1526 公里，投入资金 4.5 亿元，其中省、市交通主管部门拨款 2.289 亿元，地方自筹（包括"三胞"出资）2.211 亿元，经过历届县委、县政府一届一届的接力和全县人民二十年的不懈努力，全县 387 个行政村于 2011 年实现全部村道水泥化。路通财通，全县老区人民依托山地资源优势，大力发展以金柚为龙头的各种农副产品，远销全国乃至海外市场，助推老区人民鼓起了"钱袋子"。这是对梅州市委提出"希望在路"发展战略的完美诠释。

（二）为教育战线"锦上添花"。梅县"崇文重教"有千年之久的历史，中华人民共和国成立以后，"文化之乡""华侨之乡""足球之乡"是梅县三块最锃亮的名片。梅县历届县委、县政府在传承教育文化、设立多门类教育奖学金的同时，还针对老区特点，通过县老促会这个平台广聚社会力量，多渠道募集善款，从 1995 年起设立"革命烈士后裔助学金"。全县老促会领导层大部分成员均是曾在梅县革命斗争时期，在中华人民共和国建设时期的各级领导岗位上（离）退休的老干部，县委充分调动他们的积极性，让他们发挥余热，协助县委、县政府为老区人民办了无数的实事，填补了设立烈士后裔助学奖学这一方面的空白。据统计，梅县老区建设促进会从1995年起至2018年，连续24年，给梅县所属在土地革命战争、抗日战争、解放战争时期为国牺牲的烈士后裔直系亲属中就读大、中专院校的学生，发放"革命烈士后裔助学金"，从最初每人次300元逐年增加至2018年的每人次3000元，共1066人次，共发放111.96万元鼓励烈士后裔顺利完成学业。县委、县政府通过老促会的平台办了这项帮扶老区人民的实事，体现了党和政府不忘初心、不忘革命先烈的贡献的情怀，激发老区人民踏着先辈的光辉足迹，在新时代乡村振兴战略决策下努力奋进的意志和决心。

（三）梅县老区苏区发展过程中的标杆镇、村。

在党中央和各级党委政府的领导下，梅县全县范围的老区镇、村的发展各有千秋、各具特色，下面仅将其中的雁洋镇这个标杆镇，以及雁洋镇的南福村、小都村，梅南镇的顺里村、水美村，水车镇的白沙村、小桑村（含现小桑、坑尾、新湖、双湖四个行政村）这六个标杆村的发展成就简要陈述。

1. 雁洋镇是叶剑英元帅的故乡，也曾是有着光荣革命斗争历史的老区，是享誉梅州的老区建设的标杆镇。抗日战争时期的1937年1月，梅州成立抗日义勇军大队的地方就在雁洋南福村；解放战争期间指挥夺取梅州及闽西南解放的主战场的指挥中心、闽粤赣中心县委驻地亦设在雁洋的三乡小都村。

中华人民共和国成立后，伴随着全国发展的步伐，改革开放后，这块具有光荣革命斗争历史的热土，迸发出巨大的能量，在党中央和上级党委、县委、县政府的领导下，创造了享誉粤东北山区的喜人成效，先后培育出像梅雁、宝丽华、华银、超华、嘉元科技等十多家省内外知名的民营企业。其中梅雁、宝丽华新能源、超华科技、嘉元科技进入市场融资，在上海、深圳证券交易所成功上市，使雁洋镇成为梅州市一个有四家上市公司的老区镇。与民营企业发展并驾齐驱的农村、农业、乡村建设同样成就骄人，雁洋镇被认定为首批中国特色小镇、中国十大美丽乡镇、中国第二个"国际慢城"等。

其中，雁洋镇的经济成绩同样骄人，以一组统计数据来佐证：1978 年雁洋镇全镇工农业总产值为 305 万元，人均收入 77 元；40 年后的 2018 年，全镇经济总收入（乡镇企业、农业、工业产值）为 109.7 亿元，人均收入 28560 元，分别是改革开放前的 3597 倍和 371 倍。随着改革开放的深化，改革开放的红利正在全镇不断增加，雁洋镇这个梅州老区苏区发展的领头雁必将飞得更高更远，不断创佳绩。

2. 雁洋镇辖下的南福村和小都村人民在抗日战争和解放战争时期，追随中国共产党，为梅县党组织的恢复与发展，为中华民族的存亡、民族的解放开展对敌斗争，迎来了梅县的解放。梅县解放后的 70 年，在党和国家的领导下，这两个村成为梅县境内小有名气的老区村。南福村在改革开放后，乘着 1985 年广东省第一次山区工作会议的东风，在全村上下掀起向山进军、开山种果的热潮，在全村家家大量种植金柚的同时，引进华银公司在该村的毛草岗连片开发建起千亩"梅县金柚"品牌基地。基地的成功开发，更进一步激发全村种植金柚的热情。这种基地商品化的种植模式，引来了梅州各县（市、区）前来参观学习的人员。华银集团顺势在南福村雁鸣湖山头上投入巨资，建起了集休闲旅游、观光与果实采摘体验于一体的 AAAA 级景区——雁鸣湖旅游度假村。现在的南福村，家家生活幸福，全村 1867 人在 2018 年人均可支配收入已从 1978 年的 77 元增至 28450 元，增幅高达 369 倍。

小都村是 2003 年跟随三乡镇并入雁洋镇，属较偏远的老区村。小都村经过几十年的努力，现在已变成一个世外桃源般的美丽乡村，全村四季常绿，常年瓜果飘香，水泥村道直通 S223 线。全村以种植金柚为拳头产品，正一步一步实现把绿水青山经营成"金山银山"梦想。至 2018 年，全村 898 人人均可支配收入已从 1978 年的 57.3 元增至 21446 元，增幅达 374 倍。

3. 水车镇辖内的白沙村、小桑村（已分拆为小桑、坑尾、双湖、新湖四个行政村）在 1959 年以前均与梅南镇先后共为梅南区、梅南公社所辖，与现梅南镇的顺里村、水美村在土地革命战争时期同是九龙嶂革命根据地的斗争核心区域和前沿阵地，对梅县创建和发展九龙嶂革命根据地作出了巨大贡献。根据相关史料记载，上述两个老区镇中在册烈士 219 名，其中白沙、小桑（含四个行政村）、顺里、水美四个村为坚持九龙嶂根据地的发展而牺牲的烈士有 59 名在册，此外还有数以千计的无辜苏区民众在 1930 年至 1934 年国民党军队对九龙嶂革命根据地的"围剿"中被杀害。

中华人民共和国成立后，党和政府没有忘记梅南九龙嶂革命根据地的民众，1951 年 8 月中央人民政府南方革命老根据地访问团首访梅南老苏区及为长沙（时为梅县梅南区所辖）革命烈士纪念碑揭幕。70 年来，历届县委、县政府对老区的人民、老区的发展均"高看二眼，厚爱三分"，慰问老区苏区的送温暖行动从不间断。但是地处当年梅南九龙嶂革命根据地的核心区与前沿地段的顺里、水美、小桑（含四个行政村）、白沙这些老区村，由于自然条件差、发展起步慢等客观因素，与梅城周边和其他自然条件较好的老区镇老区村的发展还是拉开了一定距离。随着改革开放的不断深化，特别是党的十八大以后，在以习近平同志为核心的党中央领导下，上述几个老区村结合本村自然、地理、人文和传承红色基因等优势，乘着上级脱贫攻坚、"乡村振兴"的战略决策的东风，在上级扶贫单位的大力支持下，梅南镇顺里村从2013年起成为广州市委统战部对口帮扶的老区村。在广东省"扶贫双到"（规划到人，责任到人）工作组的具体指导下，针对该村268户总人口987人中仍存在贫困户53户198名贫困人口的现状，并根据该村地处边远、道路不畅通、农副产品无特色、有新屋无新村的客观实际，梅南镇党委、镇政府全力配合省"扶贫双到"工作组的周密部署，制订出"以村道建设为突破点，为偏远老区挖潜提质；以发展特色农业为带动点，打造可持续增收平台；以美丽乡村为着眼点，高标准建设客家特色新农村"的规划。此规划在广州市委统战部领导的重视、关心和支持下，首期募集了600万帮扶资金，用于10公里长的道路建设；首期投入400万元建设1000亩有机茶场，种植高端有机茶，以"公司＋基地＋农户"的模式带动全村农户种植茶叶。通过对村委办公楼的修缮，和为村民提供新农村建设的参考对照标本等多种有效精准的脱贫举措，在广州市委统战部的大力帮扶和省"扶贫双到"工作人员的不懈努力与具体指导下，在三年帮扶期间，各级政府和部门先后投入1000多万元建设梅南顺里村。2015年全村已达到"脱贫"目标，2018年全村人均可支配收入已增至11959元，比1978年的53.8元增长了222倍。顺里村面貌焕然一新，已追上了全县老区苏区镇、村发展的平行队列。

继顺里村后，广州市委统战部接着帮扶水美村。紧邻顺里的水美村，成为广州市委统战部对口帮扶的又一个老区村。广州市委统战部和省"扶贫"双到工作组在长达三年的帮扶期间，采取与顺里村类同的行之有效的举措，结合党中央发出"不忘初心，牢记使命"的号召和为了在梅县老区苏区贯彻落实习近平总书记关于"发扬红色资源优势，深入进行党史、军史、老区革命史优良传统教育，把红色基因代代传下去"的指示，依期帮助水美村达到"脱贫攻坚"的目标，同时梅县县委、县政府利用2018年九龙嶂革命根据地创建90周年的良好契机，先后在2017年新建起九龙嶂革命历史陈列馆，重新修缮东江工农红军指挥部——星拱楼，兴建起九龙嶂红军烈士纪念碑等一系列红色文化旅游景点，开辟了一个新的红色文化教育基地。2018年6月26日梅县县委、县政府在水美村举行"九龙嶂革命根据地创建90周年"纪念活动，引来全国各地党史专家云集，一众开国将士后裔共聚一堂，在传承红色文化革命传统、促进经济发展方面上树起标杆。红色文化和红色旅游景点吸引了各地旅客前来，"农家乐"快速兴起，为推进"美丽乡村"建设，2016年至2018年三年各级政府共投入该村建设资金1800多万元。全村经济稳健发展，至2018年全村247户801人，人均可支配收入已达到12895元，是1978年52元的248倍。

小桑（含小桑、坑尾、双湖、新湖四个行政村）、白沙两村从梅南镇划归水车镇管辖后，因地理位置、条件所限，是水车镇较为偏远的老区村。几十年来，在党和政府的关怀下，两个地方的老区村人民勤劳务实，努力拼搏。特别是进入改革开放时期，白沙村结合自身优势，已发展成梅县首屈一指的水产养殖村。小桑村（含四个行政村）的老区人民，面对当年山区自然条件恶劣、乡村较为落后的现实，不少有志青年在改革开放之初，纷纷走出大山，加入深圳特区和珠三角的建设大潮。改革开放四十年里，成就了一大批从小桑走出山门的创业者。据一组非官方统计数据，至2018年小桑境内所属人员在外创业安家的人数已占小桑总人口的70%以上，其中千万元资产以上的成功人士超百位，现小桑村的常住人口不足户籍人口总数的30%。但小桑四村的老区人民最大的特点是永远不忘故土，绝大部分外出创业的人员都在老家重建新房，让小桑境内四个自然村都成为梅县新农村建设中别具一格的典范。至 2018 年，白沙村人均可支配收入达到了 23366 元，是 1978 年 60.5 元的 386 倍；小桑（四个行政村）也达到了 18257 元，是 1978 年 60 元的 304 倍。

梅县二十多个老区镇及其所辖下的老区村，在中华人民共和国成立后，奋力前行。在党和国家的英明领导下，历届县委、县政府领导集体带领全县人民继承革命优良传统，一步一步将梅县老区苏区建设成人民安居乐业的村镇。像雁洋老区镇，南福、小都、顺里、水美、白沙、小桑（含四个行政村）等老区村取得了良好发展，这只是梅县老区建设发展的一个缩影。

梅县扶贫局一组统计数据显示，从 2010 年至 2018 年不完全统计，9 年间全县（区）各级多渠道共投入帮扶老区苏区新农村建设等各项资金 49198 万元，促进全县老区苏区的同步发展。梅县（区）县委、县政府将永远践行共产党人"不忘初心，牢记使命"的核心价值观，努力把梅州市委要求梅县（区）当好梅州老区苏区发展和改革开放排头兵的光荣使命落到实处。

2

第二章

大革命时期和土地革命战争时期

<table>
<tr><td>第
一
节</td><td></td></tr>
</table>

第一节 大革命时期的梅县

一、党团组织的建立

梅县地处粤东北山区，为闽粤赣边陲重地，历来是梅州地区的政治、经济、文化和革命斗争的中心。

梅县于 1925 年 12 月便成立党组织，是粤东地区建党较早的县份之一。

梅县人民勤劳勇敢，具有光荣的革命斗争传统。早在辛亥革命时期，梅县就有一批海内外志士仁人，追随孙中山先生革命，出钱出力，为推翻封建帝制建立民国作出巨大贡献。1919 年，五四运动在北京爆发。消息传到梅县后，梅县立即掀起了声势浩大的声援和支持北京等地的爱国运动。5 月 17 日，梅县各地举行了化装游行。5 月 21 日，梅县学生联合会发表通电："曹章卖国，死有余辜，乞电北廷严惩，并巴黎专使誓争回青岛。不达目的，宁退出和会，勿签字。"[1] 组织宣传队上街下乡宣传、演讲，并组织检查队会同工商界抵制、焚毁日货。反帝反封建的新文化运动在梅县蓬勃地开展起来，许多进步书刊，如《新青年》《每周评论》《新潮》《晨报》等在梅县成为畅销读物。陈独秀、李大钊、

---

[1] 中共梅州市委党史研究室著：《中国共产党梅州地方史》，第一卷（1919—1949），中共党史出版社 2011 年版，第 34 页。

蔡元培等人的文章被选进了学生教材广为阅读。马克思主义和共产主义思想开始在梅县的知识分子和青年学生中广为传播。

1921年中国共产党成立后，革命运动更是如火如荼。1923年8月，农运先驱彭湃带领骨干来梅，在西阳等地进行宣传农民运动，为后来农运斗争起到了先导作用。

1924年1月，国共合作正式形成，革命形势日益发展。在此前后期间，梅县一批旅欧和在北京、上海、广州等地读书入党的大学生如熊锐、杨广存、杨雪如、叶浩秀等人，通过书信往来，寄赠报刊和假期回乡等渠道，进一步传播马克思主义思想和革命运动的信息，从而推动了梅县革命运动的发展。在县城各中学先后建立了许多进步组织，如学艺中学的学生互助社（负责人朱仰能）、县立师范的革新社（负责人刘清如、王之伦）、东山中学的学生救国运动团（负责人陈劲军、胡明轩）和教会学校广益中学的反基督教大同盟（负责人刘裕光、蓝胜青）及梅县革命青年团（负责人陈劲军）。在这些组织中，阅读传播进步书刊，学习时事政治，进行反帝反封建的宣传，培养锻炼了大批进步青年学生和工人骨干，并初步进行了反帝反封建的斗争，如教会学校反对帝国主义奴化教育，要求收回教育权、废除读圣经、学生信仰自由等，为梅县建立共产党组织奠定了思想和组织基础。

"一枝梅蕾未曾开，两次东征带雨来。此日朝阳春信好，岭南花放满瑶台。"这是当年梅县东山中学学生，后来参加革命的肖向荣中将1959年9月（时任中共中央军委、国防部办公厅主任）回梅视察，为县直属机关干部作演讲时吟诵的诗，是对梅县党团组织的建立和革命运动发展的真实写照。1925年2月和10月广东革命政府的两次东征来梅，给梅县革命运动带来春风雨露。第一次东征，周恩来、叶剑英（兼任梅县县长）及东征军政治部工作人员洪剑雄等曾到梅县附城各中学作讲演，宣传革命理论和政策，推动了梅县革命运动的发展。同年 4 月，东征军政治部主任周恩来，参加了梅县总商会东征祝捷大会，并接受了梅县商会向东征军捐赠一万大洋，会后与商会会长廖蔼贞及商会理事成员合影留念。[①] 接着，各行业工会开始建立。同年九十月间，中共广东区委书记陈延年，根据广东高等师范梅县籍党员李世安关于梅县文化教育比较发达，学生众多且思想进步等的情况介绍后，特派党员张维以广东新学生社特派员身份来梅，发展新学生社和建立党团组织。张维来梅后，由李世安安排他任东中兼学艺两校英文教员，以职业掩护工作。在李世安协助下，于 11 月成立了广东省新学生社梅县分社，负责人张维、陈劲军、李仁华、蓝柏章、凌少忠等。

第二次东征军来梅后，打败了军阀陈炯明，建立了梅县国民革命政府。驻梅东征军十四师政治部主任洪剑雄和张维，于 12 月初介绍和发展了东山中学学生会主席陈劲军和学艺中学学生会主席李仁华入党，在梅城南门外八角亭建立了梅县第一个党组织——中共梅县支部，支部书记张维，组织陈劲军，宣传李仁华[②]，隶属于中共潮梅特委，机关设在南门八角亭。中共梅县支部成立后，首先在革命青年团成员中发展了肖向荣、胡明轩、蓝胜青、刘裕光、杨维玉、杨新元、古柏、肖啸安等人入党。随即在各行业工会和学校中发展党员，并在各大圩镇工会及兴宁、江西的寻邬（今江西寻乌，下同）、福建的武平等地发展党员，建立党的组织。至 1926 年夏，党员达到八十多人。同年 4 月，中共

---

① 中共梅州市委党史研究室著：《中国共产党梅州地方史》，第一卷（1919—1949），中共党史出版社 2011 年版，第 49 页。

② 此段史料是根据 1961 年采访陈劲军谈话记录和之后的陈劲军亲笔材料所录。"组织""宣传"为当时的称谓。

广东区委指示，梅县支部改为特支，隶属于广东区委领导。与此同时，先后成立了梅县总工会（主席钟克平）、梅县妇女解放协会（主任李雾仙，后蓝柏章）、梅县农民协会筹委会（主任陈嘉谟）、梅县学生联合总会（主席胡明轩）。还帮助国民党改组，成立新的梅县县党部，中共党员彭汉垣任梅县县长，中共党员李世安、王之伦分别担任组织部长和监委，陈劲军、李仁华分别任工人部和青年部干事，革命运动蓬勃发展。

1926 年 2 月，邓颖超（国民党广东省党部妇女部秘书长）、张婉华（广东省妇女解放协会执委）以国民党广东省党部潮梅特派员身份来梅，宣传、指导革命和开展妇女运动（此时邓颖超母亲杨老师亦一同来梅，后在梅县女师教书半年）。1926 年 4 月成立共青团梅县特支，书记陈劲军。同年 8 月成立共青团梅县地方委员会，书记谢蔚然（后陈劲军）。

1927 年 1 月，中共广东区委批准中共梅县特别支部升格为梅县部委员会，并派刘标骍（梅县人）为书记，组织部长张维，宣传部长吴健民（后杨广存），下辖梅县、兴宁、五华、平远、江西寻邬、福建武平等地党组织。此时，梅县部委已成为闽粤赣边地区性的党组织。

二、武装斗争的开端

1927 年 4 月，国民党右派蒋介石集团在上海发动了四一二反革命政变，大肆屠杀共产党员和工人，在广州也发生了四一五大屠杀。此时，梅县的国民党右派代表侯标庆等人亦蠢蠢欲动，准备大搞"清党"，胁迫后任县长温明卿指使中间派（早前调走了彭汉垣）逮捕共产党人，形势越来越紧张。为了反击蒋介石集团的大屠杀，中共梅县部委和共青团梅县地委于 4 月中旬联合组成武装斗争委员会，书记刘标骍，武装组织部长陈劲军，宣传部长张维，并决定以武装暴动反击蒋介石大屠杀，统一领导梅县、兴宁、五华、平远、寻邬等地的武装暴动，立即在梅县将工人纠察队扩编组成 150 多人的工人武装纠察大队，各大圩镇亦成立了工人纠察队，这是共产党领导的第一支革命武装队伍。1927 年 5 月 12 日，梅县及松口、畲坑、丙村、西阳同时发动了震撼粤东乃至闽粤赣边的梅县五一二武装暴动。暴动胜利后，成立了红色政权——梅县人民政府，选举周静渊为主席，朱仰能、林一青、钟克平、李铁民、钟贯鲁等为委员。并颁布了政纲，提出工人实行八小时工作制，废除苛捐杂税，男女平等。由于反动势力的反扑，人民政府只维持了 7 天，但却进行了武装夺取政权的尝试，具有重大影响和历史意义。正如《中共闽粤赣边区史》记载："从 4 月至 6 月间潮梅地区先后暴动了普宁……梅县……等（10 个县）工农武装暴动，其中普宁四二三工农暴动，梅县五一二工农暴动声势和影响最大。"①

五一二武装暴动揭开了梅县土地革命的序幕，是梅县掀起土地革命的前奏。

---

① 闽粤赣边区党史编审领导小组著，林天乙主编：《中共闽粤赣边区史》，中共党史出版社 1999 年版，第 23 页。

梅县在土地革命战争时期的历史贡献

一、九龙嶂革命根据地的创建与发展

1926 年冬，在广州加入党组织的胡一声、郑天保受组织委派回到家乡梅县梅南，以帮助母校龙文公学（高小）升格为梅南中学的名义，得到各方的支持，顺此举大得民心顺利进行的机会，开展党的组织发展工作，介绍原龙文公学教员吕君伟、黎学仁、熊光、古九成、胡志文、郑德云、郑国安等入党，并从广州调回廖祝华、吴锡佩到梅南中学任教，成立了梅南中学党支部，由廖祝华任支部书记，党员吕君伟、黎学仁分别担任正副校长，以梅南中学为基地积极开展党的工作。梅南中学党组织的建立，为后来创建九龙嶂革命根据地先行部署打下坚实的组织基础。

1927 年梅县党组织领导的梅县五一二暴动虽取得成功，但由于敌我力量悬殊，只坚持了 7 天便成为历史。

五一二暴动失败后，梅县党组织因此时与广东区委失去联系，梅县"斗委"① 派陈启昌、古柏、杨雪如去武汉找中共中央汇报情况。他们 6 月下旬到达武汉，在汉口中华全国总工会找到当时的中共中央委员苏兆征（后来出席"八七"会议并当选为中央政

---

① "斗委"是为领导暴动，将原中共梅县部委及共青团梅县团地委合并成立的临时领导机构。

治局委员）的指示，到中央两广委员会招待所向彭湃（"八七"后的中央政治局候补委员）汇报工作。彭湃接见并听取他们汇报梅县的情况后，指示他们立即回兴梅工作。任务一是收编民间武装张齐光部为第二方面军独立第九团，并颁发委任状给张齐光；二是组织武装，迎接部队（南昌起义部队）南下，重新建立革命根据地。他们接受了中央任务急返。途经寻邬时，得知寻邬当地群众基础较好，决定古柏留在寻邬组织农民武装，准备在革命军回师广东时，率师来梅，配合革命军南下。陈启昌、杨雪如两人即回梅工作，并根据上级指示，收编民间武装张齐光部队。他们回到新铺时，持第四方面军政治部发给张齐光的委任状（委任张齐光为第十一军独立第九团团长）去见张齐光，张齐光接委任状后，陈、杨要求他立即下山，攻打梅城。而张齐光接委任状后却支吾应付，按兵不动。因此，由杨雪如留下谈判（未果，随后回梅），陈启昌回梅负责组织武装。为完成这一重大任务，陈启昌即到兴宁找蓝胜青和卢惊涛联系，传达上级"组织武装，配合起义军南下广东"的指示精神。

陈启昌、古柏、杨雪如奉命回梅后，面对梅县当地情况，迅速传达上级指示，开展策应起义军的工作，组织工农革命军。主要从以下三方面开展——

一是迅速恢复党团组织。

五一二暴动失败后，党团组织都从城镇转入农村秘密活动。中共梅县部委主要领导人刘标粦等因受国民党顽固派通缉而各自分散隐蔽，原"斗委"领导的暴动武装也疏散了。根据省委的指示，中共梅县部委改为中共梅县县委，兴宁、蕉岭、平远特支受梅县县委直接领导。省委派出（从香港回来）的李桃粦任中共梅县县委书记，曾衡为团县委书记。同时迅速恢复各区委和支部的联络活动。这时，县委秘密机关设在梅城安定书室。

1927 年 4 月 15 日，国民党顽固派在广州进行"清党反共"大屠杀，与胡一声同住的麻直被杀害，黄玉兰被捕坐牢，胡一声与韩文静（广东区委领导人之一）从天台逃脱。5 月逃往香港找到韩文静的爱人王逸常。见面后王逸常对胡一声转达了韩文静的指示，省委决定组织总暴动，要他赶快回梅县去准备武装，举行起义。按照王逸常传达的指示，胡一声回到新塘圩与到乡村恢复党团组织的杨雪如、陈启昌、李仁华见了面，他们要求胡一声回到梅南家乡去。因此，胡一声到梅城县委秘密机关安定书室找到了县委书记李桃粦。县委决定让胡一声回梅南中学去，以梅南中学为据点，准备武装，举行秋收起义。不久，郑天保也回来了。他们一面在梅南中学实行革命教育，接收梅城、兴宁各中学因参加反对国民党顽固派被开除的学生前来就读（其中如伍晋南便是那个时期到梅南中学就读时经廖祝华、熊光介绍加入共产党的）。由胡一声讲授新三民主义和他在广州农讲所开办过的秘密训练班的主要内容，由郑天保组织军事训练。同时秘密成立别动队，扩充武装队伍。

二是派出交通，迎接南昌起义部队入粤。

梅县县委派肖文岳、杨凡随蓝裕业前往迎接起义军，9 月初从蕉平边入寻邬、赣南，带介绍信和 5000 元筹款，到江西龙南后得知起义军已从会昌折入闽境，只好返回梅县。随后，王之伦、李德奇带领松口农民 70 余人到大埔三河坝迎接起义军，起义军向他们赠送了一批枪支弹药。起义军在闽粤边梅埔各地党组织和工农群众的配合下，进展顺利。9 月 19 日，起义军占领三河坝，23 日占领潮州，24 日占领汕头。

三是发动武装暴动，组织工农革命军策应起义军。

陈启昌、杨雪如回到梅城后，委派肖向荣为联络员，负责联系兴宁的工作。派杨维玉到丙村，王之伦到松口三井，林一青到西阳，他们还到梅南联系郑天保、胡一声，组织武装，建立工农革命军，策应起义军。1927年9月3日，兴宁农军在蓝胜青、刘光夏的领导下举行了暴动，攻占了兴城，缴获了大批战利品，随后，队伍按计划主动撤至永和湖尾乡，整编为广东工农讨逆军第十二团。9月9日，王之伦等组织发动了梅县松口三井农民暴动，暴动成功后，成立了广东工农讨逆军第八团。9月中旬，陈启昌与刘光夏等在兴宁兴凤寺集中了兴宁农军，准备进攻梅城。9月中旬的一个晚上，兴宁农军从兴凤寺出发，预定拂晓到达梅城，但到径心时因缴收国民党警卫队的枪支，到南口时已天亮，恰遇敌军一个连开往兴宁，遭遇一仗，农军仓促应战，终因装备太差，力量悬殊而被迫撤出战斗，进攻梅城的计划遭到失败。在此时，胡一声、郑天保等人在以梅南中学为据点的活动引起了国民党顽固派的关注，地方反动头子朱君怀等勾结县政府及反动军队前来捕捉革命同志。当时在梅南中学领导活动的郑天保、胡一声等，在敌人包围下，决定撤出梅南，经县委同意带领一部分武装到九龙嶂九里岃。邀请丰顺方面的领导张泰元、黎凤翔、邹玉成、邓子龙等到九里岃，商讨成立广东工农讨逆军第十团的事宜，发动附近贫苦农民组织革命武装，建立革命根据地。至是年秋末，吸收了梅南和丰顺一带的群众200多人，建立了广东工农讨逆军第十团，郑天保为团长兼军委主席，胡一声为党代表、张泰元为副团长兼军委副主席，黎凤翔和邹玉成为军事委员。全团有300余人，分成三个中队和一个特务中队，团司令部在九里岃。各中队分驻在九龙嶂周围的柑子窝、葛肚里、小桑、牛战畲、浪荡石、小桑坑尾及其他小村庄，所需军用粮食多向梅南的水尾、小桑等地的富农征收。所需武器，除集中各乡长枪外，并在九龙嶂建立兵工厂，制造单响步枪（实为鸟枪），以充实武装力量。从此，建立起梅丰边九龙嶂革命根据地，并逐渐壮大发展成为领导粤东人民进行武装斗争的中心。

11月初，中共广东省委派叶浩秀为潮梅党务巡视员，传达贯彻省委和南方局联席会议精神。叶浩秀在中共潮梅特委（后来与东江特委合并）郭瘦真等人陪同下，在梅城边的桃源对门郭氏学校召开了大埔、梅县、五华、兴宁四县党的负责人会议，出席会议的有50多人。会议传达了省委和南方局联席会议精神，并对各县党组织进行改组，成立了各县县委。经改组后的梅县县委书记仍为李桃舜，组织部长杨雪如，宣传部长王之伦，职工部长朱子干，军事部长肖文岳，委员陈甦赤、黄国材、林一青；团委书记陈启昌，组织部长杨维玉，宣传部长古柏。同时，正式宣布成立各县工农革命军，并任命了各团的团长和党代表。梅县松口三井工农讨逆军为工农革命军东路第八团，兴宁工农讨逆军为工农革命军东路第十二团，梅埔边农军为工农革命军东路第十四团，梅丰边九龙嶂工农讨逆军为工农革命军东路第十团（简称十团），团长郑天保（兼军委主席），党代表胡一声，副团长张泰元（兼军委副主席）。从此九龙嶂革命武装便正式载入推翻国民党反动统治，建立中华人民共和国的革命斗争的史册。

工农革命军东路第十团成立之后，即以军委的名义印发布告，揭露因封建地主豪绅的黑暗统治而造成的农民贫富不均，宣传土地革命，买者不交租、不纳税、不完债，没收地主土地给贫苦群众的主张，并提出"一切工农团结起来""一切工农武装起来、杀尽地主豪绅及其反动势力""实行土地革命，组织苏维埃政府"等口号。号召农民团结起来暴动，枪杀地主豪绅，围缴反动武装，实行土地革命，并告示禁烟（鸦片烟）、禁赌和禁土匪活动等。梅县城郊及外乡地主违抗命令来梅南一带收租、追债、征税等，立即被革命军处决，如在梅南罗衣塔子角处置了有名的大地主侯六世、钟八爷。此后，革命声势威震四方，附近的反动军队大为震惊。

1927年12月，十团开始向敌人开展武装斗争，首先出击梅南官塘圩警察所，处决了平时为非作歹的警长王彰文和当地恶霸钟亚应，缴获了全部枪支，首仗取得胜利，鼓舞了斗志，群众闻讯均欢呼雀跃。丰顺重镇潘田的地主勾结反动武装百余人，镇压当地农民。十团闻悉后，决定出击打掉敌人的反动气焰，于1928年1月24日（农历正月初二）早晨出击潘田，从九龙嶂各处（包括驻扎在小桑坑尾牛埂畲的一个中队），在当地农民的大力支持下，消灭了当地民团百余人，缴获了大批武器弹药，并破仓分粮，占领了镇公所，随后在潘田建立了人民政权，恢复了各乡的农会组织，并广为张贴《广东工农革命军东路十团军事委员会布告［1928年2月4日］（第五十九号）》。布告原文内容如下①：

广东工农革命军东路十团军事委员会

布　　告

1928年2月4日

（第五十九号）

为布告事：照得本军在中国共产党领导下，其唯一目的即在举行土地革命，实现不交租，不纳税，不完债之主张，并没收地主土地分给贫苦之工农群众。顷查潘田一隅，民众

---

①　中共梅县地委党史办公室、中共梅县市委党史办公室、中共大埔县委党史办公室、中共丰顺县委党史办公室编：《梅埔丰苏区史料汇编》，广东省平远县印刷厂印刷，1987年8月版，第1—6页。

既多、土地复广，果能耕者有其田，则安有今日贫富不均苦乐悬殊之现象。此种黑暗不平之局面，实潘田之地主豪绅所造成。本军目的所在，万不容此辈长久留存，致阻碍共产主义之实现，因此，本军除上面饬令潘田农民暴动决杀地主豪绅夺取土地外，并克日派遣大队援助该地工农群众围缴一切反动之武装，务将阻碍共产主义实现之地主豪绅铲除净尽，俾共产主义能早日成功。则本军之责任已尽，而贫苦民众亦可得到无穷之幸福也。切切此布。

主席：郑兴① 　　党代表：蔡若愚②

随后于 2 月 11 日，十团又发动了攻打丰顺县城丰良镇的战斗。十团和丰顺农军 3000 多人，第三次攻打县城，激战三昼夜，打得国民党丰顺县长冯熙周连发"十万火急"电报向上司求援，谓"三乡有贼数十万，困城危急"。后国民党军从三个方向赶来救援，十团回兵九龙嶂。

1928 年春，梅南中学再次接收了兴宁县立二中因闹学潮而被开除的学生 100 多人到校读书，他们中间有不少是党团员，使党的组织与人员更为扩大，随后便成立了中共梅南区委会，书记由廖祝华（廖祝华当时是梅南中学的党支部书记）担任，委员黎学仁等。这一时间，在十团武装首仗攻打官塘及出师丰顺的鼓舞下，梅南区委顺势而为，在梅南的周边积极开展组织赤色农会。当时，十团为了配合开展乡村组建赤色农会等工作，派遣了不少骨干到全县各乡村去打开局面。随着革命形势的发展，梅县又先后成立了丙村、畲坑、松江区委，党的组织有了很大发展。全县不少乡

---

① 郑兴，即郑天保，时任广东工农革命军东路十团团长。

② 蔡若愚即胡一声。

村都组织起赤色农会，梅南、罗衣、畲江、西阳、丙村、大坪、梅北、松源、尧唐、三井一带都有了农会。尤其是梅南有九龙嶂十团为后盾，发展得最快，斗争规模也最大，是全县最为赤色的地区，成为梅县革命斗争的中心。

梅县的武装斗争在开辟了以九龙嶂为中心的革命根据地，实行土地革命的同时，当时的县委书记李桃粦及县委领导成员肖文岳、陈甦赤等却对斗争发展方向作出错误决策。李桃粦等人在郑天保已在九龙嶂建立起革命武装后，且取得首发官塘，再击潘田、丰良城的强大声势下，不是采取加强九龙嶂的武装，积极在农村领导农民斗争，并在农民群众斗争的基础上建立武装和巩固已建立的根据地，反之把县委机关设在梅城，弄钱买枪，组织脱离群众的武装队伍。在这种投机思想的指导下，肖文岳、陈甦赤利用刚恢复的党团组织，三三两两孤立去打土豪、搞经济。因此，他们所到之处，秘密组织均被暴露而遭到破坏。更为严重的是发生在1928年4月的王之伦事件①后，接着又发生扎田事件。扎田，在梅城西部。五一二暴动后，县委将所有的秘密文件搬到扎田的唐润元家中（唐是共产党员，学艺中学学生，是梅县党部委的技术印刷人员），并在此设立县委临时办事处。1927年七八月间，李桃粦由香港回来时，由于存在错误的指导思想，留恋城市生活，忽视农村的斗争，他不仅以此为县委的印刷点，并以党的机要机关视为交通联系站。而扎田离梅城不足5公里，又是反动派魔爪伸向大坪、梅西必经之道，情况复杂。肖文岳、陈甦赤经常到此处，且每到一处都玩弄手枪，使党在扎田的机关有所暴露，县委内部有不少同志建议转移，但县委书记李桃粦却不以为然，不但

---

① 王之伦事件详见中共梅县县委组织部，中共梅县县委党史研究室编《中共梅县党史大事记汇编》2007年版，第15—16页。

没有撤离，相反他还将杨广存①（刚从香港回来）、林森端（隆文中学教员、共产党员，刚回梅城工作）安置于此。

1928 年 4 月 28 日，县委在扎田的机关被反动军队破坏，所有文件全部被抄去。杨广存、林森端、唐润元被捕，并于 5 月 5 日惨遭杀害。此后，陆续被逮捕了 30 余人，使全县再次陷入空前的白色恐怖中。

枪杀王之伦事件是扎田事件的前导，扎田事件又是枪杀王之伦事件的后果。两个事件的发生，使党的革命事业遭到不可估量的损失，这是当时县委在武装斗争问题上采取军事投机的流寇主义造成的结果，是血淋淋的教训。此时，1928 年初春由九龙嶂十团武装胜利出击带动出来的全县革命新局面、新高潮，经过王之伦、扎田两个事件后，全县革命又陷入短暂低潮。

二、畲坑暴动的历史意义

（一）"五县暴委"与畲坑暴动的历史成因

1928 年 2 月 9 日，驻汕头市的中共潮梅特委机关被敌破坏，省委巡视员叶浩秀、潮梅特委书记蓝裕业等 28 名领导干部、交通员和其他工作人员被捕牺牲。而梅县党组织继 1927 年冬发生安定书室事件后，又于 1928 年 4 月期间先后发生王之伦事件、扎田事

① 杨广存（1901—1928 年），梅城拔俊杨屋人，1923 年在北京读大学时加入中国共产党。1927 年 1 月任中共梅县部委宣传部长，2 月受命到平远发展党组织，3 月 8 日成立平远县第一个党支部，任支部书记。1927 年参与梅城五一二暴动，9 月跟随八一南昌起义部队到汕头，后转经香港到广州。1928 年 4 月，由中共广东省委派回梅县改组中共梅县县委，准备接替李桃粦县委书记一职。28 日晚，县委在扎田唐润元家中召开扩大会议，会后，杨广存留宿唐润元家中，29 日，凌晨 4 时被国民党特务机关包围被捕，5 月 5 日凌晨在梅城东较场被杀害。

件，党的革命事业接连遭受重大损失，白色恐怖笼罩全县。为坚持斗争，扩大武装，在与上级失去联系的情况下，转移到各边县山区的各县委和工农革命军领导人通过自觉的联络和协商，组成和产生了各边县党组织。根据郑天保 1953 年的回忆材料叙述中说："当革命武装建立时，古大存同志是领导五华的，当时五华的武装是工农革命军第七团，古大存同志是该团团长，在 1928 年初，五华的革命力量遭受到国民党顽固派的摧残，与梅县的当时情况相似。"面对当时梅县革命斗争局面，1928 年 5 月，工农革命军第十团团长郑天保派交通员前往八乡山，邀请工农革命军第七团团长来商谈。古大存到九龙嶂后即与兴宁的刘光夏、丰顺的黎凤翔、大埔的李明光取得联系，并于 5 月中下旬汇集在九龙嶂，召开上述五县党和工农武装负责人的联席会议，决定成立五县暴动委员会，推选古大存为书记，成员有郑天保、黎凤翔、刘光夏、黄炎、罗欣然。"五县暴委"的成立，扩大了政治影响，坚定了革命队伍的革命信念，在群众中树立起革命旗帜。此后，暴委决定以九龙嶂为梅州各县大本营，同时向铜鼓嶂、明山嶂、八乡山和兴龙北部山区发展，并准备组织发动畲坑暴动。为具体指挥好这场暴动斗争，暴委还另成立了梅丰五兴四县临时军委，古大存为主席。这是"五县暴委"产生的历史经过。①

（二）畲坑暴动推动了农民斗争的发展

为取得暴动胜利，"五县暴委"抓紧了暴动前的部署准备工作：首先是派人侦察畲坑周围的敌情、地形；其次是从第七团、十团、十二团抽调军事骨干近 40 人组成短枪队作为主力，同时由十团隐蔽集合起 100 余人的武装（长枪队）作为后备队；再次是

---

① 摘自梅县档案馆藏《梅县革命历史档案》第 2 卷，第 131—133 页关于 1953 年 10 月 7 日郑天保对九龙嶂武装斗争的回忆。

动员附近农民，秘密组织一支近 2000 人的没收队，随部队行动，以壮大声势。按照暴委指示，梅南区委秘密部署各支部全力配合。按照"五县暴委"及十团领导的部署与要求，梅南区委在区委书记廖祝华的周密部署下，通过基层支部、党员、农协会员，动员离畲坑较近的小桑等地的乡村组织起一支近 2000 人的农民没收队随部队行动。

暴动是在 6 月上旬的一个圩日，由李斌、古宜权率领的突击队化装成赶圩的农民进入圩内；古大存、郑天保、刘光夏等率领的长枪队和没收队，分别来到河边隐蔽待机。上午 10 时许，突击队向敌发起袭击，一阵猛打，毫无戒备的敌人便被缴了枪，但是，没多久，另外两处未侦察到的敌人，从正面和侧面包围过来，李斌、古宜权一面指挥队员反击，一面派人向古大存报告。古大存即令长枪队迅速渡河投入战斗，没收队隔河摇旗呐喊。敌人以为工农武装后续大队来到，慌忙向北面高地退却，长枪队乘机反击，敌落荒而逃。整个战斗历时两小时，击溃国民党驻军、民团 30 余人，缴获长短枪数十支和各种物资一大批。

畲坑暴动的胜利，使潮梅国民党顽固派大为震惊，第二天就在梅县、汕头出版的报纸上大肆攻击谩骂，视工农革命军为"土匪"。在香港的中共广东省委，从报纸上得悉九龙嶂仍有武装活动，便于 6 月下旬派梁大慈为特派员，到九龙嶂与各县党组织重新取得联系。失散在各地的同志 200 多人，亦纷纷集结九龙嶂，使革命队伍迅速壮大。后来，揭阳、潮安两县工农武装负责人卢笃茂、张遇廉等亦先后来到九龙嶂。经各县领导人开会商议决定，撤销四县临时军委，将"五县暴委"扩大为梅、兴、五、埔、丰、潮、揭等县参加的"七县联委"。"七县联委"的成立，使各地党和武装组织在统一领导下得到较快的恢复和发展，从而促进了以九龙嶂为中心的梅埔丰革命根据地的建立，为后来东江革命根据地的形成和发展作出了重要的贡献。

受中共广东省委指派，省委巡视员梁大慈于7月上旬来到梅县，在梅蕉边的羊古薮主持召开县委扩大会议，整顿和改组县委。会议总结检讨了三二八枪杀王之伦事件和四二九扎田事件以来的情况，批判了原县委书记李桃舜以及肖文岳、陈甡赤等县委领导在王之伦事件中的错误做法，并撤销了肖文岳、陈甡赤两人的职务，改组成立新的县委，决定李毓华为县委书记，朱子干为组织部长，黄国材为宣传部长，张昌英为委员兼秘书。遵照中共广东省委的批评指示，加强了党的基层建设和发展农会工作，决定县委委员以上的县委领导驻区指导工作外，派出苏光等6位同志带领若干工作人员到梅南、九龙嶂、小桑、南顺、水尾等地开展农民运动，要求各地党组织：一是，每个同志均需到贫农、农妇方面去活动，凡不肯去的开除；二是，只要贫农、农妇（妇女）敢于反抗地主、大公、豪绅，就要发展入党；三是，引导他们工作，提拔他们加入党的各级领导机关。

县委改组后，梅县党组织得到了较快的恢复和发展，在巩固原已建立起的梅南、畲坑、松江、丙村区委的基础上又新成立了西阳、铜山等区委，同时，组建了各区赤卫队。1928年10月，刚任职两个月的县委书记李毓华脱离组织去南洋，县委再度进行整顿改组，改组后县委书记由廖祝华担任，委员有熊光、朱子干、黄国材、林一青、李啸、黄龙广、李思绮等。新的县委书记廖祝华和熊光都是当时的梅南本乡人。其中廖祝华是从1926年起由广州中山大学返乡到梅南中学参与胡一声、郑天保组建梅南中学党组织并担任党支部书记，至后来担任梅南区委书记乃至任县委书记，几年中一直坚持在梅南开展党的工作，与九龙嶂根据地的武装力量发展及军事行动紧密相连相通，对当地民情也较之前几任县委书记更为了解，所以在廖祝华任县委书记的一年多时间是梅县党组织发展最好的阶段，也是九龙嶂根据地武装稳健发展的一个时期。在廖祝华任县委书记后不久，调伍晋南接任梅南区委书记。

在20世纪二三十年代，当时的社会并不是像今天的信息时代，不少党史专家在研讨梅县、梅州乃至广东的第二次国内革命战争历史时均对畲坑暴动的历史意义作了相当高的评价。简单说来，如果没有畲坑暴动，在香港的广东省委要不是通过报纸上的消息得知梅县仍有革命武装，粤东还有共产党的组织在坚持斗争，也就不可能这么快派人来指导粤东北党的工作，梅县县委改组也不可能在短时间内二次改组，梅县乃至整个梅州党的历史不知还要走多少更为曲折的道路，要付出多少更加沉重的代价。所以说，畲坑暴动的成果并不是仅仅取得几十支枪和大批物资充实革命武装的问题，其历史贡献是巨大的。总之，畲坑暴动的胜利，推动了当时兴梅农民斗争的继续高涨，扩大了党的政治影响。从此，兴梅各县的革命活动又与广东省委取得了联系，在中共广东省委的直接领导下武装斗争不断发展。

三、梅县苏区的初创时期

1928年6月18日至7月11日，中国共产党第六次全国代表大会在苏联莫斯科召开。中共六大结束后至1929年秋，全国各地都在传达贯彻中共六大精神。

1928年9月，广东省委书记李源在汕头市附近的桑埔山召开潮梅地区各县党的负责人会议，传达中共六大精神。中共东江特委派代表参加了会议。12月，中共东江特委、团东江特委召开联席会议，选举了东江新的临委，讨论贯彻中共六大和中共广东省委二次扩大会议精神，决定派员到各县具体指导。随后，梅县县委（这时的县委书记由廖祝华担任）召开了县委扩大会议，传达贯彻中共六大和中共广东省委二次扩大会议精神，梅县以九龙嶂根据地为中心，研究新思路，制订新策略，开辟农村斗争新区域。

在中共六大和中共广东省委二次扩大会议精神的鼓舞与指导下，梅县县委动员全县党组织和武装力量，领导农民进行了秋收斗争，各地农民运动很快恢复和发展起来。兴梅各县的革命形势已扩展到潮安平原城郊，九龙嶂、八乡山根据地日益巩固，九龙嶂的武装也已日益发展壮大起来。在县委书记廖祝华与九龙嶂第十团武装领导人的统一部署下，从1928年秋末起，九龙嶂武装分头下山，深入农村，领导各乡农民开展秋收斗争。广大农民深受地主豪绅压迫剥削，一经发动，便很快行动起来，开展斗争。

在梅南区委的领导下，梅南农民首先在罗衣塔处决了欺压剥削人民的租主侯六世、钟八爷等三人，接着白渡、梅西、松源、三井等地农民也相继起来打击地主豪绅，开展抗租抗息斗争，迫使地主豪绅纷纷逃往城市，再也不敢在乡村为非作歹了。同时，梅南的农民以农民协会的名义先后到栏林、罗田径、丰顺的大椹（胜）乡等地没收反动资本家的财物（约值3000银元），打击其反动气焰，协助九龙嶂革命武装解决经费所需，从而使农民协会的组织由半公开走向公开，成为农村政权的基础。随后，在全县范围内组建区、乡农会和赤卫队组织。首先在梅南曲溪成立梅南区农会，由卜增香任农会会长，领导龙岗、曲溪（九龙）、小桑、南顺、径尾5个乡农会。

1928年冬，革命军第十团主力从九龙嶂出发后，游击在五华、丰顺、揭阳、兴宁、梅县之间，所到之处，敌人提心吊胆。在这种形势下，梅南区由5个乡农会发展到11个乡农会（水车、安和、白沙、小桑、曲溪、南顺、蓝田、滂溪、耕郑、赤南和上下罗衣）。1929年春，梅县境内的梅东片（松源、桃尧、隆文、松东大部）在松江区委领导下，党组织已发展到 15 个支部，各个村已先后成立了农协执行委员会（即农会），会员 200 多人，成立了松江区赤卫队，队长黄公仁，成员有 80 多人，领导农民抗租税、打土豪，多次袭击松源、隆文、桃尧、三溪口等乡公所，队伍不断壮大。此时，位于北部的城北、石扇巴庄、白渡等地亦有游击活动。在梅埔丰三县交界有一支武装是朱德率部在三河坝战役后留下来的，当时留下虽只有 10 多人，但他们在三县交界的铜鼓嶂、明山嶂一带活动，成立了铜山支部。1928 年 10 月，以铜山支部为基础，成立了铜山革命委员会，主席叶雨金、副主席郑才文。铜山革命委员会统一领导边界地区明山、铜山、铜南、埔西和丰北的革命斗争，并在党的领导下先后建立了乡、村农会组织和乡村赤卫队。是年冬还成立了区模范队。在乡、村赤卫队的配合下，开展打土豪运动，镇压了大恶霸丘名皆、何锦兰等，又打败了小都团防，使区模范队游击活动更加活跃。1928 年冬，县委派员加强梅西片革命活动的领导，特别是大坪，由共产党员洪献文、卢竹轩等领导组织了革命委员会（主席卢竹轩，委员有卢进攻等 11 人，是梅县基层苏维埃政权的雏形）。革命委员会成立之初，首先在大坪枪毙了大土豪颜德荣，绑杀了到大坪催粮的粮差。10 月举行了龙虎圩暴动，杀死了龙虎警长洪石灵、梅西警长洪青敏，广大农民群众的革命热情极为高涨。其时，东江革命委员会曾派廖汉庭到大坪沙下屋，主持成立梅西区联队，有武装 100 余人。梅西区联队成立后，根据梅县各地革命活动的进程以及发展的需要，县委于 1929 年初春，在梅县顺里村召开梅县农民代表大会，并成立了梅县农民协会，主席廖祝华（县委书记兼），同时还成立了梅县赤卫总队，总队长罗梓良。1929 年夏，成立梅县革命委员会，主席熊光。

从 1929 年秋冬起，随着东江特委、东江革命委员会均驻梅南，指挥梅、丰、埔、华、兴等县的军事政治斗争，以九龙嶂根据地为核心的梅南地区便成为东江革命斗争的中心。此时，梅县地方党组织力量也得到很大发展，全县已有畲坑、梅南、西阳、松江、白渡、丙村、梅西7个区委；有松口、瑶上、大坪、南口、石扇、巴庄及附城染坊碾、水车等8个独立支部，属区委领导的有45个支部。共青团组织在此时也发展得很快，1929年2月，团东江特委派员来梅县，在县城东山背油岩主持召开团代表会议，党县委书记廖祝华参加了会议。会议决定恢复和重建团县委，卢伟良为团县委书记，林枫、郭潜分别担任组织、宣传部长。此时，全县党团员有1200余人。

梅县县委在与十团武装的配合下，积极开展游击战。1929年4月，明山、甲坑、嶂明、竹小等乡赤卫队100多人，分三路进攻三乡团防驻地；5月2日，梅南赤卫队600多人，分路攻打官塘、新塘、长沙；13日，赤卫队又袭击西阳、白宫，此时全县各地的赤卫队纷纷行动，袭击了畲坑、长沙、大坪、荷泗、石扇等地，皆获得胜利。尤其是攻打长沙，产生了重大影响。当年的长沙圩，是国民党最接近九龙嶂根据地的据点，也是梅城的后方堡垒之一，经常驻有一个警卫中队。由于敌人踞守长沙，使得党对长沙以下的工作难以开展。为了拔掉长沙这个敌据点，1929年5月初，以九龙嶂派出的武装和梅南赤卫联队为主，发动了罗衣、梅南各乡群众数千人攻打长沙。在我方声势浩大的攻势下，长沙守敌十分恐慌，于当天上午撤离到梅城泮坑。此仗虽未消灭敌人，但政治影响很大，此后，敌人不敢驻守长沙圩，梅城附近的豪绅、地主、奸商、恶棍更为之丧胆，全县各地群众斗争形势进一步高涨。农民纷纷参加红军，不断扩大革命武装力量。在党的领导下，梅县苏区初创时期逐步走向高潮。

四、红四军来梅推动梅县革命高潮的形成

（一）迎接红四军来梅

1929 年 4 月 1 日，中共中央曾致信朱德、毛泽东，就红四军行动方向问题提出："摆在你们面前的出路有三条：一是仍向赣南发展……二是向闽西发展……三是向东江……这三条路究竟向哪一方面发展，实际情况如何，还应由你们决定。"①

6 月，闽西红四军前委派政治部主任陈毅到东江，商议红四军进军东江事宜。陈毅以商人的打扮，身穿黑烤纱裤褂，头戴西式草帽，通过了敌军封锁线来到了东江。陈毅来到后，中共东江特委在丰顺释迦山蓝寮子召开了东委临时紧急扩大会议，东江特委书记林道文、东江工农革命军武装总指挥古大存等均参加了会议。陈毅带来了红四军最近在福建打击敌人的情况和红四军准备到东江的消息。东江人民盼望已久的愿望将要实现了，到会的同志都高兴地交谈着对即将来临的重大革命形势的展望。②

在陈毅到来前，东江特委根据革命斗争发展的形势，经广东省委同意，于 1929 年 6 月组建红四十六团。红四十六团以梅县、兴宁、五华、丰顺、大埔五县原工农革命军第七团、第十团、第十二团和第十五团为主，人员 370 余人，团长李明光，政委丘宗海。

陈毅离开后，东江特委继续分析当前形势，对红四军来东江的时间、路线，以及可能在东江流动的情况作了估计，并决定动员一切力量，在最短时间内，做好准备工作。

---

① 中共梅州市委党史研究室著：《中国共产党梅州地方史》，第一卷（1919—1949），中共党史出版社 2011 年版，第 122 页。

② 中共梅县县委党史研究室著：《中国共产党梅县地方史》，第一卷，中共党史出版社 2006 年版，第 63 页。

随着东江革命斗争形势的发展，根据广东省委的指示，1929年6月18日至7月初，在丰顺县黄礤召开了东江党代表大会。此时经请示中共中央同意，决定在东江范围内建立工农红军第六军，从第十六师第四十六团组织起（在6月初已组建起四十六团）。8月，在潮、普、惠又组织成立了红军第四十七团；在饶、和、埔成立了红军第四十八团。10月，正式成立了东江工农红军总指挥部，东江特委军委书记古大存为总指挥。随后，东江特委、东江革命委员会、东江工农红军总指挥部移驻梅南水尾，梅县各区建立革命委员会，开展土地革命和建立苏维埃政权的宣传工作，发动群众，结合秋收，开展打土豪运动，大量储备粮食。与此同时，在九龙嶂下的万和山及小桑的坑尾建立后方医院，在梅南顺里建立了兵工厂，小桑坑尾高排建被服厂，在梅南水尾举办红军军事政治学校，梅南还设立交通站。同时还组织训练农民和妇女以买卖东西为掩护，传递消息及侦察白军情况等。通过以上的准备工作，革命武装力量日益壮大，为红四军的到来作好了组织、军事和物资的准备。这时，梅南已成为梅州革命的指挥中心。

（二）红四军在梅开展军事斗争的历程

10月19日，红四军第一、二、三纵队共6000多人，在朱德、朱云卿的率领下，从福建上杭县城分三路出发南下东江，到梅县松源集中。由林彪率领的第一纵队，于19日歼灭驻松源国民党军陈维远部一个营，首仗告捷。21日，三个纵队在松源集结。10月22日，敌军陈维远部集中在松口，此时红军原计划夺松口直达梅城，走兴宁、五华路线已很困难。22日晚，刚从上海向党中央汇报工作并带回中央指示的陈毅，在广东东江特委派驻红四军前委代表罗欣然陪同下抵达梅县松源，与红四军军部和三个纵队相遇。陈毅向红四军主要领导人口头传达了党中央的指示，并召开红四军前委扩大会议，传达了中央"九月来信"后，参与红四军行动的指挥。鉴于敌人陈维远部已集结，重点在松口阻击红军行动，决定由蕉岭、平远入兴宁到达东江赤色区域。这时，梅城没有敌人正规部队守备，只有地方武装侯淼的基干大队和警察。红四军得知这一情况后，于 25 日早晨由蕉岭出发经三圳，9 时到达新铺。前锋与敌警卫队接触，俘虏敌军 4 人，生擒警长卢某。下午 3 时，经大浪口抵梅城附近，即与警卫队接触，由林彪率领的第一纵队以两个连兵力对付敌军。经过一小时战斗，毙敌 20 余人，缴枪 30 多支。驻守梅城的基干大队和警察，听到红军临城便弃城往兴宁方向逃走。晚上红军进入县城，梅县县委也于当晚从梅南搬进梅城，协助红四军开展工作。这时，东江革命委员会也宣告成立。

红军进城后，立即颁布了署名毛泽东、朱德、古大存、刘光夏、朱子干、陈魁亚、陈海云为主席团的《东江革命委员会关于公布执行土地政纲的布告（第 177 号）》，接管反动政府机关，释放被关押的 200 多名犯人（其中大部分是政治犯，不少是中共党员、青年团员），维持社会秩序，召集梅城工商各界人士参加会议，筹得军饷二万光洋①，县委也派出党团员协助红军政工人员做好宣传工作。他们到处写标语，向群众演说，宣传红军的政策和纪律。由于宣传工作做得好，第二天（26 日）梅城就恢复了秩序，市面又照常营业了。26 日下午 4 时，朱德在孔庙召开群众大会，到会群众有三四千人。朱德站在大成殿面前的石鼓上，用客家话向群众演说，讲清红军的政策和纪律，说明红军是共产党领导的工农子弟兵，介绍了红军的政治主张，号召大家武装起来，

---

① 王维同志（籍贯广东梅县的中共七大代表）在延安参加七大期间，邓发同志对王维说："梅县是个较富庶的地方，1929 年红四军攻下梅城不到一天便筹到二万光洋。"

成立苏维埃政权等。至 5 时左右，正当群众听得入神的时候，从松口尾随而来的陈维远部队跟防守城郊的红军排哨打响了。为避免损失，红军决定撤出梅城。朱德军长对群众说："不要怕，红军很快会重返梅城的，革命是一定要成功的，以后再与大家相见。"① 散会后，朱德亲自率领部队从南门涉过河水干枯的程江河，经百花洲、乌寮沙、大沙河唇，分向龙润窝、澄坑两路到轩坑会合，晚上七八点钟的时候到了轩坑渡口。在当地党组织和村民的协助下，横渡梅江河（轩坑段），过江后部队分别在滂溪、耕郑、龙岗及罗田径上、下村宿营。为迎接红四军来梅的古大存，26 日坐船顺水而下（较快速）赶到三角地附近上岸获得红四军已撤出梅城的消息后，急忙赶回梅南，在滂溪罗田村见到了在此宿营的朱德。27 日，全军在东江特委的策应下，由陈任之（后为畲坑区委书记）当向导带队直向九龙嶂北边丰顺县境的马图村休整。

红四军退出梅城后，敌恐红军袭击潮汕，大部队由梅县开往汤坑，梅城守军减少。10 月 30 日，朱德军长在马图召集军部参谋长、各纵队司令员及东江特委负责同志开会，研究红军行动计划。考虑到敌军来得较快，且前后抵梅已有三个师，不宜和敌军打硬仗，为保存实力，决定红军趁敌大部队南向扑空未归之际反攻梅县，消灭驻梅敌军力量，在东江作一次推动性政治影响后，便回闽西去。于是 10 月 31 日，红四军三个纵队分三路反攻包围梅城，经过多次发动猛烈冲锋，打进北门，打伤守敌教导团团长郭思演，毙敌副团长一人及营长以下官兵 100 余人。由于掌握敌情不准确，敌情报告原说一个团，实际足有两个团人员，又错误

---

① 中共梅县县委党史研究室著：《中国共产党梅县地方史》，第一卷，中共党史出版社 2006 年版，第 65 页。

采取包围战、攻坚战的战术，逼使守敌凭固死守，拼命顽抗，用手榴弹、机关枪封锁街道。同时由于敌军占据制高点，红四军地形不利，战斗持续到下午 4 时左右，闻敌大批援兵将至，红四军匆匆撤出梅城，辗转经平远往寻邬。在马图休整时，古大存向红四军提出留下一批军事骨干给当地充实地方红军，当红四军往平远撤退时，朱德留下梁锡祐（梅县松口人）、康健、谭汉卿等 30 余名政工参谋人员和一个连的兵力共 150 余人（其中不少是伤病员）的红军力量在东江，还拨 170 支枪、两挺机关枪、一门迫击炮、20 匹军马和一批弹药给东江红军。

红四军留下来的官兵，东江特委把他们编成一个特务连，归红军四十六团领导。后来，这批政治、军事干部成为东江红军的主要骨干，特务连也扩大成为一支英勇善战的队伍，在九龙嶂和东江地区游击战争中发挥了重要作用。其中梁锡祐还成为红十一军的主要领导，担任参谋长之职。

（三）红四军来梅对梅县革命斗争的影响和三大推动效应

红四军来梅时间虽短，但是对东江，特别是梅县的革命斗争的影响及推动作用无疑是极大的。

首先打击和震慑了敌人。敌方陈维远部遭到了沉重打击，毙敌副团长一人，打伤敌团长一人，击毙敌营长以下官兵数百人（陈维远因此役后被国民党革去旅长之职）；东江各处敌人被红四军所震慑，梅县警卫大队听到红四军攻城，即四散逃亡，反动军政要员也纷纷率家属逃亡。

其次是推动了东江梅县革命武装的发展。红四军进东江后，给东江的部队传授战略战术和部队建设经验，促进了东江红军的建设。朱德军长还留下梁锡祐等几十名军政骨干和百多名红四军战士，进一步增强了东江红军的战斗力。红四军经过的地方，还大力武装当地的赤卫队。在梅县的四十六团及县赤卫总队，各区赤卫队（区联队）于这一期间迅速得到扩充，全县赤卫队的人员达数千人。

再次是扩大了共产党和红军的政治影响，提高了群众对共产党和红军的认识，使他们更加拥护党和红军。"在红军未来之前，反动派说红军怎样杀人放火、抢东西，使城市贫民及商人非常恐慌。可是红军到梅城后，行动上完全和反动派的宣传相反，红军到后出来看我们的很多，商家也开了门做生意，红军中每连的宣传兵行动很有纪律……，在政治上确有很好的影响"，"不但贫苦工农群众受了红四军的影响，倾向我们，找寻机会欲加入我们群众组织。即如城市的商人、学生也说红四军比叛逆军好得多，共产党不错"。①

红四军来梅对梅县革命斗争有三大推动效应。

一是在军事武装行动上有所推进。

为了策应红四军进军东江、梅州，扩大红色区域，从1929年10月中旬起，红四十六团、四十七团开赴粤东西北地区，和当地赤卫队密切配合转战于丰顺、梅县、大埔、兴宁、五华等地。为了牵制梅城外围的敌人，古大存、李明光分别带队于10月31日袭击畲坑、长沙等地驻军。这时，梅县境内党领导的武装有梅南区联队、梅西区联队等，后又建立了县大队，人数从100多人发展到2000多人。各地武装纷纷主动出击，以梅南为中心，梅西、梅北、梅东、西阳、丙村等区区联队、赤卫队在区委和革命委员会的统一指挥下，正面开展对敌军的攻击，广泛开展打土豪、分田地的运动，此阶段较大的军事行动有三打畲坑、三战长沙，其

---

① 《西北七联会致西北各县指示信》（1929年11月15日），中央档案馆、广东省档案馆编：《广东革命历史文件汇集》甲31，1984年5月版，第2页。

中战果较为突出的是官塘之战。在红四军刚从梅城撤走不久，1929 年 11 月初，担任中共广东省委常委兼军委主席的聂荣臻受省委委托，前来丰顺崇下的东江特委机关巡视，历时一个月。聂荣臻在巡视中，通过座谈调查，听取东江特委汇报，了解有关情况后，在进行具体军事部署的同时，对中心工作也作出部署，指出："东江目前唯一的中心工作，便是坚决的秋收斗争。"聂荣臻的指示，使东江特委、"西北七县联会"更加重视领导秋收斗争。11 月 15 日，"西北七县联会"即发出致西北各县指示信，提出以秋收斗争为中心任务，发动斗争，扩大红军，建立各级苏维埃政权。① 在"西北七县联会"的指导下，各县很快汇成了一股推动秋收斗争、深入开展游击战争的巨大力量，使游击战争深入持续地开展起来。这期间，以九龙嶂为中心的革命根据地的革命势力得到很大发展，早已引起丰梅反动势力的察觉。在红四军撤出梅城后不到半个月，国民党部队第六十一师毛维寿旅的一个特务营，在营长张徐光带领下开到官塘圩驻扎，挨家挨户搜索群众支持红军的证据，并狂妄叫嚣谁敢支持"土共"就杀谁的头。为了把敌人的嚣张气焰压下去，显示我军的力量，红军指挥部领导古大存等人研究决定，调配兵力，选择合适时机狠狠打击，将这一柄插入革命根据地身边的刀子拔掉。

在古大存、李明光的指挥下，我军调集四十六团、四十七团和梅南区联队（赤卫队）数百人，从小桑集中出发。由特务连打先锋，夜袭驻官塘圩的国民党特务营，全歼这营敌人。敌营长张徐光骑着白马向龙岗坪方向逃命，即将到达龙岗坪时（此时已天

①　《西北七联会致西北各县指示信》（1929 年 11 月 15 日），中央档案馆、广东省档案馆编：《广东革命历史文件汇集》甲 31，1984 年 5 月版，第 1 页。另西北七县是指梅、兴、平、蕉、埔、五、丰七县。

亮）用望远镜回头观察红军追兵的动静，大骂其部下"无用，要反攻回去"。这时，埋伏在附近山上的红四十七团官兵直冲下来，一排子弹把张徐光从马背上打下来，张坠落在地上，敌军赶忙抬着张徐光觅小路逃窜。张部残兵最后在农户中找到竹箩筐，抬着张徐光逃回梅城德济医院（黄塘医院）。到了医院张徐光还在大声叫嚷，发出"一定要报此仇，把'土共'统统杀死，小桑一条水，三岁以上不留一个"[①] 等狂妄至极的言辞，但在 11 月 18 日午夜伤重死亡。当时，县委宣传部干部卜杏华曾编写一首歌谣，经女宣传员莫秋屏演唱，在军民中广泛流传，并发表在共青团梅县县委办的刊物上。歌谣原文：

> 月光光，白如霜，反动头子张徐光。
> 想杀工农到官塘，遇到红军打一仗。
> 身上连中二三枪，马上跌落用箩扛。
> 一扛扛到上黄塘，医生都说命不长。
> 《民国日报》载端详，呜呼哀哉见阎王。[②]

官塘大捷鼓舞了梅县全体指战员的士气，增强了红军战胜白军的信心。留守九龙嶂根据地的四十六团副团长邓子龙，率四十六团留下的兵力，配合梅南区联队、各乡赤卫队合力再战，一鼓作气，又袭击了在梅南龙岗坪和郑坑山一带的毛维寿部队，将敌人约 400 人击溃，四散逃走，有些白军逃至滂溪时，将枪投到农民的狗洞里，偷收农民在屋外晒的衣服，化装逃命。战斗中缴获

---

① 见卜杏华在 1961 年写的回忆材料，现存梅县档案馆。

② 中共梅州市委党史研究室著：《中国共产党梅州地方史》，第一卷（1919—1949），中共党史出版社 2011 年版，第 131—132 页。

了大量的枪支弹药，将反动派势力赶出了梅南。围绕梅南为中心的战斗告一段落，但邓子龙带领的四十六团和十九大队一直留在九龙嶂，与地方武装一道坚持保卫根据地的斗争。全县各地的武装斗争也如火如荼，伴随着苏维埃政权的建立，革命武装力量的不断增强和革命斗争的需要，1930 年 5 月 1 日，东江苏维埃政府宣告成立，同时，成立了中国工农红军第十一军。

红十一军成立后，各团红军英勇善战，东征西讨。1930 年 9 月 10 日，广东东江（包括潮梅十五属）苏维埃代表在广东省苏维埃会上的报告提到："当时东江红军及各县赤卫队……极其活跃，各地暴动，相继爆发。"① 以红四十六团为例，从 1930 年 5 月 14 日到 1931 年 3 月初不到 10 个月的时间，配合梅县地方武装，在梅县境内与敌人张达旅及梅县各区乡敌警卫队共进行了大小 61 次战斗。其中在 1931 年 5 月下旬至 9 月下旬短短的 4 个月中，进行的战斗就达 39 次，巩固和发展了革命根据地。

二是在政权建设方面上有所推进。

从 1929 年春至 1930 年上半年的一年多时间，是梅县土地革命全面深入发展形成高潮的阶段。1929 年春，梅县率先召开农代会，建立梅县革命委员会。从那时开始，全县大部分地区（域）从前期在农村推行的抗租抗税、减租减息转变为打土豪、分田地的斗争策略。全县的农民群众已经充分发动起来，农会、妇女会、儿童团等群众组织普遍建立，县、区、乡各级党组织大大发展，苏维埃政权普遍建立，县级工农武装、区联队、赤卫大队等武装组织遍布全县农村，不少区乡分了土地。现存中央档案馆的梅县畲江苏维埃政府颁发给熊阿鼎的土地证，为当年全县打土豪、分

---

① 中共梅州市委党史研究室著：《中国共产党梅州地方史》，第一卷（1919—1949），中共党史出版社 2011 年版，第 156 页。

田地运动提供出珍贵的历史见证，充分展现了当年梅县农民分到土地的历史。原件复印件见后。

土地革命时期（1930年）梅县苏区使用过的土地证

（原件存中央档案馆）

红四军来梅的推动，以及全县游击战争的深入发展，扩大了全县武装割据的区域，推动了红色政权的建立。1930年春，梅县工农兵代表大会在梅南顺里召开，到会代表200余人。大会宣布成立了梅县苏维埃政府，主席熊光，县苏维埃政府下设军事部、财政部、文教部、卫生部、总务部和经济委员会、土改委员会及人民法院等部门。在此前后，全县大部分赤色区域都成立了各级苏维埃政府。区级的有梅南区，主席庄洪兰；畲坑区，主席钟文霞；梅三区，主席刘民；梅西区，主席卢竹轩；松江区，主席刘和，副主席廖作（卓）；梅北区，主席石××及乡级苏维埃政权37个。在建立了苏维埃政权的地方，均积极实行土地政纲，没收分配地主阶级的土地，对违抗苏维埃政府政令的不法土豪劣绅、不法地主分子给予坚决的镇压，以维护新生革命政权的权威。现存（梅县档案馆［民国档案财政科第五卷第25页］）一份1930年3月13日松江区革命委员会主席团刘安、刘和、廖作署名枪毙反动劣绅黄选初布告原件，佐证了当年进行土地革命过程中梅县革命群众的坚决斗志。

布告复印件

1929 年冬至 1930 年春，梅县各级党组织和苏维埃政府按《土地政纲》的八条要求进行土地革命（分田地）。当时的做法是：只分土地未划阶级，没收土豪劣绅土地和公偿田、出租田，以乡为单位，按人口平均分配；在原耕田基础上，抽多补少。分配数量各乡亦不相同，如梅南区安和乡每人分 3 担（合一亩），蓝田乡则分 2.5 担，水尾乡分 2 担，小桑分 3 担。发给土地证的有梅南、畲江等区，其余大部分区乡只造册张榜公布分配土地的地址和数量。全县在 6 个区、56 个乡苏维埃内开展了轰轰烈烈的土地革命运动。

1929 年冬，在东江革命开始进入高潮的形势下，成立东江地区苏维埃政权的条件已趋成熟。东江特委根据广东省委的指示，于 1929 年 12 月中旬向所属各县市委发出第三十一号通告，决定召开东江工农兵代表大会，要求各地按分配名额选出代表，准备好提案，出席大会。大会原定于 1930 年 3 月 14 日召开，因准备工作尚未做好，3 月上旬复决定大会在 5 月 1 日召开。

1930 年 5 月 1 日，东江第一次工农兵代表大会在八乡山滩下庄屋坪隆重举行。出席大会的有来自汕头、潮阳、惠来、揭阳、潮安、澄海、饶平、南澳、梅县、大埔、丰顺、五华、兴宁、龙川、海丰、陆丰、惠阳、紫金等县市和各地军团的代表等 184 人。广州、琼崖、粤北等地区 6 个县市也应邀派代表参加了会议。

大会由中共东江特委常委兼军委主席古大存主持，特委农委负责人陈魁亚作政治报告，古大存作关于游击战争的报告，当他把粤东北（梅、埔、丰、华、兴）军民对敌斗争胜利的喜讯告诉代表们时，全场掌声雷动，欢呼胜利。中共广东省委派林道文参加大会，并传达了省委和中央军委关于建立东江苏维埃政府和成立中国工农红军第十一军的决定。大会历时 12 天，着重讨论和决定了关于组织东江地方暴动问题；讨论和通过了革命政纲和各种法令；选举了东江苏维埃政府执行委员会。大会以民主选举的方式，选出东江苏维埃政府委员会委员 45 人，候补委员 15 人。梅县有数十名代表参加，其中黄炎、熊光、朱子干、叶焰骥当选东江苏维埃政府执行委员，吕君伟、罗昭记为候补委员，黄炎、朱子干、叶焰骥为常委。大会同时还选举了 15 名常务委员，陈魁亚为委员长，古大存、陈耀南为副委员长。

大会正式宣布红十一军成立。军长古大存，政治委员颜汉章（后为吴炳泰），参谋长严凤仪（后为梁锡祐），政治部主任罗欣然。红十一军下辖东江地区原有红军四十六团、四十七团、四十八团、四十九团、五十二团和一个教导队。军部设有一个军校，由四十六团代管，还有一个独立营约 200 人，全军官兵 3000 余人。

东江第一次工农兵代表大会胜利召开并成立了东江苏维埃政府，使东江地区特别是地处东江革命斗争中心的梅县军民对革命前途充满着美好憧憬。红十一军的成立，是全东江人民在党的领导下，用革命武装反对国民党反动武装，经过艰苦奋斗流血牺牲取得的革命成果。它标志着以梅县九龙嶂、八乡山地区为中心的东江革命根据地的正式形成。

三是在党的建设方面上有所推进。

梅县党组织的建设发展过程是在艰难险恶的环境下发展起来的。早于 1927 年 4 月前，梅县党的组织构架已升格为直属广东区委领导的梅县党部委员会，1927 年五一二暴动后，党的领导机构遭到破坏，根据广东省委的指示，中共梅县部委改组为中共梅县县委，改派李桃莽（从香港回来）任中共梅县县委书记。当时县委领导因对恢复发展对敌斗争的方向与策略，存在严重脱离梅县当时实际斗争状况，导致不到半年时间，先后发生安定书室（县委秘密机关）、扎田事件、枪杀王之伦事件等重大挫折，使刚刚恢复生气的党组织再次蒙受损失。所幸畲坑暴动的消息，被远驻香港的广东省委得悉后派员来梅改组县委。1928年8月改组后新任县委书记李毓华于任职仅2个月后的10月脱离组织，县委再度进行整顿改组，改组后的县委书记由廖祝华担任。由此可见，梅县党组织建设与发展在1928年10月以前走过的那一段，是非常曲折的，而且付出过惨痛的代价。

经改组后的县委在廖祝华领导下，纠正了以往的错误工作方针与做法，面向农村基层，且与九龙嶂的武装密切配合，全县党的各级组织得到快速恢复。在廖祝华任县委书记一年多的时间内，梅县县委还借助迎接红四军来梅，并协助红四军来梅后的活动良机，将党组织的发展与巩固推到了一个全新的局面。在那一年中，党的组织先后建立起梅南、丙村、畲坑、西阳、松江、白渡、梅西、附城和梅北9个区委，健全、恢复、成立了农村支部45个，支部党员400多人，党员队伍不断壮大，是梅县建党以来发展最快最好的一个时期，为后来建立全县苏维埃政权，掀起全县革命高潮打下了坚实的基础。

五、融入中央苏区范围的梅县苏区军民抗击国民党的"围剿"

（一）粤东北革命根据地从后方区逐渐变为前沿

1930年5月1日，成立中国工农红军第十一军后，在军长古大存的指挥下，各团红军（特别是主力四十六团）英勇善战，东征西讨。1930年5月14日，红四军再度从闽西进入粤东北地区，四军一纵政委彭祜指示梅县县委积极配合工作。梅县县委、县苏维埃政府实施了"红五月"暴动，四十六团与地方武装配合，自5月中旬起，首先袭击荷田大岭圩和西阳；17日袭击隆文警委会并焚毁会所；22日集中三百余人武装袭击龙虎圩警卫队并击毙敌警卫队长；24日组织四百余人袭击长沙，与敌第四特务营第四连及地方警卫队激战；26日我600余人围攻大坪警卫队，占领大坪后撤离；29日再打龙虎圩；30日再打畲坑、石扇、西阳、荷田、大立；31日再攻大立、加庄。红军和赤卫队四处出击，捷报频传，迫使国民党驻梅毛维寿旅用两个团的兵力防守梅城。这时梅县苏区各项建设迎来了全盛时期。

随着土地革命的深入开展和武装割据区域的扩大，梅县苏区成为红四军开创的"闽粤赣三省边境红色割据"的重要区域。当年红四军主要领导人之一的陈毅曾向中央报告，称"梅县群众大部分归我领导"。[①]此时，梅县已成为一个完整的苏区县（除县城外），各地乡村都是苏区。随着革命形势的迅速发展，梅县苏区与粤东北、赣南寻邬县等地的赤色区域连成一片，并与赣南、闽西各县边界相通。

梅县革命形势的发展，特别是以九龙嶂根据地为中心依托孕育着梅埔丰苏区的巩固与发展，引起了国民党反动当局的恐慌。此时，国民党调来了邓龙光师驻防丰顺县城，调换毛维寿旅，改派战力强悍的张达旅驻梅县县城，开始对九龙嶂、八乡山、铜鼓嶂地区进行疯狂的"围剿"。

1930年9月底，按照中央六届三中全会的决议，闽粤赣特委在大南山成立，特委下设西北、西南、东南分委。梅县苏区隶属闽粤赣特委之下的西北分委管辖。后来，梅县苏区的党组织和军民，在中共闽粤赣苏区特委和西北分委的领导下，县武装改编为工农红军，在红军前敌总指挥朱德及总政治部主任毛泽东的直接统一指挥下行动。

1930年12月10日，中共中央根据国民党军鲁涤平部发动对

---

① 龙岩市委党史研究室编：《闽西革命史文献资料》，第二辑，内部资料，1982年版，第206页。

中央革命根据地（中央苏区）第一次"围剿"，鲁涤平部很快进入苏区中心区，占据东固、泰和、广昌、闽西的建宁等地的情况，把毛泽东、朱德等开创与控制的根据地（中央苏区）划分为作战地区和后方根据地两部分，闽粤赣革命根据地为后方根据地。当年以邓发为书记（肖向荣为秘书长）所领导的闽粤赣根据地，包括隶属西北分委领导的梅县苏区，成为中共中央规划的中央革命根据地（中央苏区）后方根据地的组成部分。

同年12月，梅县、丰顺两县党组织合并，书记黎果、副书记叶明章；同时成立丰梅苏维埃政府，主席叶明章；成立共青团丰梅县委，书记李豪；成立丰梅赤卫大队，队长黎通。

1931年1月15日，中共苏区中央局成立后，在《苏区中央局通告（第一号）》中，对闽粤赣根据地区域作了明确的阐述，划定该根据地范围包括丰梅苏区等，位于广东东北部的梅州全境均是闽粤赣根据地的区域。①

1931年4月4日，《中央给闽粤赣特委信》中明确指出，"闽粤赣是整个中央区的一部分"（这里说的"中央区"即为中央苏区）。1931年五六月间，根据中央决定，中共闽粤赣特委改称为闽粤赣苏区省委，直属中共苏区中央局领导。

此时，丰梅县苏区坚决执行闽粤赣特委、闽粤赣苏区省委的指示，苏区武装四处出击。1931年春，黎果、叶明章带领武装队伍，先后袭击平远长田、梅西龙虎圩、大坪、石扇、梅南水尾等地的敌人，牵制了广东国民党军队前往"围剿"中央苏区的大量

① 录自石叟室《中央苏区中央局通告》第一号（合订本），复自中国人民解放军政治学院党史教研室编《中共党史教学参考资料》（第14册）。第14册由林蕴晖选编，林蕴晖、李逊统编，1985年6月版，第620—622页（原件存中央档案馆）。

军事力量。

1931 年 7 月，在配合中央革命根据地（中央苏区）第三次反"围剿"中，闽西苏区认为梅县东部地区的地缘因素重要，必须与梅（丰）县苏区加强联系。同年秋，闽粤赣苏区省委派武平县象洞区委宣传部长陈仲平到梅县东部闽粤边陲的松源六甲中学，以插班读书为掩护开展工作，在陈仲平的努力下，迅速打开局面。1932 年开始发展党员，随后建立隶属武平县委领导的党组织。

1931 年 12 月，中共中央要求闽粤赣苏区省委"向北发展，向北发展前必须巩固闽西中部和南部和粤东北韩江上游苏区。"根据中央的战略指示和革命斗争形势的发展，梅（丰）县苏区逐渐与福建武平岩前、象洞等连成一片。[①]

1932 年 1 月 9 日，中共中央要求并开始打造巩固连片的中央苏区区域，包括粤东北梅（丰）县苏区内的闽粤赣（不久改称福建省苏区）。1932 年 3 月，闽西苏区已与江西苏区打通。位于闽西苏区和江西苏区中间的梅县，已成中央苏区的连片区域。由于地处闽粤赣联结枢纽的战略位置，国民党军加大了占据的力量，梅（丰）县等粤东北革命根据地由中央苏区后方逐渐变为前沿，因此，斗争更具艰苦性和残酷性。

（二）在反"围剿"斗争中所作贡献

梅县是具有光荣斗争历史的苏区。土地革命战争时期，无数革命先辈在这里留下了红色印记，朱德、陈毅、朱云卿、罗荣桓、聂荣臻、粟裕、谭政、罗瑞卿、萧克等一大批老一辈无产阶级革命家，曾在中央苏区梅县留下了光辉的战斗足迹。这里还孕育了无产阶级革命家、中华人民共和国开国元勋叶剑英元帅，以及肖

---

① 古田会议纪念馆编：《闽西革命史文献资料》，第七册，内部资料，2006 年版，第 91—105 页。

向荣、朱云卿、梁锡祜、卢伟良等重要领导人。他们先后进入江西、福建中央苏区，成为政治、军事指挥人才，为中央苏区的创建、发展和反"围剿"斗争作出了重要贡献。

在创建发展苏区的艰苦斗争中，梅县苏区为中央苏区的各项事业作出了积极贡献，主要体现如下——

一是配合中央苏区五次反"围剿"斗争，牵制敌军。从1930年秋开始，梅县苏区军民密切配合中央苏区腹地的反"围剿"战争，英勇战斗。1931年春，黎果、叶明章带领武装队伍，多次四处出击，牵制了广东国民党军队前往"围剿"中央苏区的大量军事力量。1932年春，陈仲平在梅县东部松源打开工作局面的同时，梅（丰）县委、县苏区在黎果、叶明章的领导下，把武装力量分散到梅西、梅南、梅北等地开展斗争。为支援梅县苏区革命斗争，红十二军（中央红军）之三十五、三十六师和杭武警卫团，从5月8日至13日出兵1000多人，从上杭、永定、武平分兵向与梅县接壤的松源、隆文、桃尧等地出击，展开军事行动，国民党急调重兵围堵。福建省委秘书长肖向荣指示黎果、叶明章积极行动，配合红十二军打击军阀团匪。同年夏，黎果等按照指示带领武装力量到梅丰一带及分兵至梅北、梅西等地开展军事活动，打击敌人，牵制敌人。1932年8月，国民党政府第一集团军第三军独立第一师黄任寰师奉调从福建苏区移驻梅县，对付梅县苏区军民的革命斗争。同年冬始，位于中央苏区南部前沿的梅（丰）苏区处于更为艰苦的反"围剿"斗争中。

1933年3月，中央苏区主力红军第四次反"围剿"，在赣南宜黄的草台岗、东陂等地与国民党军决战时，据当年中央苏区报《红色中华》第五十七期载文，梅县苏区军民与武平独立师、红二十一军相互响应，积极配合红一方面军行动。1933年5月，梅（丰）县苏区武装队伍抗击"进剿"九龙嶂、铜鼓嶂的国民党香翰屏部，牵制了主战场南面的国民党军。

1933 年 10 月，梅（丰）县苏区武装队伍夜袭汤坑乡公所，当场击毙国民党区长，使敌人不得安宁。11 月，国民党政府军队李扬敬师由赣南苏区移驻梅县。1934 年春，古大存带领武装队伍到桐梓洋与梅（丰）县黎果的队伍会合。1934 年 4 月 1 日，国民党第二军军长李扬敬在梅召开军事会议，部署重兵进犯赣南（中央苏区首都瑞金）。梅（丰）县苏区军民积极配合中央苏区的反"围剿"斗争，派出武装到筠门岭阻击敌军。同时，革命武装在石扇、梅西、梅南先后出击反动势力，破坏国民党的交通，牵制打击敌人。1934 年 5 月，古大存、黎果等带领武装队伍在丰汤公路的南哈龙岗地段伏击敌人，当场击毙国民党丰顺县长林彬，并贴出布告吸引敌人，解了大南山之围。苏区军民为保卫中央苏区南端区域英勇战斗，牵制和削弱了国民党向江西"进剿"的兵力。在浴血奋战中，无数不朽的英烈，用他们的赤诚之心、血肉之躯，忠实执行中共中央和福建省委（在此前为闽粤赣特委、闽粤赣苏区省委）的指示，前赴后继，顽强战斗，为捍卫中央苏区流尽了最后一滴血。

二是为江西中央苏区输送许多党员和进步青年。遵循 1932 年 7 月，中共苏区中央局关于冲锋季中发展团与改造团的具体计划以及接受武平县委指示，梅（丰）县苏区积极开展输送人员到中央苏区参军、工作。张育才、钟永佛①两位烈士在回乡动员进步青年到江西参军过程中惨遭敌人杀害。张育才烈士是梅县丙村人，1927 年入党，1929 年随红四军到江西在红军总政治部任传令兵，

---

① 钟永佛烈士，蕉岭人，25 岁，与张育才一并回乡动员进步青年到江西参加红军。张育才、钟永佛烈士身份经梅县民政局认可，相关信息可见《梅县革命烈士英名录》。

虽未完成"扩红"任务，但用生命和鲜血唤起了更多热血青年投身参加红军队伍的热情。1933年7月，武平县委再次指示梅县的党组织，组织人员到中央苏区参加红军。梅县苏区先后遵照福建省委、省苏区指示，与武平共同承担和完成筹员"扩红"等任务。1934年初，陈仲平将挑选好的人员经武平县委批准后分批输送到中央苏区，如原广东省机械工业厅厅长王芰祥、1936年重组潮梅党组织的功臣李碧山（越南人）、王建良、王文湘等都是陈仲平挑选输送到中央苏区的人员。广东省人大常委会原副主任、中共七大代表王维也是陈仲平在那个时期引领走上了革命之路的。

三是为江西中央苏区输送大量紧缺物资。1932年，受福建武平县委指示，中共松源支部协助中央苏区建立起梅县松口—松源—会昌—瑞金等地物资采购供应线，由象洞区委和松源支部共同完成中央苏区紧缺物资的采购和运输任务。象洞区委派出可靠人员，利用赴松源圩的机会，由松源支部派人协助，购买食盐、药品、布匹等物资，运送到中央苏区红都瑞金。武平白区工作部部长练玉辉也多次利用来松源地区巡视工作之机，由陈仲平派党员协助到松口采购紧缺药品（松口是当年梅县境内最繁荣的集镇），带往中央苏区。松源党支部通过这条秘密交通线，把苏区紧缺的生活必需品，源源不断地运往会昌、瑞金等地。在当年残酷艰苦的战争环境下，食盐、布匹，特别是药品这些苏区军民急需物资，因奇缺而弥足珍贵。据中共七大代表王维回忆，当时在中央苏区，一瓶红药水都能救几条人命。这条秘密交通线一直坚持到红军长征后止。

四是在创建中央苏区的艰苦斗争中，梅县苏区人民遭受了国民党军的残酷摧残和杀害，付出了巨大的牺牲。从1930年秋开始，国民党广东省反动当局调邓龙光师驻防丰顺县，张达旅驻防梅县，梅县国民党当局亦强化地方反动武装，在各区乡恢复设立治安会（指曾被各级苏维埃政权摧毁的）、警委会和警卫队，配合反动军队，不断向全县苏区进行"围剿"，特别是对九龙嶂、铜鼓嶂地区进行疯狂的"围剿"。反动派对根据地"围剿"相当残酷。他们采取的手段，是在主要乡村设团防、筑炮楼，封锁根据地。同时驱赶根据地的群众自新、派款，如不自新者则逮捕枪杀。对根据地的村庄采用"三光"政策，见人就杀、见屋就烧，国民党军队还武装押人抢割翻身农民分田耕种后已成熟的稻谷，抢光已收割的粮食，以断绝根据地军民的粮食等各种残酷手段不断向全县苏区进行疯狂"围剿"。梅县苏区军民奋勇抵抗，密切配合中央苏区腹地的反"围剿"斗争，一年内进行大小战斗百余次。1930年秋，红四十六团在径心（原属丰顺，现属梅县辖）与国民党邓龙光师1000余人激战，红四十六团以牺牲百余人的重大代价撤出战斗。接着，梅县总队与梅西区联队向九龙嶂根据地转移时，经南口车陂时，遭受敌人包围，一仗牺牲了38人。1931年秋，一直受命留守九龙嶂革命根据地坚持斗争的红四十六团副团长邓子龙，遭叛徒出卖被敌人杀害。

1930年11月上旬，国民党梅县黄承典特务营和马毅营联合"进剿"梅县苏维埃政府所在地梅南顺里黄泥坳，县党政机关被破坏，并被搜出县苏维埃政府及军委和赤卫总队之大印3枚，区乡苏维埃政府小印20枚。彭瑞珍、卜亚兰、江松盛等20名梅县苏区党员、干部、赤卫队员，被捕后被押赴官塘圩集体枪杀。1931年11月19日，31位烈士在梅县西阳白宫市上桥头遭国民党顽固派集体枪杀。他们慷慨就义前的遗像向后人昭示着当年斗争的残酷性。

1930年秋，国民党驻丰顺邓龙光部从丰顺"围剿"九龙嶂（含小桑梅子头），马毅营由梅南"围剿"九龙嶂根据地前哨阵地小桑乡，敌人两部在小桑会合后，马毅营一部持续对小桑乡所辖

1931 年 11 月 19 日，梅县西阳白宫市上桥头遭国民党顽固派集体枪杀的 31 位烈士遗像。 （遗像原件存中央博物馆）

四个村进行杀掠。他们在小桑可谓是惨无人道，其中一天就残杀群众 300 多人。长达 49 天对该地进行杀掠，造成尸横遍野，人烟绝迹，所有房屋被放火烧毁，小桑全境四村仅有三座建筑幸免。据 1963 年民政部门派人调查核实，小桑境内在当年那场浩劫中被烧毁房屋 352 栋，2800 多间，死亡人数近 1000 人。九龙嶂下浪荡石村，原有 198 人，被杀 40 多人，被贩卖妇女儿童 30 多人，其余群众均外逃，有半年多时间全村空无一人。国民党反动军队采用烧光、杀光、抢光的"三光"政策，严重摧残苏区。仅重点"围剿"的九龙嶂梅南片老区，据不完全统计，被杀干部、群众就有 1600 多人。

地处梅县东部的松江区苏区在国民党残酷"围剿"下，地方干部被杀 80 多人，外来干部被杀 40 多人，群众被杀者 400 多人，被逐流亡外地者 170 余人。在梅西，国民党顽固派反复 18 次"围剿"，造成田园荒芜，被杀害的梅西苏维埃主席卢竹轩等革命同志有 157 人，群众 200 余人。

在创建发展中央苏区和反"围剿"的革命斗争中，梅县苏区有姓名可查的烈士 642 名（未含梅江区），因种种原因，无数无名英烈含憾未能彰显其英名。其中先后有廖祝华、黄炎、黎果等数位县委书记光荣献身在土地革命战争时期的伟大斗争之中，被害群众难于计数。梅县苏区的党政军民，为中央苏区的创建、发展和巩固，为中国革命事业付出了巨大代价，作出了重大贡献。

六、在白色恐怖下坚持斗争的艰辛岁月

中央红军长征后，武平县委、闽西苏区全境均遭到敌人严重摧毁，松源的党组织从此失去与上级的联系，处于独立活动状态。此时陈仲平领导党员同志利用全国人民抗日热潮不断高涨的时机，组织党员照样开展工作，支部照样开会，群众工作照样进行，只是暂时停止了发展党员的工作。这种情况持续到 1936 年陈仲平到松口开展工作方告一段落。

这一期间，梅县乃至整个东江区域都处于严重的白色恐怖时期。在黎果率队先后击毙丰顺县长、攻打水美团防后，黎果在是年冬牺牲，梅（丰）县委和武装队伍从此与上级失去联系，但仍坚持斗争，不断骚扰敌人。据南京图书馆特藏部存当年《汕报》所登载的 1934 年 10 月以后，梅县因坚持斗争而被国民党追杀并被捕牺牲的，如梅北区苏维埃主席林远香、被敌人称为"要匪"的陈文华、称为"匪首"的李文添等 12 则消息，佐证了那时候丰梅游击队坚持斗争的坚定性。

黎果牺牲后，1935 年 5 月，原红十一军领导人古大存带领十多名战士在桐梓洋与九龙嶂根据地活动的丰梅游击队会合。因敌人不断派兵"围剿"，游击队难于在九龙嶂、桐梓洋一带立

足，是年底，古大存率 17 名战士进入大埔南部高陂一带隐蔽活动。

以古大存带领 17 名战士撤至大埔高陂陶瓷厂当瓷工为掩护，离开梅丰地区为时间节点，至此，梅县乃至整个东江轰轰烈烈的土地革命战争，已进入到重大转折时期。

3

第三章
抗日战争时期

第一节 抗日救亡运动的兴起

一、梅县抗日救亡运动的兴起

九一八事变后，全国抗日救亡运动的影响很快传播到梅县，具有光荣革命传统的梅县人民在天下兴亡、匹夫有责的危亡时刻，高举爱国抗日的旗帜，积极参加各种革命活动。

首先在梅城，一些隐蔽在梅城的大革命时期的老党员、老共青团员暗中组织指挥搬运工人起来罢工，组织县城各中学的学生罢课。1931年10月10日晚上，组织了以工人、学生为主的万人以上队伍，举行提灯游行，沿着市区散发抗日救国传单，高呼"打倒日本帝国主义""反对不抵抗政策"等口号，民气激昂，群情汹涌；同时成立了检查仇货委员会，在全城各商店及全县各圩镇进行查禁日货。

在松源，首先是松源六甲中学（梅、蕉、武三县联办），在校长陈剑吾①和地下党员陈仲平②的带领下，每逢圩日都派出师生到圩镇或附近农村去演讲，宣传九一八事变后的形势，张贴标语。

---

① 陈剑吾是大革命时期的共产党员。
② 其时陈仲平由中共福建省武平县委派到六甲中学以插班读书为掩护开展党的工作。

1932 年春，陈剑吾招聘了两位进步教师王建良、李一村①到六甲中学任教。李一村为训育主任。在王建良等人的努力下，松源中学组织了梅县最早的宣传抗日救亡的舆论阵地澎湃社（半公开的读书会），主要成员有王建良、李菊生、王玉清、王春凤、王宝钦、王立宪等。1933 年上半年，澎湃社开始出版地下小报，进行散发张贴。五一节还专门发表了《纪念五一节告劳动人民书》，公开谴责国民党的腐败无能。组织赤色学生会，参加学生会的都是澎湃社中的主要骨干，后来这些骨干都先后由陈仲平介绍加入了共产党，并在松源组建起隶属武平县委领导的党组织。1934 年，红军长征后，松源党组织此时已与上级失去联系，陈仲平依靠在松源发展起来的党组织秘密渠道，积极推动时任松源中学校长温卓峰②发动组织起校友会。在有数百人参会的校友会上，陈仲平被选为第一任会长。会议还通过聘请当时国民党的副军长黄延桢为名誉会长。成立校友会，其目的是在于通过它更好地配合党开展松源抗日救亡运动的工作。

1935 年 10 月，温卓峰主持召开全校师生大会，宣布学校决定在寒假前在松源公演话剧，进行抗日宣传，动员全校师生积极参加。他首先找到了当时毕业班的王维（学生会主席）和王立俊、张春汉等人，参加抗日救亡的宣传演出。此时，陈仲平（在横坊村继雅小学以教书为掩护）每天晚饭后，都步行四五华里来到松源中学，以看排练剧目为由，有意识、有目的地接触进步学生。每天看完排练后，他首先与学生会主席王维接触，进行个别

①　即李菊生，梅县丙村人。他是在马来西亚搞革命被驱逐出境回来的。原名李一村，参加革命后改为李菊生。

②　温卓峰是大革命时期共产党员，1927 年 5 月 12 日梅县工人武装暴动时学生领导人之一。

谈话，至晚上与王维睡在一起，他们很快成为无所不谈的朋友，成为引领王维走上革命道路的领路人。1936 年初，松口公学校长张荣德看了松口报纸上刊登陈仲平写的文章后，便聘请陈仲平到松口公学任教，从此松源和松口的抗日救亡运动便紧密地联系在一起。在陈仲平离开松源之际，他特别叮嘱王维要想方设法发动群众，继续开展抗日救亡运动，以此作为尽快找到共产党和党组织的最好办法。陈仲平离开松源后，王维便成了松源片抗日救亡运动的主要组织者之一，此时，松源中学校友会，由王维接陈仲平任会长。陈仲平到松口后，经常与王维通信，介绍松口抗日救亡运动的情况，王维得知松口抗日救亡运动搞得红红火火，组织有青年读书会、白燕剧社、歌咏团等后，便和王立俊、张春汉等人发起成立了松源青年读书会，组织了夜莺剧社并秘密成立了新文学研究会等，其中何康全等在瑶福村办起光明书报社并组织宣传队宣传抗日等活动。在陈仲平指导下，王维等人通过组织抗日救亡进步团体的活动和传阅进步书刊，团结和教育了一批进步青年，领导群众开展抗日救亡运动，松源也因此成了梅县抗日救亡运动的重要阵地之一。

同一时期，梅县当年最为繁华的集镇松口，地域广，人口集中，文化发达，水陆交通便利，消息灵通，聚集了许多知识分子和社会名人，全国许多救亡报刊都在这里广为传阅，一批革命知识分子首先奋起，揭开了梅县抗日救亡运动的序幕。

从 1934 年开始，不少失去组织联系的老党员、团员从外地回到松口，他们在这里寻同志、觅战友，进行革命活动。首先有陈慰慈（雁洋人），于 1930 年在广州与党组织失联后，在 1934 年春从汕头来到松口，开设了一间宏达书店，公开出售教科书，暗中售卖进步书刊，以此来发现并教育周围有进步思想的青年。通过一段时间的了解、调查与接触，他首先把要求进步的青年陈海萍

（李东明）和小学教师江潮、李显云组织起来作为核心，联络到留下隐蔽及从外地回来的老党员林玉明、谢影、王勉、梁炳南、陈任之等，组织了松口体育研究会。同时，与上海救国会领导人沈钧儒取得联系，接着在 1936 年上半年以抗日救亡运动的名义，组织成立了青年读书会（后改为大众读书会），主要成员有中学生和店员及小学教师，会员发展到 30 多人。主要是发动会员学习抗日救亡的进步报刊和暗中传阅陈慰慈从上海带回的马列主义书刊。受松口读书会影响，松源、梅城、南口、丙村、雁洋等地也先后组织了读书会，彼此取得联系后，轮流交换阅读书籍并展开讨论。

与此同时，陈慰慈和林玉明还通过关系，联合创办了三日刊的《东方民报》，由林玉明、谢影担任总编辑和编辑；张荣德原任总编辑的《松口周刊》改为《梅东新报》，聘请陈仲平为编辑，这些报纸都是进步的、宣传抗日的，总编和编辑均由老共产党员和进步青年担任。

其次是由李显云负责组织成立了白燕剧社，影响波及周边，紧接着松源也成立了夜莺剧社，梅城、南口、雁洋、大坪、丙村等地先后分别成立了新梅剧社、海燕剧社、北极社等，以演出田汉编著的反映"一·二八"事变和淞沪抗战的《回春之曲》《回声》等为主要宣传抗日的剧目。

好些地方还成立歌咏团，成员以读书会、剧社音乐爱好者为骨干，定期进行大演唱，唱的都是聂耳等人创作的抗日歌曲，如《义勇军进行曲》《开路先锋》《渔光曲》《新女性》《铁蹄下的歌女》等。在抗日有罪、冤狱遍于中国的年月里，梅县大地特别是在松口到处都可听到嘹亮的革命歌曲的声音，确实收到了振奋民心、鼓舞斗志、打破沉闷空气的宣传效果。当时，上海《救亡报》上曾发表了一篇题为《松口救亡歌声昂扬》的专题报道，赞誉松口在抗日救亡中的宣传盛况。

在梅城，老党员王芟祥①在梅州中学团结了黄芸、黎邦等一批进步学生，组织起读书会，传阅进步报刊，同时还发起组织新文字研究会（即中文拉丁化）的课本让学员学习。

在全县抗日救亡运动如火如荼之际，国民党顽固派害怕群众发动起来后，会危及他们反动统治的根基，所以，在 1936 年 8 月开始，梅县国民党顽固派开始对松口、梅县各地抗日救亡运动采取大规模的镇压。镇压矛头从松口开始，首先封闭《东方民报》，继而是《平报》。在宣布封闭《平报》的同一张布告上一并宣布取消大众读书会、白燕剧社、民众歌咏团三个团体。至此，在梅县一切公开的抗日救亡活动都被宣布为非法。

《东方民报》和各个抗日团体遭停刊及被取缔后，松口乃至全县革命力量受到莫大的打击，但是满怀抗日救国热情的一大批进步青年和老党员、团员们并没有被吓倒，没有悲观失望，反而使他们提高警惕，注意斗争方式的转变，为后来党组织的重建、发展打下了基础。

二、抗日救国会的成立与义勇军的建立

1936 年 5 月，在中国共产党的推动下，全国各地抗日救国会代表在上海集会，成立全国各界救国会（简称"全救会"），发表声明，响应中国共产党"停止内战、一致抗日"的主张。主要领导人有沈钧儒、邹韬奋等。

1936 年上半年，梅县南口的陈晓凡（原系第三党后加入共产党）以中华民族解放行动委员会（即第三党）的身份从汕头回到

① 王芟祥是 1934 年春松源支部输送到中央苏区，红军长征后回到梅州中学的。

梅县，开展抗日救亡活动。同年 6 月，由他发起组织的梅县抗日救国会，召集梅县松源、松口、丙村、梅城、南口等有抗日救亡组织的地方，各选派 2 名先进青年代表，分别是王维、王立俊、李显云、林汝舜、陈卜人、梁集祥、李展新、李文藻、陈任之、陈晓凡等，这十多人在雁洋陈卜人家召开了全县抗日救国会代表会议。陈晓凡主持并作报告，分析了当时抗日形势，提出了日后的任务和要求。会议决定成立梅县抗日救国会，选举陈晓凡为主席，李显云为组织部长，林汝舜为宣传部长，救国会的领导机关设在松口，由李显云、林汝舜负责日常工作。代表会还制定了救国会的组织纲领和行动纲领。

1936 年下半年，在松口的地下党员陈仲平及中共老党员陈慰慈、林玉明、王勉，通过在暨南大学读书的赖伯乡，与上海的全救会领袖沈钧儒取得联系，得到沈老先生的来信指导和鼓舞。经过酝酿，于 12 月 12 日在松口元魁塔内秘密成立了松口抗日救国会，选举李显云为会长。陈仲平、温汝尧、李显云、温碧珍、陈海萍、王勉、李瑟珍等 10 多人参会。同时在松源、梅城、南口、丙村、雁洋等地也先后成立了救国会。

救国会成立后，为了迅速地进行宣传抗日救国的主张，广泛发动民众参加抗日，1937 年 2 月 5 日，创办出版了《救亡周报》，后改为《救亡报》，由温汝光、陈海萍负责。县救国会主要通过《救亡报》来指导全县各地救亡团体的工作，以此统一领（指）导全县抗日救亡运动。

"全救会"在上海成立期间，在青年学生和失学、失业青年抗日积极分子中，发起建立中华人民抗日义勇军（简称义勇军）组织的活动，并在上海成立义勇军总部，推选金乃华为负责人，黄昌顺、余长铖、李平（潮汕人）具体负责筹建工作。

1936 年 9 月，中共南方临时工作委员会（简称南临工委）在香港成立。在此之前，进步青年李平在上海加入共青团，并成为中华人民抗日义勇军的发起人之一。8 月，李平奉总部指示，南下香港，途经潮汕老家了解潮汕地区抗日救亡运动情况，返港后被南临工委吸收为中共党员。南临工委认为潮汕的抗日救亡运动已有相当基础，但缺乏党的组织领导，决定派李平返回潮汕，建立和恢复发展党的组织，加强对抗日救亡运动的领导，推动建立抗日民族统一战线。

10 月初，李平来到汕头开展工作，在建立义勇军潮汕大队部的同时，于 1936 年 12 月底，从义勇军骨干中吸收发展了曾应之、陈初民、陈维勤三人首批加入中国共产党。同月，李平在工作中认识了李碧山①，并向临工委汇报了李碧山的情况。经审查，南临工委同意恢复了李碧山的组织关系。随后南临工委决定成立中共汕头工作委员会，任命李碧山为书记，李平为组织部长，曾应之为宣传部长。1936 年冬，李碧山与陈仲平取得联系。1937 年 1 月，李碧山代表潮梅党组织来梅县重建地下党组织和抗日义勇军。李碧山首先来到松口和陈仲平取得了联系，详细听取了陈仲平的汇报，了解梅县的工作，特别是了解了松口、松源的情况后，认为松口教育发达，松源地域辽阔，文化人较多，交通较方便，而且和全国各地抗日救亡团体联系广泛，是当时梅县抗日救亡运动

———————

① 李碧山，又名李英、李班，越南人。因从事革命运动遭法国殖民当局逮捕，保释后被迫流亡到中国广东汕头、梅县等地。1933 年经中共福建武平县委所辖松源党支部书记陈仲平和王建良（党员）等一道输送到中共苏区瑞金，并加入中国共产党。先后在中共中央党校学习和中央苏区反帝大同盟工作。1934 年 10 月长征时落伍，1935 年冬回到汕头，继续参加革命活动。抗战时期曾先后担任中共潮汕工委、梅县中心县委书记，是 1937 年初至 1946 年梅县、潮梅、闽粤赣一带恢复和发展党组织的关键人物和主要领导。1946 年秋奉命返回越南。

的中心。因此决定首先在松口、松源建立抗日义勇军和党组织的工作。是月，由经过锻炼和考验的积极分子和骨干，在李碧山的主持下，成立了中华抗日义勇军松口小分队。小队长为李显云，刚成立时只有 10 多人，到 6 月已发展到 60 多人。随后，松源、雁洋、丙村、梅城、南口等地的义勇军也很快地发展起来。

1937 年 3 月，在雁洋李展新家里召开了全县抗日义勇军代表会议。参加会议的有李碧山、李显云、梁集祥、陈卜人、李文藻和李展新夫妇等人。这次会议决定成立梅县人民抗日义勇军大队，李显云任大队长，负责领导全县人民抗日义勇军的工作。义勇军是党的外围秘密组织，是非常严密的组织，必要时要离开家乡参加武装抗日。

梅县人民抗日义勇军成立之后，在党的正确领导下，经过严格的训练和考验，逐步成长，不断发展壮大。至 1937 年七七事变前，全县的义勇军已发展到 300 人以上。1938 年，梅县党工委根据上级的指示，选择输送了 100 多名义勇军骨干参加到新四军队伍之中。通过救国会、义勇军这些抗日团体、党的外围组织在全县范围开展的抗日救国活动，梅县为后来党组织的恢复、重建和发展培育了大量优秀人才，奠定了坚实的组织基础。

第二节 中共梅县地方组织的恢复和发展

一、松源支部存聚下的有生力量

1931 年秋，中共福建省委为了加强梅县苏区与闽西中央苏区的联系以及开辟向中央苏区输送紧缺物资和人员的渠道，指示武平县委派出陈仲平到松源六甲中学以插班读书身份为掩护，到松源加强梅县苏区与闽西苏区的联系工作。1932 年下半年，陈仲平在松源和松源中学开始发展党员，至 1933 年，先后在校内发展了王建良、王宝钦、王春凤、王芝祥、练万金、陈亚寿（陈清源）入党，在校外吸收了王文湘、王兴书等加入党组织，成立了隶属武平县委领导下的松源党支部。这些党员，如王建良、王芝祥、王文湘、练万金等人先后与李碧山一道被输送到红都江西瑞金参加革命，王建良、王文湘、练万金等为捍卫中央苏区而光荣牺牲。其他党员在陈仲平领导下协助武平县委努力为中央苏区采购、运送物资等作出长期不懈的努力和巨大贡献，直至中央红军长征后。这时，陈仲平领导的松源党组织与上级失去了联系，但仍坚持独立活动，除了对支部党员坚持活动外，还以松源中学为主阵地，继续做好在学生队伍中培养有先进思想的青年学生工作（因当时无上级党组织的领导，所以这一时期未发展新党员）。

1935 年 10 月后，陈仲平利用担任松源中学校友会会长的身份，对王维、王立俊、王立宪、王立朝、张春汉等多名有先进思想的应届毕业生，进行共产党基本知识启蒙教育，因此成为引导他们走上革命道路的领路人。陈仲平还利用在凹下村明智小学教书的身份，开辟了工作的新天地，他在这里认识了陈振厚、陈秉铨、陈连亨、陈宏义、黄清宇等一批具有进步思想的青年，对他们同样进行党的启蒙教育。直至 1936 年春节后，由于陈仲平到松口区立小学任教，松源支部的党员才分散活动，但陈仲平仍保持对王维、陈振厚等这些进步青年的联系，继续指导松源的抗日救亡等工作。

陈仲平从 1931 年秋到 1936 年这段时间，前后历时六年，在松源开展党的各项工作过程中为党组织培养、发展了大量的革命新生力量，为 1937 年（与李碧山重接组织关系后）梅县党组织的恢复和发展存聚了一大批宝贵的有生力量，在这一大批力量当中，杰出的有如王维、王立朝、王芰祥、陈振厚、陈秉铨、王立宪、王振先、张春汉等人，他们在抗日战争、解放战争、中华人民共和国成立后的不同时期先后走上不同的领导岗位。其中王维还曾光荣当选为中共七大代表。

二、恢复党组织后党力量的快速发展

根据南临委的指示，中共汕头工委负责潮梅地区党组织的恢复和发展工作。为此，1937 年 1 月底，中共潮梅工委书记李碧山首先来到松口，找到了几年前输送自己去红都瑞金的老党员陈仲平，听取了陈仲平关于松源、松口等地救亡运动以及有关党员对象情况的汇报，随即恢复了陈仲平、林玉明、陈慰慈、王勉的组织关系，接着又批准发展了陈海萍、李显云、林汝舜等入党，并在松口镇陈晋发五金铺三楼举行入党宣誓仪式，同时成立了中共松口支部，陈仲平被选为支部书记。

因为松源的支部还存在，且有一批条件成熟的党员对象需要陈仲平去发展，因此，支部分工他主要管理松源工作，松口工作主要是由陈海萍、李显云、林汝舞等人负责。王勉在梅城还有一个家，他还有一些老关系，有很多便利条件，于是李碧山决定三方面分头开展工作。春节前夕由王勉带李碧山先到梅城，然后到丙村、雁洋、南口等地开展工作。当时，原松源支部党员王芰祥亦在梅州中学读书且住在王勉家，春节期间，李碧山在梅城恢复了王芰祥的组织关系，发展了黄芸、黎邦入党，建立起梅城支部，王芰祥任支部书记。然后到丙村、雁洋等地开展工作，恢复了陈孟仁、陈淦廷等的组织关系，然后由他们审查恢复了老党员李文藻、郭伯安、张歆潮、钟碧生、廖中兴、廖自强、陈其发、陈锦富等的党组织关系，成立了中共丙村支部。

1937 年 2 月中旬（春节后），陈仲平到了松源，按照李碧山的指示，恢复了松源党支部，吸收王维、张春汉、王宝钦、王立俊、王锡谦、陈振厚、陈秉铨等新党员，并选举王维为支部书记。

1937 年 3 月，根据李碧山的指示，陈慰慈、李显云分别到雁洋南福、大坪开展工作。陈慰慈回到其家乡南福，恢复了黄韶华的党籍后，发展了陈朗函、梁集祥、陈卜人等加入党组织，成立了中共南福支部。

1937 年 3 月，中共汕头工委来信指示成立中共梅县临时工委，于是李碧山同意，以松口支部为基础，组织成立中共梅县工委。梅县工委在松口正式成立，指定王勉为书记，陈仲平为组织部长，陈海萍为宣传部长，李显云为青年部长，林汝舞为保卫部长。4 月成立中共松口区委（书记林汝舞），6 月成立松源区委（书记王维）。1937 年七七事变前，这时的中共梅县党组织已建立起中共梅县工委，下辖松口、松源两个区委和梅城、丙村、南口三个直属支部。

1937 年 8 月，中共南临委在香港召开会议，梅县工委书记王勉、组织部长陈仲平前往参加。会议传达了党中央的决策、方针，同时指示各地党组织要抓紧时机积极发展党员，建立起各级党的领导机构，并要求切实注意掌握各群众团体的领导权。与此同时，华南救国总会在香港召开会议，王勉、陈仲平在参加南临委会议的同时，参加了该会。会议总结各地抗日救亡运动经验时，表扬了松口抗日救亡运动的广泛和深入。是月中旬，梅县工委在松口召开县工委扩大会议，传达了南临委会议精神，并作出了开办各种训练班、培养干部的决议。会后，县工委在松口开办了一期爱国团体骨干训练班，参加者有 30 多人。

同年 10 月，中共闽粤赣边省临委党的代表会议在福建龙岩白沙南卓村召开，梅县工委代表陈仲平出席会议。大会根据中央指示，决定撤销闽西南军政委员会，成立闽粤赣边省委。书记张鼎丞，组织部长方方，宣传部长邓子恢，军事部长谭震林，韩江工委书记（此时汕头工委已改为韩江工委）李碧山当选为省委委员。此后，潮梅地区党组织，由原在香港的南临委领导改归闽粤赣边省委领导。

是年下半年，梅县工委在各区迅速发展了一批党员，并于同年冬先后成立了中共梅城市工委（次年改为城区工委）和丙村区委，梅城、丙村区委分别由黎邦、陈孟仁担任书记。同年 10 月，中共韩江工委迁驻梅城，韩江工委领导成员调整，书记李碧山，副书记伍洪祥（兼组织部长），宣传部长李平（兼潮汕分委书记），青年部长黄芸，妇女部长温碧珍。同年 12 月，撤韩江工委，成立中共梅县中心县委（同时撤销梅县工委），书记李碧山，副书记伍洪祥，组织部长吴国桢，宣传部长黄芸，妇女部长温碧珍，委员陈仲平等。下辖梅县、兴宁、大埔、蕉岭、寻邬、武平等地党组织，机关驻梅城。这是梅县党组织在 1927 年初升格为部委，时隔十年以后再度成为闽粤赣周边地区中国共产党组织的领导中心。

1938年2月，中共闽粤赣边省委在福建龙岩召开第一次执委扩大会议，决定将闽粤赣边省委改称为闽西南潮梅特委，并调整领导成员，书记方方，副书记谢育才（兼组织部长），宣传部长李碧山，青年部长伍洪祥，妇女部长范乐春。

3月，李碧山调闽西南特委，伍洪祥接任中心县委书记。6月，特委召开执委第二次扩大会议，传达贯彻中共中央3月份发出的《关于大力发展党员的决议》精神，特委书记方方在报告中提出8月前要不折不扣地完成一万新党员的计划。[①]

此前，梅县中心县委有党员400人。中心县委遵循闽西南潮梅特委的指示，号召每个党员都积极投入此项工作。因为大多数党员都没有看过党纲和党章，中心县委遂专门创办了《锻炼》油印刊物，刊登有关发展党员的做法和经验，以供各地党组织和党员学习借鉴，使广大党员尽快掌握了发展党员的标准、条件与具体步骤。松源区委，从1937年6月成立后，在区委书记王维的带领下，在领导松源片人民抗日救亡运动中，从中挑选和培养积极分子。在全区范围内的中小学和农村吸收优秀教师、青年学生、妇女和农民入党，从区委成立之初仅有30位党员的规模至1938年冬，全区新发展党员120多人，并以村为单位建立起村党支部16个，妇女支部2个，直属支部1个，加上隆文总支部在内，区委所属党员已达200多人。区委书记先后由王维、王立俊、温怀浩担任。丙村区委（包括雁洋）用同样方法，至1939年上半年先后建立了20个左右的基层支部，党员人数达到180多人，陈孟

---

① 《方方在中共闽西南特委第二次扩大会上的工作报告》（1938年6月），福建省档案馆、广东省档案馆编：《闽粤赣边区革命历史档案汇编》，第3辑，档案出版社1988年3月版，第139—154页。

仁、李菊生、黎邦、王芟祥先后担任区委书记。南口在 1938 年 2 月后，党支部书记梁集祥和其他党员在学校和农村做了大量工作，经中共梅县中心县委批准，把斗争中成长的革命青年陈益昌等 50 多人先后吸收入党，并向梅西、荷泗发展，分别在瑶上、梅西、荷泗发展了叶雪松、蔡国豪、巫棣华等 16 人入党。至 1938 年南口区委成立时已建成辖南口、梅西、荷泗等 10 乡 8 个党支部，党员 80 多人。1938 年，全县党组织迅速发展，仅当年第四季度全县发展党员达 247 人，其中松源最多 60 人，其次南口 30 人，松口 23 人，梅城 20 人，象洞 20 人。至 1939 年底，梅县中心县委在梅县设立了松口、松源、梅城、丙村、南口等区委，梅蕉武边委，梅蕉武区委和 1 个领导县城各中学党支部的学委，党员人数达 700 多人，占梅县中心县委党员总数 1200 人的 60%。

梅县党组织恢复重建后，党的组织机构健全，各项工作出色。1939 年 1 月，在福建省龙岩召开的中共闽西南潮梅特委第五次执委扩大会上，梅县松源区委被评为全边区唯一的模范区委，南口区委的南口支部被评为模范支部。这次会议对梅州地区的抗日备战和党的工作推进了一大步，梅县中心县委李碧山、王维参加了会议。

1938 年 8 月，梅县中心县委成员调整，县委组织部长吴国桢调闽西工作，由松源区委书记王维接任该职。同年 10 月，中心县委书记伍洪祥调回闽西，李碧山复任书记，王维仍为组织部长，陈光（陈华）为宣传部长，梁集祥为青年部长。12 月，增补温碧珍为妇女部长。

1939 年 3 月，中共闽西南潮梅特委机关迁驻梅县，方方、姚铎、陈卜人等领导，先后在梅县雁洋、松口、城郊等地居住，直到 1940 年夏离梅迁至大埔。

5 月，李碧山调任特委青年部长，由王维接任中心县委书记，梁集祥任组织部长兼青年部长，陈光仍为宣传部长，蔡元贞任妇女部长。

从 1937 年 1 月，李碧山重踏梅县大地开展恢复和重建党组织活动至 1939 年 11 月中共闽西南潮梅特委第六次执委扩大会议召开前的三年期间里，梅县党的组织机构从初期的临工委、工委，再到中心县委，成为中共领导梅县周边闽粤赣数县的党组织。在中共党组织得到快速发展的同时，党的组织在这三年期间，还开展了最广泛的抗日救亡各项运动和统一战线的工作。

三、梅县党组织贯彻抗日民族统一战线方针

随着抗日战争形势的不断发展，国难日益加深，1937 年 12 月 13 日，日本侵略军攻陷南京，制造了惨无人道的南京大屠杀。随着北京、天津、上海、南京的相继沦陷，举国震惊，中华民族正面临着亡国灭族的紧急关头，全国各地相继爆发了大规模的示威游行，要求国民党政府要坚持抗战到底，抵抗日本侵略者。全国局势非常危急，梅县国民党当局亦恐慌万状，不知所措，且仍延续以往压制抗日救亡团体的做法。广大民众则纷纷起来，要求抗战。在这种情况下，中共韩江工委书记李碧山向各级党组织发出紧急指示："不要管国民党当局如何，时不待我，采取不报告、不申请、不注册的方式，由各区、乡自行发动群众在各行业成立各种抗日救亡团体。"于是全县各区、乡便迅速行动起来，纷纷成立了青抗会、学抗会、妇抗会等各种形式的抗日救亡团体。在中共梅县党组织的领导与帮助下，首先通过东山中学学生会主席张明生（中共党员），常委卢森文、陈哲等代表东中学生会到梅州、县立学艺、乐育、梅州农校、广益女中等学校联络后，成立了梅县中等学校学生抗敌同志会（简称"学抗会"），会员包括全县 30 多间中学、中专学校的一万多名学生。担任首届理事会主席

的是张明生（中共党员）、副主席李鸣铮。1938 年春，梅县青年抗敌同志总会（简称"青抗会"）在梅城成立，由十余人组成领导机构，推举温集祥为常务主席，梁集祥、陈晓凡为常务委员。参加该会的会员以小学教师、青年知识分子、店员和农村青年农民为主体，在各区、乡成立分会，全县青抗会发展会员的过程得到民众广泛拥戴，至年底，全县会员达几万之众。同时，中共梅县中心县委还重点在一些由中共党员所掌控的学校（如南口星聚中学、丙村中学、雁洋中学、松口中学、松源六甲中学等）建立了党的外围秘密组织中华民族解放先锋队（简称"民先队"），吸收优秀青年学生入队。同年冬，该组织撤销，大部分合乎党员条件的队员办理转为共产党员。并派出曾留日的党员郑天任、刘清如、谢健弘等，利用各种社会关系打进国民党官办的梅县抗敌后援会，通过改组的方式掌握了这个组织的实际领导权，且将该组织改名为梅县民众抗敌后援会，张嘉陵和郑天任、刘清如、谢健弘等分别担任了该会的常务秘书长和各委员会主任委员，使梅县民众抗敌后援会真正成为以国共合作为基础的抗日民族统一战线的组织。随后又派出中心县委妇女部长温碧珍、党员蔡元贞等进入官办的梅县妇女会，并通过改选理事、重新登记会员等方法，逐渐掌握了该会的领导权。全县妇女会入会成员达 1000 余人。妇女会成为党团结和开展妇女工作的重要阵地。

按照中共中央关于在抗战中如何开展统一战线工作的有关指示，全县在开展各项抗日救亡活动的同时，根据梅县当时的实际情况，梅县党组织主要从两个方面开展统一战线的工作。

一方面是对上层，即国民党党部、县政府官员。如中共梅县中心县委通过早期成立的梅县留日同学抗敌后援会中的郑天任、谢镇军、谢健弘、张嘉陵等，利用他们的家庭和社会背景以及他们所具有留学生的特殊身份，去找国民党县党部书记长钟啸青、县长梁翰昭等做工作，劝说他们要支持群众的抗日救亡运动，达到改组梅县抗敌后援会领导机构，并掌握了该组织的领导权。同时还用该机构名义邀请当时国民党广东省参议会副参议长黄枯桐、国民党省党部书记长余森文（两人均为梅县人）先后回梅县视察抗日救亡情况并作公开演讲，鼓舞全民抗战的斗志。另一方面是把统战工作的重点放在基层，统战对象包括区长、乡长、各村绅士、保长、族长、中小学校长等。首先是尊重他们，如松源区委，由各支部派出党员以松源青抗会名义，逐个去拜访他们。当时对梅县第十四区区公所所长陈子华，六甲中学老校长陈剑吾、老教师王汝权和王兴中①，松源上、中、下三个乡的乡长，以及温明卿②这些社会名流，均做好统战工作，在成立救国会、妇女夜校、青抗会等各种抗日救亡团体，以及在中共闽西南潮梅特委，派老红军在松源南华小学、官田村筹办抗日军事训练班和组建青年武装时，都聘请他们担任有关组织团体的名誉会长、名誉校长或顾问，使他们都非常乐意接受。那时的松源全境没有乡长、保长、绅士、族长反对青抗会的工作，甚至还帮助青抗会的工作。丙村、雁洋、南口等地区也在开展统战工作中成效斐然。

总之，梅县党组织从恢复重建后到 1939 年 1 月的这段时期内，紧紧抓住时机，引导和发动全县各区、乡建立了公开的群众抗日救亡团体。据统计，全县四大区共有各种抗日救亡团体 100 多个，这些在党组织领导下的抗日救亡团体，为后来的大规模开展抗日救亡运动奠定了坚实的基础。全县从城市到农村，以抗日救亡为中心的各种形式的宣传活动，也在此期间轰轰烈烈地开展起来。

---

① 王兴中当过国民党旅长、县长，抗战初期任松源抗日自卫队团长。

② 第一次国共合作时期，温明卿曾两度任梅县县长。

中共梅县党组织荫蔽待机　挫败"反共"逆流的斗争

一、闽西南潮梅特委机关驻梅

1939 年春，潮梅前线形势紧张。中共闽西南潮梅特委为了加强对潮梅工作的领导，贯彻执行向潮梅新区发展的方针，加紧抗日游击战争的准备和与广东省委取得工作上的配合，于 1939 年 3 月把特委机关从福建龙岩白土迁驻梅县，闽西南则成立分委，谢育才为书记。特委机关及书记方方夫妇和秘书许韵松、交通员郭玉意等四人，先在梅县雁洋南福村陈卜人（闽西特委副书记）家驻扎，同年冬转移到梅县城南白土乡（今三角镇）的泮坑村桃树下，中共白土乡支部书记熊庆魂（苏平）家，[①] 由熊庆魂的弟媳中共泮坑妇女支部书记王秀英和党员古彩英、肖美玲等负责日常生活供应和保密工作。

此期间，特委领导人方方、姚铎、陈卜人等先后分别在雁洋、松口、梅县、城郊大浪口、芹菜洋、泮坑等地居住。直至 1940 年 6 月特委迁至大埔西河，方方等人离梅。这一时期，梅县成为闽粤赣边党的领导中心。

---

　① 其时方方化名王先生，以熊庆魂在南洋的朋友、侨商之身份，因避日军逃难来此暂住。

二、贯彻闽西南潮梅第六次执委扩大会议精神，转变斗争策略

1939 年 1 月，国民党召开了五届五中全会，决定对外抗日转向以对内"反共"为主，并制定了"溶共""防共""限共""反共"的"反共"方针，随后又陆续制定和秘密颁发了《限制异党活动办法》《共产党问题处理办法》等一系列"反共"文件。

中共闽西南潮梅特委在党中央和南方局的领导下，坚持抗战、团结、进步方针，对国民党顽固派掀起的"反共"逆流，进行坚决的斗争。1939 年 7 月 30 日，特委及时向下属党组织发出《关于目前政治形势特点报告大纲》，明确指出：目前全国的主要危险是投降妥协，而"反共"倒退是为投降作准备，因此，反击"反共"顽固分子，是巩固团结、坚持抗战争取最后胜利的必要斗争。报告大纲确定当前组织上的紧急任务是：巩固扩大党的组织，加强党的领导，党的组织转入地下，彻底转变工作作风，加强党内教育与巩固党的团结。与此同时，特委还制定了秘密工作条例（包括党员秘密工作条例 16 条、领导机关秘密工作条例 16 条）作为党规之一。1939 年 10 月，中共中央青委在重庆召开大后方（国统区）青年工作会议，闽西南潮梅特委派特委青年委员曾应之参加。会上传达了中共中央《关于在国民党统治区保护党员干部的指示》和中共中央发表对时局宣言中提出的"坚持抗战、反对投降；坚持团结、反对分裂；坚持进步、反对倒退"的"三个坚持"的政治口号，要求已暴露身份的党员尽快撤退到新四军后方去，即使党的工作受损失，也要在所不惜，为的是保存党的有生力量。特别要求国统区的党组织必须坚决采取"荫蔽精干、长期埋伏、积蓄力量、以待时机"的工作方针。会上还传达了中共中央准备在延安召开中共第七次全国代表大会的决定，并

分配各地应选的代表名额①。曾应之回来后即向闽西南潮梅特委书记方方传达了会议内容和中央及南方局的指示。特委为了贯彻党中央、南方局的有关重要指示和选举七大代表，决定 11 月在梅县召开闽西南潮梅特委第六次执委扩大会议。第六次执委扩大会议由方方作政治报告和工作检查，谢育才作关于整顿巩固党组织的报告，苏惠作妇女工作报告。会议传达贯彻了中共中央关于在国统区执行"荫蔽精干、长期埋伏、积蓄力量、以待时机"的（十六字）工作方针，着重研究了边区党组织的现状。会议根据党组织现状和中共中央政治局关于巩固党的决定的指示，决定暂停发展党员，把从思想上、政治上和组织上巩固党，作为今后一个时期的中心任务。会议讨论和决定了边区党目前的任务，为准备应付突发事变，作出了各级党组织有计划地隐蔽撤退，打进国民党管、教、养、卫部门，进行整党和审干的决定，并选出叶剑英、边章伍②等 7 人为出席党的第七次代表大会代表。闽西南潮梅特委第六次扩大会议，是在国内政治形势出现逆转关头的一次重要会议。它贯彻执行了党中央关于在国统区的"荫蔽精干、长期埋伏、积蓄力量、以待时机"的"十六字"方针和巩固党的紧急任务。

在贯彻闽西南潮梅特委第六次执委扩大会议精神后不久，特委书记方方出席了南方局会议。1940 年 1 月，方方返回特委机关驻地梅县，向特委常委传达了中央和南方局的指示，针对第六次执委扩大会议的不足和执行中的缺点，研究部署工作，并随即发

---

① 　闽西南潮梅特委应选代表 7 人，其中中央指定候选代表叶剑英、边章伍 2 人。

② 　叶剑英时任国民革命军第二战区第十八集团军（即八路军）和中共中央军委参谋长，中共南方局委员；边章伍当时任第十八集团军驻第一战区高级联络参谋；中共中央当时指定叶剑英、边章伍为闽粤赣边区党的七大候选代表。

出《为加强抗战力量，反击顽固分子的进攻》和《关于加强巩固党组织工作的指示》两个重要补充指示，转变斗争策略。梅县中心县委按特委要求，自下而上进行整顿组织和审干工作，同时有计划地将已暴露的党员干部撤离第一线，做好思想准备，对国民党顽固派的"反共"倒退进行坚决而适当的斗争。

1940年5月，国民党当局解散学抗会。在中心县委领导下，学抗会于5月30日，在梅城民众教育馆召开全县中等学校学生代表大会共商大计，到会数百名青年学生痛斥国民党顽固派倒行逆施，当场组织请愿游行斗争。国民党当局闻讯逮捕监禁了请愿的学抗会代表李鸣铮等7人（其中6名共产党员），制造了震惊粤东的"梅县七君子事件"。被捕学生坚贞不屈，据理斗争，后在党组织营救和社会舆论的声援下，于6月下旬方得获释。此后，梅县学生运动转入隐蔽活动。梅县七君子事件是在梅县中心县委领导下，利用合法组织斗争，挫败顽固派阴谋，顶住"反共"逆流，坚持反顽斗争，成为对梅县乃至整个粤东地区一次影响巨大的事件。

为了顺利开展整党审干和撤退暴露干部工作，中共闽西南潮梅特委于1940年3月，在梅县城郊芹菜洋（芹黄乡）举办了为期20多天的党员骨干训练班，潮梅各级党组织30多名党员干部参加了学习。

梅县中心县委按特委要求部署了整党审干、整顿巩固组织、撤退暴露干部等各项工作。

按照特委撤退暴露干部的统一部署，1940年6月，梅县中心县委根据上级指示，将县、区一些已暴露或有暴露危险的领导干部撤离一线或作异地调整。中心县委领导成员亦由上级作了调整，中心县委代理书记兼宣传部长陈光调兴宁，组织兼青年部长梁集祥、妇委书记王玉珠等先后调离梅县。由潮汕中心县委调一批领导干部来梅县，马士纯调任梅县中心县委书记兼组织部长，郑敦任宣传部长，王致远任青年部长。一些区委干部亦在本县内作异地调换，撤销梅蕉武边委，重新组建松源区委、象洞区委，原边委书记王立俊调兴宁，边委组织部副部长王立朝调闽西永定，宣传部副部长温怀浩调大埔，妇女部长陈德惠调梅县中心县委任妇女部长，被调换人员大多数都以教书为职业做掩护。另外撤退一批人员到外地，或到新四军和东江游击队。如松口的梁隆泰、梁松、李容、李浪生、梁育华、梁育钦、肖冠、张奔流，雁洋的陈慰慈、陈彬宗，丙村的李菊生，南口的陈育端、巫棣华，还有学生党员李国超、李鸣铮、罗昆石、姚秋实等一大批优秀党员及党员领导干部，都是这一时期离开梅县输送到各地继续革命斗争的梅县党组织的优秀儿女。

1940 年秋，中共中央南方局根据形势发展变化，决定成立南方工作委员会（简称"南委"）和西南工作委员会，作为南方局下属的两大派出机构，分别领导华南和西南党的组织。南委下辖江西省委、粤北省委、粤南省委、广西省工委、湘南特委、琼崖特委、闽西特委、闽南特委和潮梅特委。南方局决定任命方方为南委书记，张文彬为副书记兼组织部长，郭潜为组织部副部长（后为组织部长），涂振农为宣传部长，姚铎为秘书长，王涛为委员兼闽西特委书记。南委机关设在大埔县的大埔角，李碧山、刘永生、张光、廖伟、黄维礼等分散在南委机关周围的乡村小学教书进行掩护。南委根据南方局的指示，撤销闽西南特委，分别成立闽西、闽南、潮梅 3 个特委，直属南委领导。

同年 12 月，中共潮梅党代会在揭阳县水流埔召开，成立潮梅特委。同时，会议决定撤销梅县、潮澄饶、潮揭丰、潮普惠 4 个中心县委，由特委直接领导下属 9 个县委，原梅县中心县委属下组织分设梅县县委和兴宁县工委。

1941 年 1 月，成立中共梅县县委，仍辖梅县、蕉岭、平远和武平象洞区党组织。书记马士纯，组织部长熊钦海，宣传部长王致远，妇女部长丘碧珍。不久，马士纯因病离职回揭阳治疗，由王致远接任县委书记兼宣传部长。7 月，熊钦海调丰顺县委，松源区委书记谢毕真调任县委组织部长，大埔的陈华调来梅县任宣传部长。

同年 9 月间，中共潮梅特委遵照中共中央 5 月 8 日发出《关于大后方党组织工作的指示》的精神，从县委、区委、总支把集体领导的党委制改为个人负责的特派员制，使各级领导机关短小精干。

改制后，梅县特派员为王致远，副特派员是谢毕真和陈华。王致远驻梅城西郊乌廖沙（与中共潮梅特派员林美南住在一起），负责联系附城、南口两个区和学委及青年工作；谢毕真在隆文以教书作掩护负责联系松口、松源、隆文、象洞 4 个区党的工作；陈华在梅屏龙洲小学以教师职业为掩护，负责联系丙村、屏白 2 个区工作。各区正副特派员分别是：南口区陈益昌、王逸辉，附城区熊庆魂（后李克平），屏白区郭复政（后丘碧珍、温再生），丙村区王志安、李俊青，松口区王谦锡、肖德成，隆文区郭雪芳、朱毅宏，松源区张英、王添官，象洞区练添淦（后温广基），学委吴成斋。党组织的领导体制改变后，各级组织直至基层党员实行单线联系，个别接头，不开会议。党员转变地区时，亦不转党的关系，党员独立活动，严格遵守保密制度，执行保密纪律，便于应付各种复杂情况，从而使党组织更加安全地巩固下来，特派员制度一直到 1945 年 5 月重新组建中共梅县工作委员会（简称工委）为止。

三、闽西南潮梅特委产生中共七大代表过程

闽西南潮梅特委青委委员曾应之，于 1939 年 10 月参加中共

中央青委在重庆召开后方（国统区）青年工作会议后，带回了中共中央准备在延安召开中共第七次全国代表大会的决定，以及各地应选代表的名额。曾应之回来后向特委书记方方传达会议内容和中央及南方局的指示后，特委为了贯彻党中央、南方局有关重要指示和选举中共七大代表，决定11月在梅县召开闽西南潮梅特委第六次执委扩大会议。方方多次考虑会议究竟选在梅县哪里开比较安全，梅县中心县委书记王维提出在其家乡松源召开的建议，理由是有两个有利条件：第一，松源距梅城90公里，距蕉岭60公里，地处梅蕉交界的偏僻山区，交通不便，较为安全；第二，松源区委（原王维任区委书记）刚在闽西南潮梅特委第五次执委扩大会议上被评为模范区委，党的工作搞得好，群众基础好，又有区委掌握的青年武装，安全有保障。特委采纳了王维的意见，决定会议选在松源田心上新屋王维家里召开。

闽西南潮梅特委第六次执委扩大会议会址松源新南村田心蛟花堂

出席会议的有：方方、谢育才、魏金水、刘永生、李碧山、陈卜人、伍洪祥、苏惠、王维、谢南石、方朗、林胡鳅、曾应之、吴作球、马发贤、马士纯、王辉、何浚、黄会斋、黄芸、杜桐、张光、郭潜、姚铎，共24人。会议议题一是由方方作政治报告和工作检查，谢育才作整顿巩固党组织的报告；由特委青年委员曾应之传达中共中央《关于在国民党统治区保护党员干部的指示》精神；由特委妇女部长苏惠作妇女工作报告及研究讨论了边区党组织现状和目前的任务等。二是选举产生出席中共第七次全国代表大会代表，经会议选举产生代表 7 名，分别为：八路军代表叶剑英、边章伍，闽西南潮梅特委书记方方，特委妇女部长苏惠，特委青年部长永定中心县委书记伍洪祥，梅县中心县委书记王维，潮安县委书记谢南石。

会议从 1939 年 11 月 11 日至 17 日，历时 7 天圆满结束。19 日，方方、伍洪祥、苏惠、王维、谢南石 5 位代表即从松源出发，步行到梅县，然后包租了一辆烧木炭的汽车，加上方方的夫人以及梅县中心县委选送到延安中央党校学习的妇委书记蔡元贞一行 7 人，从梅城乘车到韶关，转乘火车到湖南衡阳，于 11 月底到达广西桂林八路军、新四军办事处。办事处主任李克农即向方方转达了中共中央南方局的通知：第一，由于国民党到处逮捕共产党员，出席七大的代表已不可能乘车经重庆、西安到延安了，要从桂林到皖南泾县新四军军部集中，然后经华东、华北敌后根据地，再到延安。第二，方方立即化装从桂林到重庆南方局开会。因此，方方即从桂林经云南、贵州到重庆参加会议，其余七大代表 4 人和蔡元贞由李克农主任安排，按南方局通知指定的路线辗转，一年后才到达延安。

梅县中心县委书记王维和妇委书记蔡元贞赴延安后，由宣传部长陈光代理县委书记，王辉（王玉珠）任妇委书记。

四、南委事件发生及前后历程

（一）南委事件发生后的应对措施

皖南事变后，1942 年 6 月，原驻梅县后于 1940 年 6 月迁至大埔县的中共南方工作委员会，遭到国民党特务机关的破坏。

这是皖南事变后国民党顽固派制造的又一起严重事件。6月初，中统特务庄祖芳等10余人，在叛徒郭潜（叛变前为南委组织部长）引领下，自曲江出发，经兴宁直奔大埔，破坏南委机关。由于南委书记方方早在5月下旬已获悉江西省委机关遭破坏和国民党开展进一步破坏活动的阴谋，先后几次召开会议，周密布置撤退转移工作。不幸的是在撤退时，南委宣传部长涂振农和交通员王亚华未按原布置的线路行动，于6月6日到达大埔高陂码头候船时，恰遇叛徒郭潜上岸而被捕。这伙特务随即控制了在高陂的南委交通站真真照相馆，逮捕了站长杜国宗和掩护交通站的照相馆负责人蔡选英。南委副书记张文彬，从香港回到大埔百侯与方方交换意见后，于同日下午到达高陂镇，准备撤退到东江去，又在旅馆遭特务逮捕。当天晚上特务便直扑大埔角（离高陂50里），于7日凌晨包围方方住地和南委为掩护机关而设立的天成号杂货店，抓走店员曾友深，并将方方住地和天成号洗劫一空，这就是当时震惊中国南方地区的南委事件。幸得方方早已撤离转移到百侯，然后转移到埔北。6月中旬，方方转移到梅县桃源乡张春汉（中共永定县委副书记）家隐蔽。方方在张春汉家安全住下后，即采取紧急应变措施，派人通知了各特委负责人。

当南委事件发生后不久，梅城传出在大埔破获了共产党七省机关的惊人消息。驻在梅县城郊的中共潮梅特委领导林美南为了解真相，即派梅县副特派员陈华前往大埔打探情况，陈华几天后回来汇报证实了南委机关被破坏的事实。不久，又接到方方关于南委事件后应变措施的紧急通知。潮梅特派员林美南立即作出如下部署：撤退领导干部，将中共梅县特派员王致远（潮汕人）调回潮汕地区，将大埔县大麻镇的曾冰（潮汕人、南委机关联络员）调来任梅县特派员；决定停止组织活动。林美南还通知在隆文的梅县副特派员谢毕真来梅城，向他传达了党组织停止活动三个月，党员不过组织生活、不互相联系的决定。同时还指示："必须立即向下传达"，"如有被可能怀疑的党员要提高警惕，一有风声，设法躲一躲"。谢毕真立即向其分管的区特派员作了传达，并要求立即传达到每个党员。曾冰则向附城特派员传达。接着在暑假前，林美南指示梅县凡有色彩的学校党员，要在暑假期间进行撤退和转移，允许党员利用社会关系自找职业，到安全的地方去。并同意梅县党组织将部分教师党员转移到江西寻邬去的意见，要求疏散在那里，要有长期打算，如能立足生根，就有可能重建党的点线工作关系，并要谢毕真下学期找一个较偏僻的学校掩蔽，和他保持密切的联系。谢毕真根据林美南的指示，在隆文和区特派员郭雪芳及朱毅宏、陈振厚、陈秉铨等具体研究，决定由陈振厚、陈秉铨先去江西打前站，创造条件，以便陆续转移一些人去。在暑假期间，撤退和转移了一批如松源中学等四间学校的林锦源、陈的盛、陈质兴、钟兴、郭建康等党员教师到江西寻邬，郭雪芳、叶和凌、谢毕真、朱毅宏、彭碧琴、赖运如、叶寒生等都进行紧急调换转移，由于尽快采取了应变措施，使南委事件对梅县党组织带来的重大危害减少到最低限度。在南委机关被敌人破坏前的1942年三月与四月间，著名民主人士柳亚子、邹韬奋等20多人经中共党组织精心营救，先后护送到梅县畲江，其中邹韬奋在陈劲军家中隐蔽。南委事件后，陆续安全转移到苏北解放区。

（二）执行南方局指示，党组织暂停活动

南委遭破坏的当天，潮梅特委委员张克正好在高陂，目睹国民党军警包围真真照相馆南委交通站的情况，立即回揭阳向潮梅副特派员李平报告，李平当即决定派张克前往重庆向南方局周恩来报告，同时决定中断与南委的联系，撤退与南委交通站有联系

的人员，通知隐蔽在梅县的潮梅特派员林美南。

9月上旬，张克从重庆回到潮梅，先后向林美南、李平传达了南方局的决定："继续坚决贯彻荫蔽精干、长期埋伏、积蓄力量、等待时机的方针"，"一切以安全为第一，防止事件的继续扩大"，"割断与放弃有色彩突出暴露的地区和组织"，"坚决撤退暴露的干部"，"方方及潮梅特委的干部也要撤退，所属组织直至支部暂时停止活动"，"每个党员实行勤业、勤学、勤交友三任务"。①

南方局的上述指示，由林美南写信向方方传达。

9月下旬，隐蔽在梅城的林美南，遵循南方局"组织暂时停止活动"的指示，分别向梅县特派员曾冰、副特派员谢毕真作了传达。并确定关于干部党员的处理原则：少数县、区主要领导干部保持联系，有些经批准可调任新四军或东江游击队；一般党员、干部各自通过社会关系，找各种公开职业掩护，站稳立场，执行"三勤"（勤业、勤学、勤交友）任务，广交朋友，建立自己的群众基础，长期埋伏，等待时机。农村党员，就地潜伏不动，站稳立场，何时恢复组织，等待党的通知。梅县党组织根据中共潮梅特委林美南特派员的指示，结合实际作了传达和部署，于10月间传达到了全体党员，当时广大党员干部对解散组织感到突然，思想上一时十分沉重，像孩子即将离开母亲一样难受。当时大家估计解散是暂时的，等一段紧张局势过去后，就会恢复活动。这也反映了当时党员干部的普遍心情。当时全县有党员300多人（南委事件前已转出一部分），绝大多数党员干部都能以党的利益为重，以高度的党性原则执行了党的决定。停止组织活动后，党员

---

① 中共梅州市委党史研究室著：《中国共产党梅州地方史》，第一卷（1919—1949），中共党史出版社2011年版，第271页。

的去向大体有如下几方面:

1. 原地埋藏隐蔽,留下革命种子。

留在原地以种田、教书、经商或读书等职业掩护,坚持工作。这种类型的有松源区的王志安、王进秀等,丙村区的古歆祥、谢文思等,附城区的李克平、丘峙、瑞姑、陈满姑、王秀英、古彩英、古美玲等,附城中学东中、梅州等校留下的学生党员罗彦群、何锡金、罗妙、林若(20世纪80年代曾任广东省委书记)、曾绿枝、叶斯伦、何新荣等10多位学生党员,全县此种类型党员占三分之一以上。

梅县副特派员谢毕真一直隐蔽在梅县隆文、桃尧一带,以教书为掩护,与林美南保持密切联系,在停止活动前半年,负责方方与林美南之间的交通联络。在埋藏隐蔽的两年多时间里,始终保持着同疏散到外地党员骨干的联系。

2. 撤向山区和外地,为开辟新区打下基础。

组织停止活动后,一大批党员干部从平原疏散到山区或邻县和外地,如到本县的石坑、李坑和平远、蕉岭、河源、紫金、乳源、英德、曲江、连平、翁源,及江西的寻邬、福建的武平,还有少数到了广西的桂林等地。他们大多数以教书为职业掩护,如先后疏散到石坑、李坑开辟新区的党员陈育权、陈荣忠、曾乔寿、李颂寿、叶巧华、刘颖达、陈质兴、卢一陈、陈学、陈桃华、彭碧琴、刘莹、熊凤珍、卢铁英,开辟石坑新区的叶雪松、陈清、温屏、丘瑞英、王纪樵、林静中、罗健、卢城康、赖运如、谢枫、余勇谋等。原来党的力量薄弱的石坑、李坑山区,顿时增强了党的大批精干力量隐蔽在该地域。更值得一书的是南口区特派员陈益昌(陈光),那段时期先后转移到粤北的曲江、英德、广西的柳州和桂林等地坚持革命活动,曾任中共柳州市临工委书记、桂东区特派员,1949年任中共桂林市工委书记等领导职务,1949年

11月11日，桂林解放前夕，陈益昌遭叛徒出卖被捕，历尽敌人的严刑拷打与威逼利诱而不屈，最后被敌人杀害，壮烈牺牲，时年仅31岁。党和政府为纪念他，在桂林市建造了陈光烈士纪念塔，其家乡梅县南口圩下村改名为益昌乡（现南口镇益昌村）。还有一大批转移到江西寻邬以教书为掩护的党员，由打前站的陈振厚、陈秉铨先铺平道路，为此批20多名党员骨干在寻邬历尽艰辛，一直隐蔽，待接到重建组织的指令后，便迅速归队投入新的革命征程。

3. 想方设法打进国民党党政机关埋藏隐蔽。

这类型隐藏的党员有黄相发、黄汀育、王立朝、陈赞秀、林珍凤、黄清宇、王静娥等10多位党员，其中比较突出的如王立朝，于1944年春通过在广东省乳源县任财政科长和税捐处副主任的堂叔王伟吾的关系，打进国民党乳源县政府税捐处，利用其堂叔兼管县监大印和县长私章之机，盖下了有县府大印的空白公文纸20多张，秘密保藏到同年冬带回家乡，在松口交给中共南委联络员李碧山供组织使用。再如隐蔽在紫金县府文教科的党员陈赞秀、林珍凤夫妇，利用其住处，接待和掩护疏散到东江各地，途经紫金的陈华、杨山、丘坚、丘涛、温再生、丘碧瑾等一批党员，同时还将了解到国民党内部情况，及时向其他埋藏隐蔽的党员互通消息。

4. 奔赴抗日前线，参加武装斗争。

直赴抗日前线参军参战，此类型的党员有如王逸辉、张英、陈学、王伟华、何康全、熊兰英、李牧、吴舒华、丘碧秀、赖英、熊秋魂（苏平）、叶文楷、潘秋南、罗克锋、陈悦文、陈特汀、陈瑞明、陈子扬、陈润琴等20多人，分别到粤北和东江游击区，直接参加抗日武装斗争，其中熊兰英、丘碧秀、吴舒华等血染疆场为国捐躯，成为光荣的革命烈士。

　　由于"三勤"方针的指引，绝大部分党员失群而不迷途，停止组织关系而没有停止战斗，他们为革命做了许多力所能及的事，因此，使得后来党组织重新恢复活动的工作能顺利进行。

恢复组织活动　迎接抗日战争的最后胜利

一、积极恢复组织，中共梅埔丰、梅兴丰和梅县工委成立

（一）党组织恢复活动的酝酿与准备过程

在党组织暂停活动期间，遵照南委书记方方在离开梅埔北上时的嘱咐，身为南委联络员的李碧山，目睹人们内忧与外患的惨况，在 1943 年春夏，分别与潮梅、闽西南党的负责人林美南、朱曼平等人交换看法，认为必须创造条件，随时准备恢复党的组织活动；同时必须设法与党中央取得联系，得到党中央的指示。

1944 年 1 月，李碧山、林美南商定，调谢毕真在松口开办旧衣店作掩护，设立联络站，方便李碧山（隐蔽在大埔大麻）与林美南等人之间的联系，从而加快了全面恢复党组织活动准备工作的步伐。

1944 年 7 月 15 日和 25 日，中央军委和中共中央先后发出《关于华南根据地工作的指示》《中央关于东江纵队开展敌后游击战争的指示》。这时，兴梅党组织还处于组织暂停活动时期。

1944 年 8 月，经李碧山与原闽粤边委特派员朱曼平、常委魏金水、潮梅特派员林美南多次商议后，由林美南派原梅县学委书记吴坚，带着潮梅、闽西南党组织的报告前往东江游击区，向中央广东临委报告，并通过尹林平向党中央转报了潮梅地区恢复党的组织活动和开展武装斗争的建议。11 月，尹林平将党中央 7 月

25 日电报指示广东大力发展抗日游击战争的指示精神和 10 月 10 日临委致电周恩来转报党中央关于潮梅党组织的四点建议内容，及省临委刚发出的《为挽救广东全面陷落危机，坚持对敌斗争宣言》等文件交由吴坚带回传达。11 月上旬，吴坚向林美南汇报了省临委尹林平转达的党中央和省临委的指示精神。

正当党组织着手恢复活动的时候，曾任中共南委秘书长兼潮梅特委书记的姚铎叛变投敌，充当国民党中统特务组织的潮梅专员，潜回揭阳，妄图以恢复组织活动的名义，建立所谓"中国共产党中央非常委员会"的潮梅地方组织，从而破坏潮梅地区党组织的恢复工作。若不立即拔除叛徒姚铎，将给党组织的恢复和纯洁造成不可估量的损失。李碧山与林美南商定，一方面通知各地党组织严防突然事变发生，一方面遵照南方局指示，于 1944 年 11 月 12 日在揭阳处决了姚铎，为党组织的恢复和安全发展排除了一大祸害。

这时，盘踞在潮汕的日军及伪军陈光辉部万余人，分三路向东进犯。12 月 10 日占领丰顺汤坑，13 日进攻石角坝、埔寨，大有进犯兴梅之势。李碧山与林美南、魏金水、朱曼平再次在松口商议，认为南委事件后，广大党员通过"三勤"，已安全度过危险期，胜利完成了保存干部、积蓄力量的任务。现在大敌当前，应尽快恢复党员组织活动，建立武装队伍，迎击入侵之敌已成当务之急，乃决定按中央和广东临委的指示精神办，把恢复党员的组织活动与组建武装队伍，开展抗日反顽斗争同时进行。梅埔地区处于联结潮汕抗日前线和闽西南可靠后方的中枢地带，负有集结兵员和储运物资的重任，应以建立武装支点为目标，开辟梅埔丰、梅蕉杭武以及饶和埔三块武装基点，以打通凤凰山、铜鼓嶂和八乡山之间的武装通道，实现与潮汕、闽西连成一片。同时，为了加强潮汕前线抗日武装斗争的领导，会议决定，由林美南负责潮汕工作，李碧山负责梅埔地区党的领导工作。12 月下旬，党中央和广东临委的指示迅速在梅埔地区贯彻实施。

林美南在离梅返汕前将梅县属下党的组织关系移交给李碧山，李碧山实际负责梅县、大埔、兴宁、平远、蕉岭、寻邬、武平、永定等地党组织的领导。

从林美南手中接过全梅州党的领导任务后，李碧山从实际出发，专门起草了题为《形势与任务》的文件，具体提出了兴梅地区恢复党的组织活动和开展抗日武装斗争的计划，号召共产党员"认清形势，作好参加抗日武装斗争的准备，党组织一旦召唤，即归队入伍，为民族解放而战斗"①。同时于 1945 年元旦期间，举办了党员骨干学习班，号召广大党员立即行动起来，投入抗日武装斗争，并正式通知疏散外地待命的党员回来接受新的任务。王立朝、陈明、黄戈平、廖伟、廖秋声、黎广可、熊钦海等领导干部先后于春节前回到梅埔，以及在本地隐蔽坚持斗争的谢毕真、古礼贤、黄维礼、张全福、胡伟等人，分派到各地负责审查，报李碧山同意后，恢复所属党员的组织关系。

1945 年 3 月 6 日，中共中央在关于开展潮梅、闽西南工作的指示中指出："沦陷区及可能沦陷区，如潮、揭、普、惠、潮、澄、饶工作，可以经审查后恢复活动，以组织保卫家乡各种式样的地方性武装为主，未能审查党员给予任务单独活动。梅、埔等国民党区工作，应劝导一部分城市党员转入乡村工作，同时积极开展新的战略据点，梅、蕉、杭、武边的放点工作，由李碧山

---

① 中共梅县县委党史研究室著：《中国共产党梅县地方史》，第一卷，中共党史出版社 2006 年版，第 180 页。

负责。"①

从此，1942 年 6 月因南委机关遭受破坏而暂停活动的梅州地区党组织，在党中央的指引下，进入了全面恢复的新时期。

（二）党组织全面恢复活动和三个工委的建立

在党组织暂停活动期间，梅县绝大部分党员具有坚强的信念，对党忠贞不渝，他（她）们不愧是金子、种子。因此，恢复组织活动，是十分严肃认真的工作，它关系到党组织的纯洁可靠，也关系到每个党员的政治生命，必须慎重从事，逐个审查，对照条件，经组织批准。按照李碧山指示："由上而下，先恢复骨干党员，再派骨干党员恢复一般党员；由原联系人介绍证明，再经调查证实，经上级批准恢复组织关系；对失去联系的党员，经知情党员证明，并调查核实，符合条件的，批准恢复党籍。恢复党员组织关系的条件是：1. 南委遭破坏后脱离党组织的；2. 没有暴露身份，政治上没有问题的；3. 符合'三勤'条件的；4. 有恢复党籍的要求和参加武装斗争决心的。恢复组织关系后，仍采取单线联系的方法，即谁恢复谁联系的原则处理。各地遵循上述方法、条件和原则，迅速地全面恢复党的组织活动。"②

梅县遵照李碧山指示，经陈明、谢毕真、王立朝、熊钦海、廖伟、李克平、黄戈平这些领导骨干的齐心协力，从 1944 年冬开始至 1945 年 8 月抗战胜利，共恢复分散隐蔽坚持下沉在梅县境内，及远在江西寻邬等地党员 140 多名，吸收新党员 80 多人。此外，梅县工委还直接审查恢复了因曲江沦陷与原组织失去联系的梅县籍党员廖建祥、张柳祥、潘佛章、张运贤等人的组织关系。

---

① ② 中共梅州市委党史研究室著：《中国共产党梅州地方史》，第一卷（1919—1949），中共党史出版社 2011 年版，第 287 页；第 288 页。

1945 年 2 月 13 日，根据抗日形势的发展与变化，李碧山在闽南平和县长乐乡大窝里（大窝村）成立了抗日游击队韩江纵队（简称韩纵）及留守支队和第二支队。2 月 26 日，在大埔昆仑乡豆夹坑成立韩纵第三、四支队。同时宣布建立梅埔丰边工委，指定陈明为书记，黄戈平、杨扬协助工作，开展梅埔丰边和梅县白区党的恢复工作（这是恢复组织后组建的第一个党的领导机构）。3 月，陈明、杨扬、黄戈平把工作重点转移到梅县。根据分工，杨扬主要负责丙村、梅屏和松口等地，陈明和黄戈平则进入梅城，主要开展县城各中学和附城、梅西等地恢复党组织的活动，以及建立武装，动员青年参军。这时动员参加韩纵第四支队的就有谢文思、谢锋、余勇谋、丘碧瑾等 7 人。梅埔丰边县工委实际存在时间不长。

1945 年 3 月，李碧山派熊钦海和王振先等，到丰顺恢复党组织并筹建韩纵第五支队，不久，成立中共梅兴丰边县工委，书记王立朝①。同年 4 月在八乡山成立韩江纵队第五支队。6 月，梅兴丰边县工委书记熊钦海和温再生、严明前往畲坑江头村与陈启昌、郑展商谈工作，后到河陂坑歇宿时，被敌逮捕（后经党组织营救直至 1947 年 6 月方出狱）。7 月，丰顺党组织和第五支队划归潮汕党组织领导，至此，梅兴丰边工委即自行结束。

在恢复组织活动的基础上，于 1945 年 5 月，中共梅县工作委员会成立，李碧山指定陈明为书记，杨扬为组织部长，黄戈平为宣传部长。县工委机关设在梅城。

梅县工委成立后，积极开展以梅城为中心的白区工作，在恢复党组织活动的同时，根据上级有关"开展统战工作，扩大抗日阵营"的指示，结合开展城市民主运动。

---

① 王立朝因另有任务未到职，由熊钦海代理。

至 1945 年 8 月抗战胜利，梅县党组织已基本恢复发展到 1942 年 6 月南委事件以前的规模，并逐步在梅西、畲江、梅南、西阳、丙村、雁洋、三乡、白渡等地建立农村革命据点，作好开展武装斗争的一切准备，直至迎来抗日战争的全面胜利。

（三）恢复与党中央的通讯联系

为了恢复与党中央的通讯联系，及时得到党中央的指示，梅州党组织的主要领导层意识到必须重建电台。早在 1944 年 7 月，李碧山便派党员胡冠中渗入国民党当局办的三青团无线电训练班，学习发报技术。同年 12 月，又派原梅县副特派员谢毕真前往福建，向闽西南特委商调原南委电台工作的程严，并于 1945 年 2 月，在福建平和县长乐下村重建电台，任命程严为台长，胡冠中为党支部书记。经过艰苦的训练和摸索，终于在 4 月中旬收到新华社电讯。5 月，李碧山决定将电台从福建平和长乐下村，迁到梅县三乡黄泥坑，并派员联系上东江纵队司令员曾生、政委尹林平，向他们报告了梅埔地区党组织的恢复情况，呈交了李碧山向党中央的报告，请东纵电台转报党中央。不日，李碧山设在梅县三乡黄泥坑的电台与东纵电台联通，并通过东纵电台约定波长、呼号、密码和时间，正式与党中央电台联通。

7 月，广东区党委书记尹林平，向王立朝传达了区党委指定李碧山为闽粤赣边区特派员的决定，要王立朝迅速回梅埔传达。8 月，梁集祥奉李碧山之命，从江西回梅任闽粤赣边区副特派员。从此，梅县地区的党组织，在党中央和中共广东区党委的直接领导、闽粤赣边区特派员李碧山的具体领导下，努力恢复 1942 年南委事件后党组织暂停公开活动和发展党员的工作，开始创建武装，开展武装斗争，坚持到抗战胜利。

此时的梅县又再度成为闽粤赣边区党组织的领导和指挥中心。

1945 年 5 月—1946 年 11 月设在梅县（雁洋）三乡黄泥坑的闽粤赣边的领导机关和电台旧址。

二、开辟游击据点，保卫边区领导机构，迎接抗日战争的最后胜利

（一）组建抗日武装

1944 年 11 月，李碧山在领导党的组织恢复的同时，开始筹划建立抗日武装的工作。

从 1945 年 1 月下旬起，李碧山按计划陆续调集梅埔地区首批恢复组织关系的 20 多名党员和武装骨干，于 2 月 13 日在闽南平和县长乐大窝村山上的山寮中主持召开大会，宣布成立抗日游击队韩江纵队（简称"韩纵"）①，编为留守支队和第二支队，留守支队队长张胜，政委张全福；第二支队队长古关贤，政委黄维礼，副队长蓝汉华。

---

① 1945 年 6 月，潮汕人民抗日游击队按照中共广东区委的指示扩编为广东人民抗日游击队韩江纵队，因梅埔地区建立韩江纵队在先，故活动在潮汕地区的称韩江（潮汕）纵队，而活动在梅埔地区的韩江纵队称为韩江（梅埔）纵队，以示区别。

　　韩纵筹建成立的同时，梅埔丰边党组织负责人陈明、黄戈平等遵照李碧山的指示和计划，率领一部分党员骨干，进入大埔银江昆仑村甲坑，为韩纵第三、四支队的成立进行筹建工作，得到当地群众大力支持，协助解决军需、住宿等问题。1945年2月26日，李碧山召集刘健、李健华、何勇为、邹子招、曾友深、王立朝等17人，在甲坑接头户黄浪伯家宣布成立韩纵第三、四支队。第三支队队长李健华，政委胡伟（后刘健）；第四支队队长邹子招、政委何献群（后何勇为）。两个支队均以甲坑为基点，分别向铜鼓嶂、八乡山发展，开辟梅埔丰边游击根据地。同时，为了开辟梅蕉杭武边抗日游击据点，培养武装骨干，李碧山还决定由梅县副特派员谢毕真带领廖秋声、王志安、宋梅通、温仁怀、李贤（后任王涛支队教导队副队长）、李仲先、李志坚、曾乔寿、李亚伟、陈荣宗等一批县、区党员骨干到闽西王涛支队学习军事，为梅县组成抗日武装培养军事人才。

　　为了加快梅埔丰地区的开辟，早日与潮汕抗日武装联合，1945年3月，李碧山派丰顺特派员熊钦海及王振先、温万兴、严明等人到八乡山恢复根据地。4月，在八乡山马屋山成立韩纵第五支队，支队长王振先，政委王立朝（后古关贤），以八乡山为基点，向梅兴丰华边发展，建立抗日游击根据地。7月，遵照李碧山、林美南的商定，第五支队丰顺籍人员四十多人及八乡山地区划为潮汕党组织领导，由古关贤带队列入潮汕第三支队，梅埔籍人员陈德惠、王振先、钟雄等人由何勇为带回梅县三乡交李碧山安排。

　　为了适应抗日战争迅速发展的需要，李碧山决定再组建一支战斗力较强的抗日武装。经过短期筹备，1945年6月中旬，梅埔韩纵第一支队在大埔县永兴的郑石寮村正式成立，任命程严为支队长，黎广可为政委，邹子招为副支队长。

　　根据李碧山的部署，各支队在成立后，立即开辟梅埔边游击据点，点面结合，具体做法是：化装成商人，进入山区，每到一处，先摸清情况，然后向群众公开亮出共产党的旗帜；实行放点放线相结合，争取在短期内拓展更宽广的地区；开展以乡保长和地方绅士为主要对象的统战工作与发动基本群众相结合；开展山区工作为主，适当进行平原的农村工作。

　　韩纵第三、四支队成立后，即按纵队计划的部署，挺进梅埔边地区。第三支队以铜鼓嶂为中心，第四支队以九龙嶂为中心，分别向各自周围展开后，向八乡山方面发展，打通了与潮汕游击队的联系，使兴梅和潮汕两地的抗日武装斗争区域连成一片。

（二）开辟梅县游击据点，建立交通线，打通与潮汕游击队的联系

　　韩纵第四支队按李碧山的部署，主要在梅县境内活动，担负着开辟阴那山、明山嶂、九龙嶂的任务，并进入八乡山与第五支队相联系与配合，同时，担负 1945 年 5 月闽粤赣边区特委机关（包括电台）迁入梅县三乡后的保卫工作。

　　1945 年 3 月，第四支队从大埔县昆仑乡豆甲坑出发，首先到梅县三乡开辟据点，他们公开以韩纵是新四军先头部队的名义，开展秘密建点工作，按预定方向选点放点，向群众宣传抗日，以建立群众基础；开展统战工作，以争取保甲长和开明绅士的支持，形成两面政权；选择可靠群众确定堡垒户，建立交通点或站，使之达到具备安全条件的据点，然后再向前头和周围发展，使点连成线并扩展成面，形成活动区，这种方法当时称为放点放线，实践证明是成功的。

　　第四支队在放点放线时，充分打好群众工作的基础，从国民党统治区的斗争复杂性和确保安全考虑，还与群众普遍签订了军民互保条约。做法是由部队代表与群众代表订出条文，作为对双方的约束。如梅县三乡小都村的黄泥坑、留岽岗、虎坑，由于群众遵守协约，严格保密，第四支队从 1945 年 3 月进村至 1947 年 2 月离开，前后驻扎两个整年，不但附近群众未发觉，就连来往密切的亲戚也不知该处有中共党组织和抗日游击队的活动。1945 年 5 月，闽粤赣边党的领导机关和电台从福建平和长乐乡迁来后，常驻机关、电台工作人员有 20 多人，各边县党组织领导同志和交通员络绎不绝，但因有群众严密保护，始终未曾暴露，使李碧山等闽粤赣边区党的领导人和领导机关，能安全在此地方领导和指挥整个闽粤赣边区党组织的各项工作和武装斗争，使梅县三乡这一地区在这两年中成为闽粤赣边区党的领导和指挥中心。

第四支队在放点放线工作中，还特别重视做好统战工作，并取得巨大成效。比如，对做好爱国将领张文的统战工作方面取得了较好的成绩。张文是梅县三乡小都下村人，曾任国民党中将，第四战区顾问，是国民党的元老派。由于他不满蒋介石的反动统治，与李济深结盟反蒋，一直受到排斥。他才华横溢，且为官清廉，在国民党军界中有较大影响，受到社会各界普遍的尊敬。为了创造放点放线秘密工作的有利条件，1945 年春，李碧山指示梅埔丰工委书记陈明与张文秘密接触，表达中共党组织对他坚持民主抗战立场的高度赞赏，并希望他一如既往做一个爱国民主战士、共产党的真诚朋友。通过交往，取得了他的大力支持。通过他的安排，共产党员和进步人士钟伟光、张剑真、张其耀、陈木兰等分别担任了梅县三乡乡长、大埔银江乡乡长和三乡下村村长、小都联保主任。由于梅埔边毗邻两个大乡的乡长都是由共产党员和进步人士担任，辖内乡村政权和学校中就安排了数十名共产党员担任保长、甲长和校长、教员，使两乡成为党组织活动的据点。在丙村圩镇开设的以张文为董事长的商贸企业三乡行，也由共产党员任经理；设在梅城、兴宁、汕头等地的分行，都安排了共产党员和进步青年在工作，使三乡行成为这些地区党的交通联络站、物资采购与转运站，地下工作者来往的接待站。统战工作产生的巨大影响，为梅埔游击区的开辟，发挥了重要作用，是梅县党组织开展党的统战工作中的杰出范例之一。

经过三个多月的努力，第四支队在梅县的三乡、丙村、西阳，梅南的龙文、大立和丰顺的泥坑、羊西坑、杨梅甲（以上三地解放后属梅县）、马图等地建立起隐蔽的抗日据点和通往八乡山的交通线。至抗战胜利前夕，第三、四支队在梅埔丰边开辟了明山嶂、铜鼓嶂、北山嶂、九龙嶂等周围 220 多个村庄，建立起稳固的据点和交通线，打通了饶和埔、梅兴丰华、埔永梅边、梅蕉杭武边县党组织和抗日武装的联系。第四支队还扩展到八乡山，与活动在八乡山的第五支队胜利会合，初步实现建队初期制定的关于建立以铜鼓嶂、九龙嶂为中心的梅埔丰边抗日游击根据地的战略目标。

1945 年 8 月，韩纵第一支队领导进行个别调整，由王立朝任政委，胡伟任政治部主任。随后第一支队奉命由埔永梅北上，到松源的王寿山与王涛支队会合，共同开辟梅蕉杭武边地区。

（三）梅县人民迎来抗日战争的胜利

全面抗战期间，梅县一直都是国民党统治区，处在潮汕前线的后方。日军未占领梅县，群众称之为福地，但梅县也遭受过日本侵略军多次空袭的摧残。据资料统计：从 1938 年 3 月 15 日，日军飞机 16 架，首次空袭梅县，轰炸梅县古塘坪军用飞机场，炸死炸伤群众 5 人。此后，敌机不时骚扰，至 1939 年 6 月止，日本飞机先后 19 次空袭梅县城乡，共出动飞机 130 架次，多次轰炸古塘坪机场和梅县城、丙村、西阳、白宫等地，共投弹 233 枚，炸死炸伤群众 40 多人，炸毁房屋店铺 40 多间。敌机被中方击落一架，坠毁两架，击毙日军跳伞飞行员 6 名。

梅县人民的抗日斗争，早于 1935 年开始。在中国共产党的领导和号召下，梅县人民兴起抗日救亡运动，秘密组织抗日救国会和抗日义勇军。七七全国抗战爆发后，在梅县党组织领导下，全县抗日救亡运动掀起持续高潮，梅县人民在全县城乡和中学、中专学校分别成立了青抗会、妇救会、学抗会等抗日救亡团体 100 多个，参加各种抗日救亡团体人员达数万之众。

1938 年至 1939 年，中共梅县中心县委动员组织了 100 多名党员和进步青年输送到闽西参加新四军和第二支队，奔赴前线参加抗日武装斗争。与此同时，梅县各抗日团体和梅县各界在国共两党的共同号召和组织下，仅在 1938 年一年就向抗日前线输送了 3600 多名青壮年参加抗日部队（不包括参加新四军人数），筹集资金 1.14 万元。全面抗战期间，据统计，梅县共征集兵员达二万多人奔赴抗日前线，以有钱出钱、有力出力的实际行动，参加抗日救国的斗争。为了全国抗日战争的胜利，数以千计的梅县的优秀儿女血洒疆场，为国捐躯。

抗日战争时期是中共梅县党组织发展史上，继大革命和土地革命战争后的第三个发展阶段。纵观此段历史，在这个阶段中，除了党组织坚持贯彻党中央和上级党组织的抗日路线、方针政策外，广大党员还坚定信念，不论遇到任何风浪，对共产主义的信仰、对党的信念坚贞不渝。在这一阶段梅县乃至梅州地区党组织的重建、恢复和发展均值得一书，有关键人物李碧山、重要人物陈仲平，以及在抗日救亡斗争中催生出的杰出代表——王维以及孕育重建、恢复党组织的宝地——松口。李碧山、王维、陈仲平在梅县的战斗历程还延跨至解放战争时期和中华人民共和国建立后，他们三人在梅县党组织的发展过程中曾起到重大作用，对革命作出重要的贡献。

4

第四章

解放战争时期

第一节 争取和平民主 贯彻蓄力待机方针

一、抗战胜利后梅县的形势和党组织采取的斗争策略

抗日战争的胜利，使中国获得一个进行和平建设的有利时机。中国共产党主张团结一切爱国民主力量，充分利用这个时机，把中国建设成为独立、民主、富强的新国家；国民党统治集团则企图使中国恢复抗日战争前的社会秩序，也就是继续处于半封建半殖民地的地位。为了争取中国走向光明的前途，中国共产党领导人民同国民党统治集团开展了复杂而激烈的斗争，中国革命由此进入了一个新的历史时期——全国解放战争时期或称第三次国内革命战争时期。

为了中国的和平大业，中共中央委员会主席毛泽东于 1945 年 8 月 28 日前往重庆参加国共谈判。中共中央为了保卫人民的抗战胜利成果，壮大人民革命力量，根据形势的变化，在重庆谈判期间，于 1945 年 9 月 19 日发出指示，确定党的军队在全国的战略方针是"向北发展，向南防御"，即：巩固华北及华中解放区，控制热河、察哈尔两省，集中力量，争取控制具有重要战略地位的东北地区。为迫使蒋介石兑现其民主的许诺，揭穿其发出的共产党不要和平、不要团结的谣言，中国共产党作出了必要的不伤害人民根本利益的让步，其中承诺可以把广东、浙江、苏南、皖南、皖中、湖南、湖北、河南（不包括豫北）八个解放区的部队

撤退到苏北、皖北及陇海铁路以北地区。经过极其曲折复杂的斗争之后，国共双方代表于 10 月 10 日签署了《政府与中共代表会谈纪要》（即"双十协定"）。

梅县是闽粤赣边区政治、经济、文化中心，是国民党统治区，抗战胜利后形势的特点是：只有中共闽粤赣边区（领导机关设在梅县三乡）和中共梅县党组织领导下的小范围游击区、农村革命支点和小规模的人民武装。这时，梅县党组织的主要任务依然是按照闽粤赣边区党组织领导部署的：一是在农村宣传发动群众，建立农村革命据点；二是继续恢复发展党组织；三是在城镇开展爱国民主运动。

但是，国民党违反"双十协定"。在战后的梅县，国民党统治力量占绝对优势，军政当局控制着梅县的政治、经济、文化和交通要道，并依仗军事上的绝对优势，根据广东、广西两省国民党两广"绥靖"会议的部署，加紧实施"绥靖"计划，与地方反动势力相勾结，不断向共产党领导的游击区和人民武装进行袭击，企图一举消灭梅县共产党组织的人民武装。上述情况表明，战后梅县形势最突出的特点是：梅县属国民党统治区，国共两党力量的对比极端悬殊；国民党统治当局顽固坚持内战、独裁的既定方针，企图采用军事手段消灭梅县共产党组织和人民武装。面对严酷的斗争形势，摆在中共梅县党组织面前的首要任务是保存武装、保存干部、争取民主和平，准备有利时机到来后的发展。

二、在争取和平民主的斗争中，为党的长期斗争作好准备

（一）民盟南方总支部在梅县成立的过程

早在 1944 年冬，东江纵队尹林平、曾生等领导人根据周恩来关于东江纵队要帮助中国民主同盟建立南方组织的指示，派出梅县籍党员陈慰慈和胡一声回到梅县家乡，协助已回到梅县的爱国

民主人士李伯球、杨逸棠（均为第三党人）等，以梅县为据点，并请李章达、张文（梅县三乡人）领衔筹备建立中国民主同盟南方组织。1945 年 2 月，在梅县城东潮塘村李伯球家，召开了中国民主同盟东南干部会议，成立了民盟东南总支部（后改为南方总支部），推荐李济深为主任，李章达代理主任，张文、丘哲、何公教为副主任，李伯球为组织部长兼秘书长。同时决定编辑出版民盟南方总支部机关报《民主》周刊，机关设在潮塘村。

（二）开展和平民主的斗争运动

抗日战争胜利前后，梅县党组织遵照中共中央和广东区党委关于城市工作的指示，已经开始重视开展恢复城市、乡村的党组织，并相机开展城市的爱国民主运动。

1946 年 2 月，闽粤赣中心县委在三乡召开扩大会议，提出县委的重要任务之一是"开展城市工作，促进民主运动"①。

遵照李碧山的指派，中共梅县工委书记陈明亲自到梅县城郊百花洲，会见了民盟南方总支部代理主任李章达，向他介绍国内外当前形势和共产党对建立独立、民主、富强新中国的愿景，并表明中共梅县工委支持民主党派争取民主自由、和平建国等安邦利国、利民的主张，还将中共闽粤赣中心县委的机关报《曙光报》送给他，以加深他对形势和中共的方针、政策、主张的了解。李章达表示感谢梅县工委的关怀，希望加强联系与合作，同时双方商定民盟由陈逸辉与县工委书记陈明保持经常联系接触。后来中共梅县工委还派出党员李国璧（李丹）和李国瑶兄弟参加民盟梅县分部工作，并分别担任宣传部长和组织部长，李国瑶负

---

① 《闽粤赣中心县委扩大会议概况记录》，1946 年 5 月 10 日，见中共梅州市委党史研究室编：《梅州革命历史文件汇集》，梅州市嘉发印刷厂承印（内部印刷），1994 年 10 月版，第 184—185 页。

责发展民盟组织，李国璧协助做好《民主》周刊的出版发行工作。民盟南方总支部在中共梅县工委的支持帮助下，在中小学教师和大中专学生中发展了大批盟员，先后共发展了300多人，壮大了民盟组织。同时，通过县工委向《民主》周刊提供新华社电讯稿，组织党员及进步分子撰写稿件、评论文章和有关宣传资料。利用民盟特殊渠道，广泛开展宣传中国共产党关于建立民主联合政府的主张，为推动梅县爱国和平民主运动作出了应有的贡献。

中共梅县工委在支持帮助爱国民主阵线民盟南方总支部工作的同时，结合梅县各大中专学校师生庆祝抗战胜利，要求和平民主的有利形势，于1945年9月成立以钟润民为书记、以梁世育为组织委员、以罗妙为宣传委员的中共梅县学生委员会（简称"学委"）。"学委"按照县工委的部署，直接领导学生的爱国民主运动，积极筹备成立党的外围秘密组织梅县民主学生联合会（简称"地下学联"）。1945年9月底，在梅县附城盘龙桥熊屋，召开了有梅县各学校代表参加的代表大会，出席会议的有南华学院、梅州中学、东山中学等9间学校代表20余人，"学委"书记钟润民主持大会，大会通过了《梅县民主学生联合会章程》，选举钟润民为代表大会主席，吴美祥为常务理事，罗妙、梁世育、郑继曾、杨璧群为理事会理事。仅过半年，学联组织在梅城及丙村、松口、梅北等近20间学校建立了学联分会或小组，会员达300多人。

梅县"学委"和"地下学联"成立后，在中共梅县工委领导下，以学校为阵地开展学生爱国民主运动，在配合党的公开和秘密斗争中取得显著成绩：如"地下学联"利用学生身份，紧密结合形势，首先是在全县范围广泛开展以"双十协定""实现和平民主、反对内战、成立民主联合政府，开放学校民主"等为主要内容的宣传；其次发动学联会员撰写文章，在每月一期的《汕报》副刊《东山青年》上发表，针砭时弊，宣传中共的主张；再次是出版秘密刊物《学生呼声》《黎明前哨》等，针锋相对地揭露国民党顽固派假和平真内战的阴谋，对抗梅县国民党当局的各种镇压民主运动的白色恐怖。

中共梅县工委（后改为特派员制和边县委领导制）在抗战胜利后乃至整个解放战争时期，充分把握和利用这一时期全社会、全国人民呼吁和平、渴望和平的时代潮流，广泛开展爱国民主统一战线工作。领导梅县各地开展的爱国民主、反内战、反独裁的运动，在配合人民解放战争的第三条战线中，发挥了积极的作用。

（三）为开展党的长期斗争作准备

设在梅县三乡小都的闽粤赣边区领导机关（1946 年 2 月后改称为中共闽粤赣中心县委），为了开展和加强对梅县工作的领导以及为党的长期工作作准备，中心县委书记李碧山指示，由梅县党组织①负责在梅城设立了 10 个交通网点和临时接头点，分别为：中华路源通号的黄集华，元城路口裕安祥的杨微仪，泰康路隆发米店的张体康，仲元路温利家私店的侯巧如，中华路的陈满姑，梅江桥下纸伞店的刘达，李家祠后楼的李亚章，凌风东路的茂发商店，义化路的新大陆影相店，中山路七洲药房。还有丙村李俊青、李冯友，松口新隆鞋店李星然，南口乌鸦落洋陈闾如，瑶上松林坪巫春秀以及梅南耕郑小学、城东谢田毓秀学校、黄竹洋小学、义育小学等众多交通站点。这些交通站点，为解决边区领导机关电台、报刊、医疗、军需和日常生活用品的需要及情报搜集转送等发挥了作用。更为重要的是通过这些交通站点，保证

---

① 此时梅县党组织已改为特派员负责制，由陈明任梅县特派员，黄戈平、杨扬为副特派员。

了闽粤赣边中心县委领导机关的安全，保证了与梅县党组织联系渠道的畅通，大大加强了对梅县党的地下工作的领导，为后来开展党组织长期隐蔽斗争奠定了基础。

第二节 广泛开展武装斗争建立游击根据地

一、武装自卫与全面贯彻隐蔽待机方针

（一）武装自卫，坚持斗争

1946 年 1 月，国共两党达成停战协定，全国政治协商会议召开后，国民党闽粤两省当局秉承蒋介石旨意，不承认地方共产党组织和人民武装的合法地位，在梅县召开联防会议，成立了闽粤边区第一、第二联防指挥所，划梅县、蕉岭、平远、武平、上杭为第一联防区，指挥所设在梅县松源；划大埔、饶平、永定、平和为第二联防区，指挥所设在平和县长乐。联防区各成立一个拥有 300 人的联防自卫大队，兵力由各县调遣，统一受联防所指挥。同时，还强化保甲制度，建立情报网，对共产党领导的人民武装，采取埋伏袭击和跟踪追击等手段，妄图彻底消灭人民武装。

在国共两党颁发停战令后，李碧山等对于国民党地方当局的"反共"反人民本质及军事进攻，仍然保持着充分的警惕。1 月 24 日，李碧山通过电台发给中共中央并转方方的请示报告中指出："我们不但不会重复漳浦①之任何错误，对国蒋留高希望，而且一部分基层同志根本不信任停战与和平发展的可能性。因为这

---

① 漳浦事件，即 1937 年 7 月闽南红军独立第三团在漳浦县城被国民党缴械的事件。

几年来顽军进攻我党，惨杀我同志，摧残我支点群众，血的教训是永远不会忘的。"提出闽粤边和梅州党组织的对策是："为了表示我们真正执行停战条约，应停止一切由我们对顽军的主动进攻与袭击的军事行动。但若我们受到顽军的进攻与袭击，经过让步之后，仍无效时，则应迅速采取自卫精神，予以严重的反击。"①并于2月上旬派陈明前往广州找国、共、美三方组成的军调第八执行小组的方方联系，未果，又到香港向中共广东区委请示。早在派陈明往广州时，1946年2月1日，国民党闽粤当局已指示驻在梅县松源及平和县长乐的联防指挥所，对共产党领导的梅蕉杭武与饶和埔丰地区的革命据点进行"清剿"与搜捕烧杀。在梅蕉杭武边，2月1日，国民党福建省保安第三团和武平县自卫队共800多人，袭击韩纵第一支队驻地武平县象洞铁钉岽。2月3日，福建省保安第三团等军队近1000人，进攻在武平县岗背白石顶的王涛支队第二大队，第二大队奋起自卫。战斗结束后，敌人同时对象洞、岗背革命据点村的群众和革命家属进行残酷摧残，放火烧山，捕捉堡垒户、接头户。地方党组织干部、游击队干部、战士家属惨遭杀害，房屋被烧毁，田地被拍卖，家产全部被洗劫。

（二）隐蔽精干，分散坚持

1946年2月，中共闽粤赣中心县委将梅蕉杭武边县工委分为两部分：张克昌派回埔北工作；由王立朝、胡伟、王振先、谢毕真、湛学钦、王志安等组成中共梅蕉杭武边县委，王立朝为书记兼韩纵第一支队政委，胡伟为副书记。同时，活动在梅蕉杭武边的韩纵第一支队奉命分成数支武工队，在梅蕉杭武边县委领导下，

---

① 见《李碧山关于国共停战以后的情况报告》，载中共梅州市委党史研究室编：《梅州革命历史文件汇集》，梅州市嘉发印刷厂承印，1994年10月，第171页。

深入到蕉岭的南礤、北礤，梅县的松源、隆文、嵩山、白渡、悦来一带山区开展群众工作，建立起了隐蔽的活动据点。活动在梅埔丰边的韩纵第三、第四支队整编为梅埔丰武装工作队，队长何勇为，指导员刘健。他们根据由战斗队转变为以地方工作为主的武装工作队的特点，继续深入巩固和扩大游击根据地，逐步做好定点、编组、生产转化，分散隐蔽，坚持斗争，同时加强党的领导。4 月，闽粤赣中心县委决定将梅埔丰边县工委改为梅埔丰县委，书记何勇为，组织部长刘健，宣传部长刘富文。此时，梅埔丰地区党和武装在已经初步实行分散、隐蔽、转化的基础上，再次实行转化，继续精简了一部分武工队员到社会上以公开合法身份隐蔽，实行外部转化。在韩纵第一、第三、第四支队贯彻中心县委关于"隐蔽精干、分散坚持"的方针的同时，由韩纵第一支队疏散回梅县的陈永青和黄璇，在中共梅县特派员陈明、副特派员黄戈平的直接领导下，于 1946 年 4 月组建了梅西武装工作队，队长陈永青。武工队成立后，以梅西为中心，在梅、兴、平、蕉边境地区，首先逐一接上由梅县（白区）党委交给他们的党员和进步人士的关系，以他们家为落脚点，采取秘密—半公开—公开方式开展各项工作，武工队经过三个多月由点到线，点线结合的工作，建立起由梅南—荷泗—南口乌鸦落洋—瑶上的松林坪—瑶美—梅西礤下—梅子林—双坳背—梅北的花树下—南水坑—蕉岭的鸭薮里—梅北的巴庄—石扇—蕉岭的石丰径—新铺—高思大坑尾—隆文梅州村—隆文岗上惕训小学—松源田心蛟花堂等众多据点，从而打通了梅兴丰（五）华—梅兴平蕉—梅蕉杭武—闽西南的行军路线，以备部队采取军事行动时，保证沿线有安全的据点，有粮食物资的供应和情报的及时输送。同年 8 月，中共梅县特派员廖伟在梅县传达了党中央对南方工作必须继续贯彻"荫蔽精干、长期埋伏、积蓄力量、以待时机"的方针，决定将梅西武工队分散，武工队员一部分就地隐蔽，一部分转移到平远、江西寻邬一带开辟新区，实行单线联系。

（三）全面贯彻隐蔽待机方针

1946 年 6 月，中共七大代表原梅县中心县委书记王维在参加延安学习整风，出席中共七大后，根据中共中央和广东区党委的决定，奉派并辗转经香港回到闽粤赣边区。他先后向闽粤赣中心县委书记李碧山，闽粤边临委领导魏金水、朱曼平、刘永生、范元辉、张昭娣等详细传达了党的七大精神及延安整风的内容及其意义，同时传达了广东区党委关于今后华南的局势与党的斗争方针、策略和任务指示。

王维在传达党的七大盛况和精神时，首先传达了毛泽东在党的七大会上对华南各老革命根据地的党组织20 多年来长期坚持斗争，始终高举党的旗帜的行动和态度，表示高度赞扬，毛泽东号召大会向南方党致敬。党中央和毛泽东的高度评价与关怀，使听取传达的同志深受鼓舞。接着，王维传达了毛泽东在党的七大报告中阐述的新民主主义革命理论、路线、纲领，并作了解释。

王维在传达延安整风运动的内容与意义时指出：整风运动的方针是"惩前毖后，治病救人"，既要弄清思想又要团结同志。此外王维还传达了党的白区（国民党统治区）的工作经验与方针，指出"左"的政策与行动给白区党的工作造成的危害。

王维传达广东区党委关于今后华南的局势与党的斗争方针、策略、任务的主要内容是：1. 东江纵队等人民武装北撤以后，华南各地党组织和留下的人民武装，将可能面临国民党十年八年的长期黑暗统治局面。党和人民武装的斗争方针是："长期埋伏、积蓄力量，等待时机。"组织方针仍然是"精简隐蔽"。2. "斗争必须是群众所要求的斗争，不急功。"3. "斗争形式要多样化，不固定刻板，严重时期多采取零星的此起彼伏的斗争，胜利后又埋伏下去，做巩固工作，以待时机，利用社会合法形式。"
4."策略原则是利用矛盾，争取多数，反对少数，各个击破，有理、有利、有节。公开与秘密、合法与非法要严格分开，适当配合。"5."慎重发展党，严密自己。"①

王维关于党的七大精神、延安整风内容和广东区党委指示的传达，不但使闽粤赣中心县委和闽粤边临委领导人受到了一次深刻的马列主义、毛泽东思想的教育，而且使他们对目前华南的形势及党的斗争方针、策略、任务有了更加明确的认识。王维的这次传达，对于统一闽粤赣边临委领导人的思想和增强内部的团结，以及深入贯彻分散隐蔽、蓄力待机的方针策略，起了重要的作用。

7月，闽粤赣中心县委再次在梅县三乡小都村大横坑召开中心县委扩大会。会议主要内容是学习党的方针、政策，分析形势，明确任务；整风审干，提高干部政治思想水平，以适应新形势下长期斗争的需要，部署中心县委机关和韩纵分散隐蔽问题等。会议根据中共七大代表王维传达的中央指示和广东区党委的指示精神，开展整党审干工作。在整风工作中，采取"惩前毖后，治病救人"的方针，领导带头发言，参会人员逐个检查自己工作中的缺点和错误；特别是南委事件后各同志的表现，在自我检查的基础上，不讲情面进行批评与自我批评，以提高自己的思想政治觉悟，使以后工作上更慎重些，做得更好。经过整风审干工作，组织更加纯洁，党内思想更加统一。会议还决定韩纵第一支队和长胜支队实行分散隐蔽，梅埔丰武工队除部分疏散以职业掩护外，其余以劳动生产掩护继续开展梅埔丰边的工作。

---

① 王维：《关于"七大"路线等问题的传达纪录要点》，1946年6月。王维《补充说明》，1993年12月。见《闽粤赣边区革命历史档案汇编》，第5辑，档案出版社1988年9月版，第37—49页。

此后，经党中央批准，闽粤赣中心县委书记李碧山奉调离开他曾经生活与战斗了多年的闽粤赣边区，偕同妻子温碧珍返回他的祖国越南，投身于越南的民族解放斗争。因此在会议中调整了闽粤赣中心县委领导人，张全福接任中心县委书记，梁集祥任组织部长，王维任宣传部长（后何献群）。

闽粤赣中心县委扩大会议结束后，各县县委、韩纵指战员和地方武工队，遵照中心县委的部署，坚持秘密活动，分成小型武工队，在据点里坚持生产和隐蔽斗争。

遵照中心县委的统一安排，1946 年 8 月，梅县党组织副特派员杨扬被派到惠州隐蔽。9 月，特派员陈明调中共香港分局工作，由廖伟接任特派员，黄戈平为副特派员。领导组织全县党组织党员和武工队，进一步落实好"隐蔽待机"方针的各项工作。

1946 年 10 月下旬，闽粤边临委副特派员朱曼平到香港向中共中央代表方方和广东区党委领导汇报闽粤边的情况回到临委机关驻地后，由魏金水主持召开有闽粤边临委、闽粤赣中心县委领导人出席的重要会议。会议由朱曼平传达方方与广东区党委尹林平的重要指示的同时，根据中共中央代表方方和广东区党委的决定，撤销闽粤临委、闽粤赣中心县委，成立闽粤边区工作委员会，魏金水任特派员，王维任副特派员，原闽粤边临委、闽粤赣中心县委辖地组成梅埔、闽西、闽南三个地委。1946 年 11 月，梅埔地委成立后实行特派员制，梅埔地委特派员张全福，副特派员陈仲平、何献群，下辖梅县、兴宁、大埔、蕉岭、平远、永定、寻邬、上杭、武平等县党组织。

二、"先粤东后闽西南"战略方针的确立和贯彻

1946 年 11 月 6 日，中共中央发出《对南方各省工作指示》，指出：在目前全国内战的形势下，南方各省乡村工作应采取两种

不同方针，凡有可能建立公开游击根据地者，应即建立公开游击根据地。原有各根据地应鼓励公开或半公开武装，紧紧依靠群众继续奋斗，不应采取消极复员政策，长敌之志气，灭自己的威风，在南方各省国民党正规军大批调走，征兵、征粮普遍施行，正是我党发动游击战争的好时机。[①] 11 月 17 日，中共中央又致电中共中央代表方方和广东区党委书记尹林平，指出：1. 目前华南干部应尽可能下乡或回归部队，坚决执行中央 11 月 6 日对华南游击战争的指示；2. 对华南和广东各地人民武装应设法建立联络；3. 广东敌人兵力空虚，灾荒遍地，国民党又征兵征粮，因此造成了发展坚持游击战争的客观有利环境，应在党内消除过去认为广东特别长期黑暗的思想，广东党组织今后的中心任务在于全力布置游击战争。[②] 11 月 27 日，广东区党委作出恢复武装斗争的决定，提出"实行小搞，准备大搞"的武装斗争方针。

1947 年 1 月，广东区党委又发出《关于武装工作意见》，具体规定了恢复发展武装斗争的步骤、任务、口号、行动方针、作战原则、组织形式、活动名义等等。

1947 年 1 月，方方和广东区党委派政治交通员陈明从香港返回闽粤边区，向闽粤边工委领导人魏金水、王维传达中共中央和广东区党委关于恢复发展武装斗争的指示与决定，以及方方和广东区党委提出的具体建议：闽粤边工委可以先在原闽西南老根据地发动农村游击战争，粤东地区待条件成熟后再发动。魏金水和王维在听取了陈明传达后，在福建省永定县境圆头山召开闽粤边

---

① 见《李碧山关于国共停战以后的情况报告》，载中共梅州市委党史研究室编：《梅州革命历史文件汇集》，梅州市嘉发印刷厂承印（内部印刷），1994 年 10 月版，第 196 页。

② 《中共中央给方方、林平电》，1946 年 11 月 17 日，载《梅州革命历史文件汇集》第 196 页。

工委干部会议，认真学习了中共中央和广东区党委的指示与决定，客观地分析了闽粤边区的敌我形势，讨论了方方和广东区党委关于先在闽西南发动游击战争的建议。出席会议的干部根据闽粤边区国共两党斗争的历史和现状，认为：一、原闽西南老苏区老游击区多年来屡遭国民党顽固派的残酷摧残，共产党组织和群众基础受到很大破坏，群众的顾虑较大；加上自然条件比较差，游击战争所需的兵源和给养都比较难解决。二、粤东地区的共产党组织已经恢复建立并进一步发展，城乡爱国民主运动正在兴起，原韩江纵队开辟的几百个农村革命据点都较好地保存了下来，群众基础深厚；该地区的国民党统治力量相对比较薄弱，国民党的地方驻军少且战斗力较差；该地区处于汀江、韩江、梅江中下游，自然条件比较好，侨乡较多，经济文化比闽西南地区发达，游击战争所需的兵源和给养比较容易得到解决。因此，先在粤东地区发动游击战争，待打开局面后再向闽西南地区发展，在全局上将会更有利于整个闽粤赣边区游击战争的胜利发展。[①] 闽粤边工委最后确定了"先粤东后闽西南"的游击战争发展方针。会议结束后，闽粤边委根据中共中央决定将闽粤边工委改称为闽粤赣边工委。3月9日，闽粤赣边工委向下属发出《中共闽粤赣边工委关于新形势与新任务》的指示，并决定由工委特派员魏金水马上赴香港向方方和广东区党委汇报请示，同时积极做好发动领导游击战争和各项准备工作。4月下旬，魏金水从香港返回闽西永定，于5月上旬在大埔县埔北丰溪的七星溪召开闽粤赣边区工委扩大会议，向出席会议的干部宣布"先粤东后闽西南"的游击战争发

---

① 见中共梅州市委党史研究室著：《中国共产党梅州地方史》，第一卷（1919—1949），中共党史出版社2011年版，第343—347页。王维、陈明、梁集祥等当年参会者在各自回忆材料中均有叙述。

展方针，已得到以方方为书记的中共中央香港分局的同意，并获得中共中央批准。魏金水在会上还详细传达了香港分局的指示，指出：华南的形势已经发生了新的变化，有利于地方共产党组织长期发展武装斗争；闽粤赣边区党组织今后的任务是以粤东为重点，先粤东后闽西南，放手发动群众，普遍开展农村游击战争，创建闽粤赣边区革命根据地。"先粤东后闽西南"战略方针的确立，充分体现了战争年代边区党组织一切从实际出发的实事求是精神。历史也证明了"先粤东后闽西南"的战略方针是非常正确的，它结合了边区的具体情况，从实际出发，从而保证了闽粤赣边游击战争的胜利发展。

三、全面开展武装斗争，建立游击根据地

为了贯彻"先粤东后闽西南，以粤东为重点，普遍开展游击战争"的战略方针，1947 年 5 月中旬，闽粤赣边区人民解放军粤东支队成立，由闽粤赣边区工委和梅埔地委双重领导，支队长刘永生，政治委员刘建昌，副支队长程严、廖启忠、徐达，副政治委员兼政治部主任王立朝。粤东支队的成立，吹响了梅州全面开展游击战争的号角，为在整个闽粤赣边区大规模开展游击战争奠定了基础。

此前后，中共梅县党组织根据边区工委和梅埔地委的指示，重建和组建了梅西、梅南、畲江、丰北武工队：梅西武工队队长黄璇；梅南武工队队长熊培，指导员叶芬，副队长杨山、叶明章；畲江武工队队长姚安；丰北武工队队长陈华，指导员张奎。1947年 5 月，梅埔地委组织部长陈仲平，到蕉岭向梅蕉杭武武工队和隶属闽西的西路挺进队传达边区工委的指示和地委决定，重建梅蕉杭武边县委，书记为谢毕真；同时，组建边县人民游击队，队长谢抢瓒，政委谢毕真。同年 9 月，中共埔永（定）县工委游击

队成立后，组建了松东武工队，队长丘苏。边县游击队和武工队扎根农村，恢复巩固老据点，开辟新据点，深入发动群众，逐步掀起反"三征"斗争，解决开展游击战争亟需的人、钱、枪的问题。

1947年6月，中共闽粤赣边工委根据解放战争形势发展的变化和粤东的实际情况，为了更好地在粤东开展武装斗争，决定梅埔地委改为粤东地委，由张全福任书记，陈仲平任组织部长，梁集祥任宣传部长，执委廖伟、王立朝、陈明（负责白区工作）。此外，闽粤赣边工委决定派朱曼平到粤东支队，王维到粤东地委，以加强对粤东地区武装斗争和地方工作的领导。

1947年8月8日，粤东地委在大埔县洲瑞麻子圫村召开第一次执委扩大会，粤东地委、粤东支队和各县县委领导人出席了会议。边区工委常委朱曼平、刘永生、王维到会指导。会议传达了边区工委扩大会议精神，研究部署开展游击战争问题。朱曼平在会上作了《开展粤东武装斗争条件及其可能前途》的报告，具体分析了形势，部署了开展武装斗争的任务：决定首次出击地点在梅埔丰边的大麻或三河，然后移师梅兴丰华和韩江河东，以牵制敌人可能对梅埔丰地区的报复进攻，以巩固梅埔丰，然后再考虑攻打蕉岭县城和梅县重镇松口。

麻子圫会议后，根据边区工委和粤东地委的决定，梅埔丰地区分别成立梅埔边县委和埔丰边县委。8月，在边区工委组织部长王维、粤东地委组织部长陈仲平的主持下，梅埔边县委在梅县三乡小都留岃岗成立，书记黎广可，组织部长张其耀，宣传部长李健华。同时组建梅埔边县人民游击队，队长张其耀，政委黎广可，副政委兼政治部主任李健华。10月，组建梅兴丰华边县游击队，队长何颖辉，副队长陈德念。12月，以梅西武工队为基础，组建梅兴平蕉边县人民游击队，队长黄璇。各边县人民游击队的成立，为迅速在梅州地区开展游击战争，配合粤东支队主力开展武装斗争，提供了极为有利的基础条件。

四、大麻出击，三乡歼敌

1947年9月18日，闽粤赣边区工委提出了加速准备力量，迎接大军南下，壮大人民武装，配合全国总反攻，推翻闽粤赣边国民党的反动统治，解放闽粤赣边苦难人民的口号和任务，同时确定了各级党组织和人民武装今后的游击战争方针："普遍进行小搞（包括肃反、埋伏、袭击、截击），准备大搞，不放弃在不违反武装斗争原则和有利条件下，作某种程度的较大动作。"① 根据上述决策，在粤东指导工作的朱曼平、刘永生、王维与粤东地委、粤东支队领导人张全福等共同拟订了一项大规模出击、放手大搞的游击战争计划，对粤东支队和各边县游击队的行动作了统一部署，并选定群众基础较好的梅埔丰边为出击基地，以地处韩江上游梅埔丰边的国民党区署所在地——大埔县大麻镇为出击目标。

为了打好大麻这一仗，粤东支队采取声东击西的策略，决定先袭击平远县长田乡公所，以转移敌人的注意。由杨建昌、程严、廖伟、梁集祥率领十多人的小分队，从丰顺马图出发，经梅南、荷泗、南口、瑶上、大坪入平远。梅西武工队密切配合，发挥了沿线据点的作用。部队白天宿营，夜间行动，远程奔袭，于9月26日上午化装成押解犯人的警察，一举摧毁了国民党平远县长田乡公所。突袭长田的胜利，在闽粤赣边打响了武装斗争第一炮，

---

① 《中共闽粤赣边区工委致总队及各地委信》，1947年9月18日，载中共梅州市委党史研究室编：《梅州革命历史文件汇集》，梅州市嘉发印刷厂（内部印刷），1994年10月版，第233页。

振奋了边区军民的革命斗争意志，为开展边区的武装斗争起了重大的推动作用。

10 月 4 日，粤东支队在程严、王立朝的指挥下，攻打国民党梅县官塘（龙文）乡公所，活捉乡长胡文，处决罪恶昭著的官塘圩田粮分处管仓员吴良荣。并破仓分粮 300 担赈济贫民，烧毁田赋册籍。粤东支队在平远、梅西、梅南等地公开活动了一段时间，将敌人的注意力吸引到上述地区后，秘密转移到大埔县银江冠山村隐蔽，做好出击大麻的准备工作。

10 月 22 日，粤东支队在梅埔、埔丰边县委和游击队的配合下，化装成赴圩的群众奇袭大埔县大麻镇之敌，歼敌一个自卫中队，摧毁大麻区署、警察所、田粮处、小留乡公所等，缴获长短枪 60 多支，子弹 3000 多发，取得首次出击的胜利。与此同时，埔丰边游击队袭击了古埜银滩，梅埔边游击队袭击了英雅乡公所，缴获长短枪 10 多支，焚烧赋册，破仓分粮，并将作恶多端、民愤极大的自卫队长管南生就地处决，有 10 多名青年吸收入伍。梅西武工队摧毁了瑶上乡公所，烧毁田粮、户口、壮丁册籍，在赤竹坳破仓分粮济贫。

10 月 25 日，国民党广东省第六行政区保安司令部急调大埔、梅县共 6 个保安警察中队，向粤东支队休整地梅县三乡奔袭而来。其中号称梅县最强的保安警察何源中队 80 多人，于 27 日下午进驻三乡小都村中和学校，距粤东支队驻地留岽岗只有数华里。小都村是群众基础较好的基点，有民兵组织，敌人孤军深入，耳目不灵，支队领导决定歼灭这股敌人。刘永生随即作出战斗部署：第一中队负责围歼进驻中和学校之敌；第二中队配合梅埔边游击队和民兵负责阻击丙村、白宫可能来援之敌；埔丰边游击队和民兵负责牵制和袭扰大麻及银江之敌，使其不得出动。

28 日凌晨，粤东支队第一中队突袭到中和学校附近，由于该校是后面靠山、前面和左右两面开阔的独立房子，难于接近学校，加之敌人闩门放哨，第一中队未能突进校内，而敌人从各窗口不断向外射击和投弹，形成屋内屋外的枪击战。突击队用集束手榴弹送进窗口，可是只炸断几根木窗条，立即又被敌人用砖头和桌凳堵上。至天亮前，第一中队只好撤回中和学校对面的阵地上。天亮后，发现敌人把所有窗口和大门加固，并用火力封锁了能接近学校的开阔地段。因部队缺乏攻坚火器，只好转而实行四面包围，使其断粮断水。29日上午，支队决定开展政治攻势，向敌人喊话，宣传党的政策。边区工委常委王维亲自草拟粤东支队司令部敦促敌人投降书，用小石绑着投进校内。

30日上午9时许，当第一中队正计划用梯子爬上屋顶往下打的办法来歼灭敌人时，从丙村和白宫来援的梅县保警两个中队，进至风门凹和鲤子湖背公王山，分别遭到第二中队和梅埔边游击队及民兵的阻击。第二中队和梅埔边游击队及民兵打垮风门凹和鲤子湖背公王山的敌人后，迅速赶到，在强大火力支援下把敌保警两个中队击溃，向丙村退去。困守在中和学校之敌又饥又渴，知道援兵已被击退，完全没有指望了，到下午4时许，遂突然开门冲出学校爬上后山妄图突围。第一中队立即追击围歼，顽抗的被击毙击伤，其余敌人一个个地当了俘虏。这次战斗歼灭了号称梅县最强的保警第一中队，击退了来援的保警两个中队，毙伤敌副中队长以下官兵12人，俘虏50多人，缴枪60多支，子弹2000多发。敌中队长何源带着少数人趁黄昏天暗逃脱。由于当地党组织的支持，边县游击队和三乡民兵的密切配合，群众对在家门口打仗歼敌的热情很高，保障了这次战斗的胜利。歼敌之后，三乡当即有30多名青年报名参加粤东支队和梅埔边游击队。

与此同时，梅埔边游击队一部在队长张其耀率领下，于30日晚连夜出击，摧毁了三乡乡公所，缴长短枪10多支，并开仓分粮给群众。埔丰边、梅埔边游击队也趁粤东支队歼敌之机，在周围几十公里范围内发动群众，镇压反动分子，收缴枪支，共缴获冲锋枪3支，长短枪200多支和一大批弹药。在梅埔丰边纵横50公里的地区内，国民党大部区、乡政权被摧毁，保甲组织随之瓦解，征兵、征粮、征税被废除。广大青年踊跃参军，部队迅速发展壮大。

粤东支队在大麻出击、三乡歼敌之后，于11月中旬转移到梅兴丰华边敌人力量比较空虚、群众基础较好的马图。经过休整和准备，兵分三路，向梅兴丰华边、梅兴平蕉边及饶和埔丰边进发。

在梅兴丰华边，1947年11月下旬，由刘永生、朱曼平直接率领的粤东支队大部分主力，再次挥戈梅兴丰华边地区，在边县游击队、武工队的配合下，发动群众，打击敌人，破仓分粮。一个多月的时间，一共出击19次，先后摧毁和消灭了梅县的水车、龙文、罗衣、荷田，丰顺的马图、大田、仙洞、黄金和五华的石团9个乡公所、自卫队和警察所等反动武装。1948年1月1日，边县游击队在畲江武工队的配合下，突袭梅兴边境松林坝，全歼守敌兴宁县自卫中队刘守胜分队。下旬，边县游击队配合荷泗武工队夜渡梅江，摧毁了荷泗太平寺乡公所。独三大队成立后，2月上旬，粤东支队配合独三大队和畲江区中队，直奔五华县郭田石团村原国民党军需黄乔元家，收缴白朗宁机枪1挺，驳壳8支，步枪18支，子弹10箱，雷管、炸药、通讯器材等物一批。2月20日，独三大队在畲江武工队的配合下，包围神前寨村，逮捕冒充中国民主联军第二大队番号、作恶多端、民愤极大的土匪头子杨荣元、刘福祥，予以处决。上述一系列战斗共取得毙、伤、俘敌200多人，缴获大批枪支、弹药等物资及开仓放粮济民一连串的胜利，为开辟梅兴丰华边游击根据地奠定了基础，从而创建了包括梅县的梅南、水车、长沙（现梅江区属）、畲江、径义、荷泗、水白（现梅江区属）、程江、扶大、白宫、西阳、东郊（现梅江区属），兴宁的宋声、下堡、水口、径南，丰顺的丰良、龙岗、黄金、大龙华，五华的郭田、坪上等地方圆近百公里、人口约 20 万的游击根据地。

在梅兴平蕉边，1947 年 11 月下旬，由副支队长程严率领的粤东支队第三中队的一个小分队，西渡梅江，再次进入梅兴平蕉边区开展游击活动。12 月 12 日，小分队在梅西武工队的配合下，组织发动梅北民兵参加，攻打梅县石扇乡公所，毙乡长罗春华，俘自卫队 20 多人。17 日，梅西武工队配合小分队攻打兴宁石马乡公所。独四大队成立以后，以平远为主要出击方向，频频出击，横扫蕉、平、寻反动武装。1948 年 2 月 16 日，独四大队在梅平武工队的配合下，夜袭平远县重镇大柘乡公所、警察所、保警中队，共俘敌 100 多人，将罪恶极大的巡官带回梅西处决。20 日，独四大队在梅平武工队配合下，不发一枪，轻取平远坝头乡公所。14 日，独四大队和梅平武工队共 160 多人，强攻平远石正自卫队，击毙平远戡乱建国委员会主任、自卫队长凌准，俘敌 20 多人。19 日，独四大队、梅平武工队及民兵共 200 多人，攻打江西省寻邬县茅坪乡公所，击溃自卫队，处决警察所何警长。23 日，独四大队回师平远，攻打八尺自卫队，击毙自卫中队长赖世敏等二人。

独四大队发扬连续作战的精神，取得了一连串的胜利，在此期间共毙、伤、俘敌 200 余人，缴获枪支弹药无数。队伍得到迅速发展壮大，开辟了大小游击据点 50 多个，为开辟武装斗争创造了广阔的回旋余地，从而创建了包括梅县的南口、瑶上、大坪、梅西、石坑、荷泗、扶大、程江、城东、石扇、城北（现梅江区属），兴宁县的径心、径南、石马、黄陂、黄槐等地，平远县全境和蕉岭县的新铺、三圳、徐溪，以及江西省寻邬县一部分地区在内的纵横 100 多公里、人口 10 余万的游击根据地。

在梅蕉杭武边，1947年5月成立了梅蕉杭武边县委，建立了20多人的梅蕉杭武边县人民游击队，年底又成立了蕉岭武装工作团。在开展武装斗争中，边县游击队于8月在福建省武平县象洞捕获恶霸魏凌轩并予以处决。9月22日在松源老圩逮捕枪毙了恶霸何伟三，同时积极发动群众开展反"三征"斗争和政治宣传。11月16日，边县游击队袭击蕉岭县南礤乡公所和自卫队，20日摧毁尧塘乡公所及自卫队，24日进击桃源乡公所。12月下旬，边县游击队开赴松源，准备采取行动。松源是一个乡，人口稠密，是闽粤两省五县（福建省武平、上杭、永定，广东省蕉岭、梅县）的毗邻地区，反动势力较强，设有乡公所、自卫队、警察分驻所，配有长短枪五六十支。在边县游击队镇压反动势力、反"三征"以及周围乡公所被摧毁等压力下，乡长被迫多次约人民武装谈判，表示愿意无条件投降交枪。边县游击队在一个圩日的凌晨包围了乡公所、自卫队和警察分驻所，迫使敌人全部缴械投降，并交出征兵、田赋册等。随后，边县游击队公开向蕉岭县北礤进发，在石寨圩收缴了北礤乡公所、自卫队和郭姓祖尝存放在各店铺的枪支，共收缴长枪45支。游击队返回水涨田麻子窝驻地休整。其间，还派出两个武装小组到石寨、皇佑等村庄，收缴地主武装，获驳壳枪2支，长枪35支，子弹350多发。边县游击队在一个多月的时间里，按计划先后摧毁了5个乡公所、自卫队和一个警察分驻所，缴枪150多支，子弹7000多发，开仓分粮数万斤，迫使敌人退守隆文和松口圩镇，从而创建了包括梅县的松源、隆文、桃尧、白渡、松口，蕉岭县的高思、蓝坊、南礤、北礤、三圳、广福、徐溪，福建省上杭县的县城、上都、中都、湖洋，武平县的象洞、岩前以及永定县的峰市等地的全部或部分的纵横百余公里、人口约15万人的游击根据地。

从1947年6月闽粤赣边区工委开始实施"先粤东后闽西南"

的游击战略发展方针，到 1948 年 3 月，在粤东支队的协助下，各边县游击队和武工队广泛开展武装斗争，摧毁和消灭了大量的国民党区、乡公所、自卫队和警察所等地方反动武装，开展了群众性的反"三征"和破仓分粮。梅县除县城外，广大乡村和水陆交通大部分在人民武装的控制之下，并在周边地区成立了各边县委、区委等各级党组织和农会组织，组建了各独立大队、武工队、区中队和民兵，形成了边县委统一领导下的多层次的武装组织体系，从而开辟和创建了梅埔丰边、埔永梅边、梅兴丰华边、梅兴平蕉边和梅蕉杭武边游击根据地。

五、马图会议的决策和独立大队的成立

1947 年 8 月中共粤东地委第一次执委会议后，各边县党组织迅速广泛发动群众，不断扩大县、区武装和民兵组织，特别是经过大麻出击、三乡歼敌、马图分兵后，各边县游击队、独立大队、武工队和民兵紧密配合，广泛发动对敌进攻，频频出击，摧毁了国民党一批区、乡公所、自卫队和两个自卫中队，缴获了大批武器弹药，队伍迅速发展壮大，开辟和创建了 6 块游击根据地，动摇了粤东地区国民党的反动统治，有力地配合了全国解放战争的战略进攻，给国民党顽固派沉重的打击。

1948 年 1 月中旬，粤东地委在马图召开地委执委第二次扩大会议，出席会议的有闽粤赣边工委朱曼平、刘永生、王维和粤东地委、粤东支队以及各县县委主要领导干部。会议首先由王维传达了香港分局关于"消灭地主反动武装越多越好，发动群众越广泛越好，开展游击战争越普遍越好"的指示。[1] 会议接

---

[1] 中共梅州市委党史研究室著：《中国共产党梅州地方史》，第一卷（1919—1949），中共党史出版社 2011 年版，第 365 页。

着由朱曼平作了关于《形势和任务》的报告，由王立朝作《粤东支队在建军工作上初步总结报告》。会议总结了粤东地区开展武装斗争以来的工作成绩、经验和存在问题，并部署了今后的工作任务。

会议最后宣布了闽粤赣边工委的组织决定：粤东地委书记张全福已到香港分局学习，由廖伟代理地委书记，王立朝为副书记，陈仲平为组织部长，陈明为宣传部长，秘书长陈振厚，黄维礼、胡伟、黄戈平、谢毕真、何勇为、郑金旺、徐达、王志安为执委。同时，会议决定将埔丰、梅埔、梅兴丰华、梅兴平蕉、饶和埔丰、永和埔及梅蕉杭武7个边县的游击队编入粤东支队建制，番号和序列是：埔丰边为独立第一大队（简称独一大队），大队长姚丁，政委何勇为；梅埔边为独立第二大队（简称独二大队），大队长张其耀，政委黎广可；梅兴丰华边为独立第三大队（简称独三大队），大队长陈德念，政委熊培；梅兴平蕉边为独立第四大队，大队长程严，政委黄戈平；饶和埔丰边为独立第五大队，大队长黄唏，政委黄维礼；永和埔边为独立第六大队（简称独六大队），大队长陈水锦，政委胡伟；梅蕉杭武边为独立第七大队（简称独七大队），大队长谢抢瓒，政委谢毕真。此外，为了解决边区党委、地委和部队的经济困难，成立了地委直属税收大队，为独立第八大队（简称独八大队），大队长何颖辉，政委李健华。4月，成立了独立第九大队（简称独九大队），大队长张友才，政委刘铁珊。以后还成立了独立第十大队（简称独十大队），大队长曾克平，政委范伟青。其间，各边县还积极扩建和新建区级武装工作队，到1948年3月，在梅埔边有三乡、丙村、雁洋、英雅、锦州，埔丰边有大麻、银江、银嶂、砂田、沙胜、铜山、大龙华、洲瑞、党银、黄金，梅兴丰华边有梅丰、梅南、丰北、畲江、第九（即梅县平原游击队）、荷泗，梅兴平蕉边有梅西、梅北、梅兴、南瑶锦、长平、平远，饶和埔丰边有侯云、双桃、高陂、双善、长乐、上饶、平和、南坑、九村，埔永梅边有松东、坪沙、青溪、石上、大宁、莒岩、西河，梅蕉杭武边有象洞、松源、隆文、桃尧、松口、白渡、蕉岭、新铺、油坑、南北磜、高思等地，共建 54 个武工队。

粤东地委执委扩大会议结束后，发表了《告各界同胞书》，进一步阐明粤东地委和粤东支队的方针政策和斗争目标，号召人民积极参军参战，大力支援解放战争，各县党组织发动声势浩大的年关斗争，普遍实行减租减息，同时组织了农会、民兵等群众组织，群众斗争出现了新的高潮。粤东支队主力则迅速挺进梅蕉杭武边县地区，为消灭该地域的反动武装和攻打蕉岭县城作准备。

六、发动群众，建立农会、民兵组织和开展统战工作

随着开展武装斗争不断取得胜利、游击根据地的不断扩大，1948 年 2 月，中共闽粤赣边区工委在《四项具体工作》中指出："一切为着组织农会，从发动群众中去组织农会，如尚没有条件组织农会的地区，最低限度也应该有包括贫雇农骨干的群众组织，去领导斗争"；"一切为着组织民兵，发动群众斗争与组织民兵相结合，如收缴地方反动武装再武装农民"；"大量组织民兵普遍组织农会，切实准备一面政权的建立，才能粉碎敌人的进攻，并使农会真正成为政权的前身，使民兵真正成为保卫家乡、保卫胜利果实、打击杀伤敌人，配合主力作战的力量"。① 梅州地区各级党组织根据边区工委的指示，深入宣传发动群众，以村为单位，普

---

① 福建省档案馆：《闽粤赣边区革命历史档案汇编》，第 5 辑，档案出版社 1988 年 9 月版，第 246—247 页。

遍建立了农会和民兵组织。如梅埔丰边县共有农会会员 30000 多人，民兵 2000 多人；仅三乡就有农会会员 2000 多人，民兵 500 多人；梅兴平蕉边县共有农会会员 20000 多人，民兵 1000 多人。基层农会、民兵组织在各区委直接领导下，从带领群众生产度荒入手，进而开展减租减息和反征粮、征税、征兵的"反三征"斗争，民兵组织也在开展上述斗争中经受考验与锻炼，推动了游击根据地的巩固和发展。

统一战线是中国共产党克敌制胜的三大法宝之一。梅县地方各级党组织十分重视统战工作，在前期成功帮助中国民主同盟南方总支部组建、发展壮大以及得到知名爱国爱和平的张文将军鼎力相助的好范例的基础上，面对解放战争进入 1948 年，全国解放迎来一片曙光的大好时机，结合梅州地区当时实际情况，按照梅埔地委的指示，梅埔丰、梅兴丰华、梅兴平蕉等边县委积极主动灵活开展统战工作，主要在敌人占领地区建立两面政权，以控制局势，减少对群众摧残，有力配合边县及边工委和边纵的各项斗争。在创建两面政权方面，梅县在梅西、大坪、李坑、梅北、石扇、龙文、大立、水尾、龙岗、罗衣、柴榄、西阳、白宫、三乡和松源的区、乡取得较好的成效。特别是通过在有条件的地方，派出党员和进步群众打入国民党的乡、保政权中，去建立"白皮红心"两面政权，把国民党基层政权控制在手，及时了解敌人动向和设法应付敌人，减轻群众痛苦，使上述这些地区成为各级党组织和武工队的巩固阵地。

统一战线的成功开展，为创建和巩固游击根据地，以及后来的梅县和平解放起了非常重要的作用。

第三节　粉碎国民党的重点进攻和分区"清剿"

一、中共粤东地委粉碎国民党进攻的对策

1947 年 7—9 月，中国人民解放军从战略防御转入战略进攻，把战争引向国民党区域，国民党军队被迫由战略进攻转入战略防御，国内形势发生了重大变化。

国民党反动政府为了经营华南内战基地，以挽救其全面崩溃的危机，委派宋子文任广州行辕主任、广东省政府主席和广东省保安司令。宋子文一到广州上任后，就着手部署对华南人民武装的进攻。

为了实现消灭广东各地人民武装的目的，宋子文首先起用了一批国民党的失意军人和地方反动头子，网罗和收编土匪武装，扩大和增编保安队，补充残师败旅，将广东全省国民党地方部队扩充到 15 个保安团，加上国民党第六十九师等部队，兵力共 14 万人。接着召开军事"清剿"会议，制定了对共产党领导的各游击根据地和人民武装的第一期"清剿"计划。同时将广东原有 9 个行政区划分为 9 个"清剿"区，每区设立指挥部，由国民党行政督察专员出任司令官。1948 年 1 月下旬，广州行辕设立闽粤边区、粤桂边区、粤湘边区 3 个省际边区"剿匪"总指挥部和若干个县联合的"剿匪"指挥所。其中闽粤边区"剿匪"总指挥部在广州成立后移驻梅县松口镇，由国民党原第九战区参谋长涂思宗

中将任总指挥，福建省保安第三团团长陈铨为副总指挥，张光前、梁国材、黄国俊3个少将为高级参议，专门负责对闽粤边人民武装进行"清剿"。3月9日，宋子文与福建省政府主席刘建绪在广州商定"联防联剿"方案，划福建的平和、永定、龙岩、上杭、武平和广东的饶平、大埔、梅县、平远和蕉岭10个县为军事"清剿"区，广东省保安第十二团、第五团第三营、保安独立第一营、独立第九营以及行辕直属正规军独立第二团第一营共3500多人，福建省保安第一团、第二团、第三团共约4000人，还有上述10个县的县自卫队共约3500多人，两省兵力总共约1.1万人（警察和区自卫队、乡自卫队未计），统归闽粤边剿匪总指挥部指挥，并决定从3月中旬起以粤东为重点，对梅州地区人民武装发动大规模进攻。

1948年3月15日，国民党闽粤边区"剿匪"总指挥部（下简称闽粤边"剿总"）由广州移驻松口途中，总指挥涂思宗在大埔县大麻镇召开军事会议，部署第一期"清剿"。会议制定了以韩江为经，自潮州北向直至闽西上杭中部、武平县的象洞；从广东丰顺县的径心东向铜鼓嶂、阴那山至闽西永定县下洋为纬，形成十字交叉"扫荡"的"十字扫荡"第一期"清剿"行动计划。

涂思宗到达松口后，于4月1日召开了"清剿"区十县军事会议，具体部署了"清剿"的军事行动，涂思宗还公开宣称："我涂思宗回到韩江，三个月内一定要消灭共产党游击队。"[①] 他还到处张贴布告，重金悬赏捉拿魏金水、刘永生、朱曼平、王维和其他所谓"匪"和"匪从"。会议期间，在梅县杀害了一名共产党员和六名群众，其反动气焰十分嚣张，随后即调动下辖的各

---

① 中共梅县县委党史研究室著：《中国共产党梅县地方史》，第一卷，中共党史出版社2006年版，第258页。

保安团部队 4000 多人，对梅州地区各游击根据地的人民武装发动攻击。

面对来势汹汹的国民党军事"清剿"，中共闽粤赣边区工委，根据香港分局 1948 年 2 月关于《粉碎蒋宋进攻计划，迎接南下大军的指示信》精神，于 3 月发出了《关于形势问题》的党内指示，指出："目前全国性新的革命高潮已经开始到来，广东正处于群众斗争高潮之中。"宋子文的"清剿"计划将会遇到重重的困难，"如兵源之缺乏，不但无第二线兵力，而且其东拉西捉拼凑起来征得的兵力也不过百分之四十而已"①……并指示边区党和人民武装的反"清剿"战争，"决不是防御，而是以进攻粉碎进攻"②。

4 月 1 日，闽粤赣边区工委机关报《新民主》发表了粉碎敌人重点进攻的社论，号召边区各级党组织和各人民武装"主动、积极、普遍、大胆地对敌斗争，有计划有重点地组织出击"。③ 4 月 6 日、7 日，边区工委接连发出《告乡长保甲长绅耆父老书》《告保安团队官兵书》，指出"共产党必兴，蒋介石必亡"，④ 这是大势所趋，奉劝国民党保安团官兵不要助蒋为虐，而应顺应历史潮流，站到人民方面来。4 月 18 日，边区工委又发出《为粉碎敌人的进攻致各地委各支队的一封信》，信中根据各地的实际情

---

① 《闽粤赣边区革命历史档案汇编》，第 5 辑，档案出版社 1988 年 9 月版，第 257 页。

② 《闽粤赣边区革命历史档案汇编》，第 5 辑，档案出版社 1988 年 9 月版，第 257 页。

③ 《闽粤赣边区革命历史档案汇编》，第 5 辑，档案出版社 1988 年 9 月版，第 257 页。

④ 《闽粤赣边区革命历史档案汇编》，第 5 辑，档案出版社 1988 年 9 月版，第 257 页。

况和敌我态势的不同，分别提出了具体的斗争方针和策略。

边区工委还指出，对于敌人所谓重点进攻问题，各地必须掌握以下几点：1. 由于斗争区域广大，敌人兵力有限，敌人极有可能组织优势的兵力向某一地区作较大的进攻，每一个地区的同志必须随时注视敌情的变化和作好充分准备，应付敌人可能的进攻，决不能盲目乐观，松懈戒备；当敌人进攻时，又必须镇定应付，按照游击战争打击敌人、威胁困扰敌人；2. 县不离县，区不离区，就地坚持，决不做流亡政府，与当地群众同生死共患难，决不撇下群众自己逃跑，这对本县区和整个粤东斗争前途的胜败有极大的关系；3. 当敌人调集各区兵力向甲地进攻，乙地、丙地显得空虚时，乙地、丙地的同志必须善于抓住这个有利的时机，该恢复的恢复，该整理巩固的迅速整理巩固，该进攻开展的迅速组织进攻开展的斗争策略，应对涂思宗的"十字扫荡"的"清剿"行动。在边区工委、粤东地委的领导下，各边县党组织和军民开展了艰苦卓绝的反"清剿"斗争。①

二、粉碎国民党的军事"进剿"

（一）粉碎涂思宗的"十字扫荡"

1948 年 3 月，涂思宗到任后，开始连续对梅州各边县游击根据地实行"扫荡"和"清剿"，来势汹汹，气焰嚣张，欲寻找粤东支队主力决战。因此，粤东支队和各边县人民武装采取避敌锋芒、不求急战、挺出外围、研究敌情、伺机行动的作战方针。

3 月 2 日凌晨，粤东支队在独七大队和蕉岭武工队及民兵的配合下，对蕉岭县城发动袭击。经过激烈的战斗，于上午 12 时胜

---

① 《闽粤赣边区革命历史档案汇编》，第 5 辑，档案出版社 1988 年 9 月版，第 277 页。

利攻克蕉岭县城，共毙、伤、俘守敌 90 多人，缴获长短枪 300 多支，子弹 1.5 万多发和大批军用物资。同时，开监释放被无辜监禁群众 100 多人，并开仓分粮，向县城广大群众进行广泛的革命宣传。这次战斗，摧毁县政府、县党部、法院、监狱、田粮、税收等机构。在粤东支队进攻蕉岭县城的同时，独七大队第二中队收缴了蕉岭北礤乡和梅县的桃源乡重建自卫队枪 34 支。随后，粤东支队和独七大队分散于松源、桃源、尧塘、南礤、北礤和武平象洞等地，发动群众，扩充队伍，收缴民间枪支，镇压反革命，建立统一战线，从而巩固和发展了梅蕉杭武边游击根据地。

粤东支队攻克蕉岭县城的胜利，在军事上、政治上产生了很大的影响。它表明粤东支队已经从初创时的几十个人的基干游击队，迅速发展壮大成为一支拥有攻城夺地能力的坚强人民解放军部队。对此，梅州地区各县的广大人民无不感到欢欣鼓舞，要求"打进县城去，实行分田地"的呼声日高[①]，而国民党地方反动势力则更加惶惶不可终日。

3 月 23 日，敌"剿总"参议、梅县自卫总队队长梁国材率县保警和粤保五团第三营从丙村，粤保十二团第一营从白宫，"剿总"参议张光前率队从大埔县大麻向银江，及第五、第六"清剿"区国民党部队分别从丰顺马图、北溪、梅县水车、新塘向梅南统一行动，对此地区中心点三乡开展"扫荡""清剿"行动。24 日，独二大队抓住战机，决定在雁洋大石背袭击梁国材所率保五团第三营和自卫总队一部，在雁洋武工队的配合下，预先埋伏在敌必经之道，当敌人进入伏击圈时，突然发起猛烈攻击，当场

---

① 《中共闽粤赣边区工委为粉碎敌人的进攻致各地委、支队的一封信》，1948 年 4 月 18 日，见《闽粤赣边区革命历史档案汇编》，第 5 辑，档案出版社 1988 年 9 月版，第 277—290 页。

毙敌排长及以下 6 人，打伤数人。敌人遭到突然袭击，此路敌人只得退回。其余三路敌军因找不到目标也扑空退回。

3 月下旬，敌"剿总"总务处长陈英杰率部 1000 余人，向攻陷蕉岭县城之后转移到蕉岭北礤、梅县松源、武平象洞一带活动的粤东支队和独七大队进攻，以粤独保二团第一营（方景韩营，简称"方营"）为主力，自松口介溪向松源、石礤、水涨田与北路合围；梅县保警一个中队由隆文向皇佑笔策应"方营"左翼；闽保第三团薛营自上畲向桃源掩护"方营"右翼，"剿总"特务中队、粤保十二团两个连自松口乘车至大坝，向水涨田与南路合围。面对敌人进攻，粤东支队和独七大队采取分散对集中的战术，不断袭击敌人。3 月 29 日，涂思宗派蕉岭县保安队林岳率队疾奔石礤，"清剿"粤东支队教导队，被教导队打退后撤出。4 月 1 日，敌进攻松源扑空后转向水涨田，被粤东支队击退。

5 月，国民党梅县县长张简逊率队由隆文经山地去松源，在新田火烧坑与粤东支队第一中队遭遇，不敢再前进。各路敌军连日进山"搜剿"，食宿困难，疲劳不堪，一无所获，只得先后退守据点。

为了牵制敌人对梅蕉杭武边的进攻，打乱敌人进攻梅埔丰边的计划，根据边工委和边县委的部署，1948 年 3 月 28 日，独二大队第一中队在英雅武工队的配合下，政委黎广可率部 100 多人攻打三河警察所，俘敌警 20 多人，缴获长短枪 20 多支、子弹 2000 余发，手榴弹 10 多枚。这是一次漂亮的出击，给涂思宗当头一棒。接着，边区工委常委王维和粤东地委组织部长陈仲平研究，决定攻打梅县重镇丙村，调集独一、独二、独八三个大队共 400 多人，并组织了大麻、英雅、三乡、雁洋、金盘、锦州、银江、西阳 8 个武工队及民兵 1000 多人，以优势兵力对敌围歼。4 月 17 日，部队分四路组成突击队形式，根据陈仲平的作战部署进入阵地。战斗从上午 9 时打响，至下午 3 时左右，战斗全部结束，全歼梅县自卫队一个分队，摧毁了镇公所、警察所、税务所等，毙敌 18 人，俘敌 30 多人，缴获长短枪 60 多支，子弹一万多发和其他军用物资一大批。丙村战斗的胜利，使涂思宗顾此失彼，达到了牵制敌人向游击根据地进攻的目的。

6 月初，涂思宗调集 1500 人的兵力，分三路进攻梅埔丰游击根据地的银江坪上一带村庄。第一路，以"方营"为主力，从大麻直扑银江坪上军营里；第二路由梁国材率梅县自卫总队，从白宫至三乡由侧后迂回包抄；第三路粤保独九营和第五专区独十一营，从畲坑、沙田向银江、三乡机动策应。粤东支队领导人经研究，决定集中兵力，打击三路敌军中最强的一路，即敌军主力"方营"。以粤东支队第二中队、教导队、警卫中队和独九大队在马头山担任伏击；第一中队置于黄草嶂侧翼与马头山形成犄角；独一、独二大队和武工队、民兵在坪上、三乡阻击其余两路敌军。3 日上午，"方营"进入粤东支队伏击阵地马头山后，双方激战终日，粤东支队先后打退了敌人的六次冲锋，共毙伤、俘敌 100 多人，缴获重机枪一挺，长短枪 20 多支。平时经常吹嘘要找"刘老货"打的方景韩，结果却在马头山被刘永生指挥的粤东支队打得溃不成军，狼狈不堪地星夜退回大麻去了。

马头山战斗的胜利，粉碎了涂思宗对梅埔丰游击根据地为时一个多月的"清剿"。至此，涂思宗的所谓"十字扫荡"以失败告终。

在粤东支队主力打破国民党对梅埔丰游击根据地重点进攻的同一时期，各边县人民武装也积极捕捉战机，主动出击，有力地配合了粤东支队主力的反"扫荡"战斗。

在梅兴丰华边、梅兴平蕉边、梅蕉杭武边、永和埔边活动的独三、独四、独七、独六大队，与当地党组织和武工队密切配合，四处出击，使国民党党政当局疲于应对。在此期间，据不完全统计，上述边县武装主动进攻敌人和与敌人接战数十次，共毙、伤、俘敌近百人，缴获长短枪支共 130 支和子弹等一大批物资。各边县人民武装力量在这次反"清剿"斗争中经受了锻炼，改善了装备，提高了作战能力和指挥水平，游击根据地得到了进一步发展。

（二）挫败敌人的"分区进剿"，顺势打击敌人

涂思宗在其"十字扫荡""重点进攻"失败后，于 1948 年 7 月又按照宋子文的"清剿"计划，炮制了一个"分区驻剿"的方案，把第六专区所属各县与闽粤赣武平、上杭、永定、平和、诏安、寻邬等县划分为韩江两岸、兴华梅丰、梅埔丰、平寻龙兴梅、武杭永蕉梅、平诏埔、永平埔等 10 个联防清剿区。由闽保一、二、三团，粤保十二团、方、蓝两个独立营和各县保警、自卫队分区负责"清剿"。闽保三团团部驻大埔县城，粤保十二团团部、蓝营营部分别驻梅县城和松口镇，实施所谓"固守据点而截匪，机动搜剿而歼匪，联保联座而灭匪"① 的策略，并在各地扶植反动势力，恢复区、乡公所和自卫队，修筑炮楼、举办团防等。

在敌人"分区驻剿"期间，各边县人民武装不断袭击驻剿敌人和地方自卫队、团防等反动武装，取得一个又一个的胜利。

各边县独立大队和武工队主动出击，袭扰敌人，破坏敌人的交通和补给线，使"驻剿"敌军行动受到极大掣肘。经过粤东支队两个多月的到处出击，闽粤边"剿总"的"分区驻剿"也宣告破产。1948 年 8 月底，涂思宗被宋子文撤职。9 月初，宣布由喻英奇接任闽粤边"剿总"总指挥，并将其指挥部由梅县松口迁往潮州，松口另设前线指挥所，由副总指挥曾举直坐镇，把力量使

---

① 见龙岩地区档案馆存敌档《闽粤边剿匪总指挥部剿匪军事总报告》，1948 年 7 月。

用和进攻重点转移到潮汕地区。此后，梅州地区的人民武装开始转入反攻，拔除敌人的据点，摧毁敌人重建的区乡反动政权。

三、粉碎国民党的政治"清剿"与经济封锁

涂思宗的"清剿"计划，包含军事进攻、政治清乡、经济封锁，叫嚣要用总和力量同"共匪"决战。

敌人的政治"清剿"，就是推行"绥靖"政策，采取政治清乡、特务渗透、收买策反等办法。实行狠毒的联保联座等毒辣手段，颁布了一大堆"清剿"口号和办法，其中包括"联保联座法"和"移民并村"政策，以及警告、敲诈进步的商号、华侨、开明士绅、动辄以"通匪""济匪"论处等等。妄图达到利诱威逼群众放弃斗争，以收所谓"一分军事九分政治"之效。

针对敌人的阴谋，各边县委、独立大队、武工队根据闽粤赣边工委 4 月 18 日指示和粤东地委 5 月干部会议时的部署，展开了反击敌人的政治"清剿"的一系列坚决斗争，其中最为成功和影响最大的当属活捉国民党少将高参张光前的范例。

1948 年 4 月下旬，闽粤边"剿总"高级参议，陆军少将张光前率"方营"的一个连"进剿"三乡。他以地头蛇叔公头（张系三乡小都村人）的身份，采取"剿抚兼施"，扶植当地反动势力，组织戡乱建国委员会、恢复乡公所，成立自卫队，筑起炮楼、大搞"自新运动"，威逼群众领取良民证，五家联保，捕杀农会干部，摧残革命家属，勒索悬红费。全乡有 100 多户游击队亲属被勒索悬红费，致使被勒索的游击队家属卖牛卖猪、卖田、卖山完债。还悬赏两万元捉拿独二大队长张其耀，实行白色恐怖政策。张光前这些阴险狡猾的手段，给边县党和人民武装造成很大的困难和威胁。

坐镇三乡的张光前奉涂思宗之命，依持所带"方营"的一个

连深入小都村老家，施展其军事"扫荡"、政治瓦解的阴谋，毫无顾忌地向中共干部大肆"策反"，企图诱骗族中人出面讲和招降，许以高官厚禄，策反独二大队长张其耀（张光前的堂侄）。张其耀将情况向上级党委汇报后，闽粤赣边工委常委王维和粤东地委书记廖伟、副书记陈仲平商定将计就计，将其活捉，并作了周密具体的部署，由张其耀给张光前复信，表示愿意反正，以当面交谈为名约见张光前。张光前自以为得计，于 5 月 31 日上午，带着警卫员如约来到离大本营（"方营"一连驻地）三乡乡公所仅三华里的交谈地点小都村社下曾和伯家中。独二大队就在敌人一个连的眼皮底下，把张光前活捉了，从而彻底挫败了涂思宗的"剿抚兼施"的计划，宣告了涂思宗企图采用政治清乡而达到以收所谓"一分军事九分政治"之效的"清剿"我党、我人民武装和游击根据地的战略美梦成为泡影。

在挫败敌人政治与军事清剿的同时，还打破了国民党的经济封锁。

为解决部队迅猛发展的给养问题，1947 年 12 月，闽粤赣边区工委和粤东地委决定在韩江建立税收大队。

1948 年 2 月初，边工委分别从独一大队调一个武装班，独二大队调两个武装班组成韩江进出口货物税收大队，按次序编为闽粤赣边人民解放军总队独立第八大队。2 月 15 日，在梅县三乡（石）寨顶，中共粤东地委代理书记廖伟主持召开了独八大队成立大会，宣读总队部的任命，何颖辉为大队长，李健华为政委。

独八大队成立后，他们紧紧依靠群众，扎根于群众之中，认真做好群众工作，宣传党的政策，与群众建立了鱼水情，得到广大群众的拥护和支持，在这个基础上，建立情报网，做好民工担架运输队等组织工作。独八大队成立后，专门负责韩江的税收工作。他们在韩江两岸，从松口以下至丰顺留隍以上建立了四十多个较巩固的税收据点。在梅埔丰边地区，建立连成一片的，作为部队税站伸展、交通运输、物资集散的大后方，其中包括梅县的三乡、小都、石寮，大埔县的英雅、银江、洲瑞、桃源，丰顺县的砂田、岳坑、大坑等大小据点50多个。

此外，根据斗争形势的发展变化，为打破国民党的经济封锁，1948年4月，梅兴丰华边县委也成立了梅江税收队。7月，梅蕉杭武边县委成立小河（石窟河）税收队。

在反"十字扫荡"战斗期间，以涂思宗为首的国民党闽粤边"剿匪"指挥部，一开始就把控着韩江、梅江、汀江沿岸税收，切断地方共产党组织和人民武装的重要经济来源，作为"十字扫荡"的重要组成部分。对此，闽粤赣边工委、粤东地委和粤东支队以及各地边县委和县区游击队，同涂思宗展开了针锋相对地斗争，特别是独八大队，在对付敌人武装护航斗争中，先后经历几十仗，不少官兵还为此而光荣牺牲。据资料记载，独八大队在其成立后的1年7个月（共19个月）中，除了打仗消灭敌人外，始终控制了韩江、汀江、梅江400里长的航线及税收，共征得税收款200多万港币，大米上万石，军需物资一大批，从而打破敌人的经济封锁，为闽粤赣边区人民的解放事业作出了特殊的贡献。

梅县全境的胜利解放

一、斗争形势与上级指示的贯彻

1948 年 8 月，在粉碎敌人的"十字扫荡""分区驻剿""政治清剿、经济封锁"的各项斗争取得重大成效的时刻，闽粤赣边工委在大埔县光德乡，召开闽粤赣边区党的代表会议，成立了闽粤赣边党委，下辖闽西、闽南、梅州、潮汕、韩东 5 个地委。粤东地委改称梅州地委，原地委书记张全福因病逝世，由代理书记廖伟任书记，王立朝任副书记，陈仲平任组织部长，何勇为任副部长，谢毕真任宣传部长，执委胡伟、黄戈平、谢毕真、何勇为、郑金旺、王志安、刘健。会后，梅州地委整顿完善梅埔丰边、梅蕉杭武边、梅兴丰华边、梅兴平边、埔永梅边县委和蕉岭县工委；县委以下设区委，从而形成了地委、县委、区委到基层党支部的从上而下的党委领导核心。

1948 年秋开始，人民解放军实行战略决战，先后组织辽沈、淮海、平津三大战役，消灭了国民党军队的主力，使国民党赖以维持其反动统治的主要军事力量基本上被摧毁，为中国革命在全国的胜利奠定了基础。

由于国民党顽固派败局已定，蒋介石受到内部和外部的压力，不得不于 1949 年元旦发表"求和"的声明。1 月 14 日，《中共中央毛泽东主席关于时局的声明》严正指出："虽然中国人民解放军具有充足的力量和充足的理由，确有把握，不要很久的时间之内，全部地消灭国民党反动政府的残余军事力量；但是，为了迅速结束战争，实现真正的和平，减少人民的痛苦，中国共产党愿意和南京国民党反动政府及其他任何国民党地方政府和军事集团，在下列条件的基础上进行和平谈判。这些条件是：（一）惩办战争罪犯；（二）废除伪宪法；（三）废除伪法统；（四）依据民主原则改编一切反动军队；（五）没收官僚资本；（六）改革土地制度；（七）废除卖国条约；（八）召开没有反动分子参加的政治协商会议，成立民主联合政府，接收南京国民党反动政府及其所属各级政府的一切权力。"[①] 毛泽东的声明得到各民主党派、无党派民主人士和各阶层群众的热烈拥护。

1月21日，蒋介石宣告引退，其总统职务由副总统李宗仁代理。次日，李宗仁虽表示愿以中共所提八项条件为基础进行和谈，但他们只是为了"划江而治"，并非需要真正的和平。而蒋介石下野其实是退居幕后指挥，他计划用三个月至六个月时间，在江南重新编练200万新兵，以便卷土重来，并撤换了闽、粤、赣、台四省的省主席和省党部主任委员，任命薛岳为国民党广东省政府主席，余汉谋为广州绥靖公署主任。国民党国防部还电令各省务必彻底肃清"匪患"，妄图巩固他们赖以挣扎的江南基地。

国民党当局为了"清剿"人民革命武装，反复修正"清剿"计划，实行"分区清剿、政治清乡"。广州绥靖公署还指示闽粤赣边"剿匪"总司令部，于1月9日在梅县召开"清剿"会议，部署国民党陆军三二一师、粤保安第十二团、独一营等，向粤东人民武装继续"清剿"，还颁布了"十四杀"令，即参加"共匪"者杀，违反"剿共"联保联座者杀，"谣言惑众"者杀，

---

① 《毛泽东选集》，第四卷，人民出版社1991年版，第1389页。

"扰乱金融"者杀，"破坏治安"者杀，为"匪"带路者杀，供给"匪"军粮物资者杀，违抗命令、贻误戎机者杀，临阵逃脱者杀……①。企图以严刑威胁其部属和破坏共产党、游击队同人民群众的密切关系，以挽救其失败的命运。

国民党顽固派的穷凶极恶，倒行逆施，只会加速他们的灭亡。这时候，国民党政府已完全崩溃，发行不到半年的金圆券成为"今年见"，如同废纸，一文不值，贬值了近 1000 倍，在人们面前毫无信用，闽粤赣边区广大城乡都拒用金圆券，而以大米、棉纱、黄金、银元和外币作为市场交易的手段。随之而来的是物价飞速上涨，工商业倒闭，市面混乱，人心惶惶。国民党统治区的人民群众更加贫穷困苦，处在水深火热之中，日夜盼望早日解放。

国民党军事上的失败、政治上的腐败和经济上的崩溃，也促使了他们内部的进一步分化瓦解。在粤的部分国民党政府和军队中的有识之士看到共产党人心所向，力量不断壮大，蒋介石败局已定，开始觉醒，愿弃暗投明，走北平式解放的道路，纷纷向中共中央香港分局、闽粤赣边区党委和地方各级党组织搭线，表示愿在适当时机起义的意向；有的则动摇不定，终日彷徨无主；有的虽顽固不化，但日益处于孤立地位。

此时，闽粤赣边区的敌我力量对比，已发生了根本性的变化。就梅州地区而言，至 1948 年底，梅州军民已粉碎了敌人的两期"清剿"，歼灭了敌人大量有生力量，使梅州的敌人力量大为削弱，只能龟缩到主要城镇或交通线上。而人民武装却得到了迅速发展，且还有地方游击队、武工队和民兵几千人，不仅在量上而且在质上均远超敌人。初步形成了以粤东、韩东为中心的边区游

---

① 《闽粤边区"剿匪"指挥部陆军 321 师司令部布告（准政字 139 号）》，1949 年 5 月 20 日。

击根据地，纵横数百里，人口一百多万，在根据地内普遍建立了农会，陆续组建区级人民政权，减租减息在根据地内广泛开展，群众生产积极性大大提高。梅州的各个游击根据地处于各县地域和省之间的结合部，进可攻，退可守，对仍被梅州的敌人所控制的城镇、交通线已形成了包围之势。

随着战略形势的转变，中共中央香港分局对闽粤赣边的武装斗争和工作作出明确指示，认为"因为今后不仅是坚持的问题，而是面对胜利准备胜利的问题"，所以，应采取"全面发展，重点巩固"的方针来完成大块根据地的建立，以迎接南下大军胜利解放华南，要求"在粤汉路以东，以粤赣湘边与闽粤赣边两个区党委的主力，打开自韩江以西，惠阳以东，海陆丰以北至赣南的地区连成一片"，逐步由现有农村基础及小市镇到占领较大市镇以及二三等的山区县城，巩固后再包围解放较大县城①。因此"闽粤赣边区党委必须加强兴、五、丰、梅工作，与饶平连成一片，并巩固韩江河东与闽西南之联系"②。

为了实现上述目标，香港分局还指示：在军事上要抓紧敌人的空隙和弱点，打歼灭战；要加强政治攻势，分化瓦解敌人；还要加紧干部和专门人才的培养；加强财政经济工作和文化教育工作；领导上要严格报告请示制度，提高组织纪律性，注意团结，要保持清醒的头脑，不要忘记困难，要经受黎明前一段的考验。

按照香港分局的系列指示，闽粤赣边区党委迅速传达到各地委，梅州地委也以最快速度将指示精神传达贯彻到属下各边县委、

---

① 《中共中央香港分局关于我们当前方针任务》，1949年初，见《华南党组织档案选编》第171页。

② 《中共中央香港分局致各地党委并报中央电》，1949年1月1日，见《华南党组织档案选编》第179页。

工委和各独立大队。香港分局的指示，给边区各级党组织和干部及时指明了方向，为配合南下大军，解放全边区具有重大的指导意义。

二、开展春季攻势，拔除敌人据点

1948 年 11 月，三大战役已进入最后胜利阶段，为了适应革命战争的迅速发展和向全国进军的需要，中共中央军委发出通令，统一规定了全军的组织编制和番号①。同年 12 月 27 日，中央军委根据香港分局的报告，批准了闽粤赣边纵队的建立及其领导人名单。1949 年 1 月 1 日，新华社公开发表了《中国人民解放军粤赣湘边、闽粤赣边、桂滇黔边纵队成立宣言》②，明确宣布"本军作战目的：志在解放各地区人民群众，推翻帝国主义、封建势力、官僚资本主义独裁统治，配合全国人民解放军彻底解放全中国，建立新民主主义国家而奋斗"。

1949 年 1 月 29 日，闽粤赣边区党委在大埔县光德乡漳溪村，召开庆祝中国人民解放军闽粤赣边纵队的成立大会，宣布中央军委命令，任命刘永生为司令员，魏金水为政治委员，铁坚为副司令员兼参谋长，朱曼平为副政治委员，林美南为政治部主任。边纵正式成立后，统一了边纵各部队的编制和番号，将原梅州支队改编为边纵第一支队，司令员郑金旺，政治委员廖伟，副政治委员王立朝，政治部主任黄戈平（后邓秀芳）。

闽粤赣边纵正式成立后，根据边区党委的部署，在梅州地委领导下，开展了声势浩大的春季攻势。第一支队司令部率二团从

---

① 《中央军委关于统一全国组织及部队番号的规定》，1948 年 11 月 1 日。

② "成立宣言"见《闽粤赣边区革命历史档案汇编》，第 6 辑，档案出版社 1989 年 3 月版，第 70—72 页。

埔永梅边北上，以解放梅蕉杭武边；四团加强在梅兴平蕉边开展工作；各边县独立大队在区武工队、区中队和民兵的配合下广泛出击，拔除敌人据点。

1949年1月3日，独四大队再次攻打瑶上区公所自卫队。由于事先争取了内应开门接应，独四大队迅速冲入自卫队驻地善本庐，夺取了东、西两面炮楼，迫使敌人全部缴械投降，共俘敌中队长以下36人，缴获长短枪39支，子弹1000多发，当场焚烧乡公所重建的全部册籍，对作恶多端的自卫中队长温开云就地处决。

1月中旬，独六大队在松东涧田村伏击敌人，俘敌一个排。22日，独六大队派出小分队，配合松口平原武工队，在松东介溪口伏击敌人，击毙松东乡长杜鹃，俘其随从5人。

2月13日，边纵一支队二团，在梅蕉杭武边县委、独七大队和松源武工队的密切配合下，袭击松源宝坑驻敌。由二团副团长谢抡瓒为队长的突击队，于前一天晚上潜伏在敌驻地门前禾坪下面的杂屋中，趁敌人开早饭之机，以强大火力突然袭击敌人，只十多分钟即结束战斗，全歼粤保独一营第一连（机枪连），俘敌连长张爱群以下70多人，毙敌9人，张连是粤保第一营的主力连。该连被全歼，敌人震动极大，驻在离宝坑仅5公里的尧塘的敌另一个连不但不敢来援，反于当天逃往松口；驻在离宝坑10公里的松源新圩的粤保一营部及两个连，也慌忙于次日撤往松口。

宝坑战斗后，梅蕉杭武边县委和独七大队、各区武工队在一支队二团的配合下，乘势横扫梅蕉杭武边的反动武装，半个月内，再次摧毁了松源、尧塘、隆文和蕉岭南礤、北礤五个敌人重建的乡公所和自卫队。3月初又解放了高思、程官铺，使梅蕉杭武地区连成一片，梅州地委机关随即由桃源桃培迁来松源径口村。4月中旬，闽西地委机关和闽西支队，也来到松源休整。

2月15日，海洋大队在三乡武工队和当地民兵的配合下，将三乡自卫队包围在炮楼里，采取强大的政治攻势与军事实力相结合，终于不费一枪一弹，逼使自卫队长伍应凤放下武器投降，彻底解决了三乡的反动武装。

2月19日，松口平原游击队通过内线配合，夜袭松南乡公所、自卫队，俘敌30多人。3月初，独六大队在松东伏击下乡抢粮的松口自卫队，共毙、伤、俘敌30多人。3月底，独六大队共两次攻打松东乡公所、自卫队，俘敌25人，烧毁炮楼，扫除了边县境内敌人的最后一个据点，使埔永梅游击根据地连成一片。

2月23日，独四大队夜袭石扇自卫队，俘敌17人，一举拔除了梅北的反动据点。

3月1日凌晨4时，海洋大队在内应及雁洋武工队的配合下，趁着敌自卫队长以下28人熟睡，将其擒获，拔除了敌人在雁洋的最后据点。

3月11日，边纵司令员刘永生指挥边纵直属第一团，在梅兴丰华边县委和独三大队、畲坑区中队配合下，攻打梅县重镇畲坑。经过两个小时的激烈战斗，全歼该镇驻敌，摧毁国民党第六"清剿"区副司令黄国俊坐镇的第二指挥所，以及畲坑警察所、乡公所等。此仗共毙伤、俘敌50多人，黄国俊跳入粪坑藏身得逃。15日，独三大队再次配合边纵一团，攻打离梅县城只有12公里的长沙圩，全歼长沙驻敌，摧毁警察所、乡公所、自卫队，俘敌官兵30多人。18日，荷泗区中队主动出击，摧毁了敌扶大乡公所和自卫队。4月9日，距梅城仅4公里的水白自卫中队，在梅兴丰华边县委策动下，中队长梁伟君率所属全体官兵38人，携带长短枪38支和弹药等物起义，投奔梅南游击根据地，受到边县军民的欢迎。后该部人员全部编入独三大队，梁伟君任中队长。至此，梅兴丰华边县所属地区全面获得解放。

3月18日，独十大队在金盘武工队及内应的配合下，未发一枪一弹，摧毁了金盘乡公所和自卫队，俘敌 18 人。

3 月 22 日，驻梅城的粤保十二团万士学营及梅县警察大队张国光部 200 多人进犯梅西，在松岗崇与独四大队程严独立营遭遇，双方展开了激战，独四大队毙敌中尉排长和机枪手，伤敌 10 多人。松岗崇战斗给敌人予沉重打击，石坑、李坑、大坪的区乡自卫队不攻自破，梅西大片土地获得解放。遗憾的是，在松岗崇战斗中，独四大队副大队长吴汉超等 8 人不幸牺牲。烈士们用年轻的生命，为整个梅县范围在开展贯彻边区党委、梅州地委关于春季攻势，拔除敌人据点的战略决策行动中交出满意的成绩单，作出巨大贡献。

三、松源区人民民主政府的建立

根据《中共闽粤赣边区党委给各地委的信》① 的指示精神，闽粤赣边区各级人民武装全面发起春季攻势，四处出击，消灭敌人，取得了一连串的胜利，扩大了解放区。活动在梅蕉杭武的边纵一支队二团和独七大队、各区武工队及民兵密切配合，在取得宝坑歼敌的基础上，乘胜横扫各区、乡公所及其自卫队，以松源为中心的一大片地区获得解放，基本具备了成立人民民主政权的条件。中共梅州地委和梅蕉杭武边县委经过多次研究，决定在松源建立自己的人民政权，以担负新时期的各项任务。1949 年 3 月 8 日，松源区人民民主政府在松源圩新南市正式挂牌成立。

松源区人民民主政府是解放战争时期梅州地区建立的第一个人民政权，以独七大队政治处的名义任命王立俊为区长，黄桐为指导员，设文书、财粮、民政、总务、文教、治安、妇联等办事

---

① 《中共闽粤赣边区党委给各地委的信》，见《闽粤赣边区革命历史档案汇编》，第 6 辑，第 111—115 页。

松源区人民民主政府成立旧址

机构，并以松源武工队为基础建立区武装中队。松源区人民民主政府的建立，显示了闽粤赣边区人民革命力量的迅猛发展，也表明了梅州地区乃至闽粤赣边区即将全面解放，对整个闽粤赣边区乃至海外、港澳地区都震动极大，具有极其重大的影响和作用。

（一）为闽粤赣边区党的领导机构和部队的集中提供便利条件，使部队在人员、物质供应等方面得到大大补充。在短时间内，松源区政府募集粮食近千石和大批钱物，动员了 300 多名青年参军，募捐布匹、药物、日用品等支援部队；发展生产，进行生产自救；组织凹下陈屋船工成立民船工会，将 30 多条大木船组织起来，统一使用，促进与潮汕的货物交流，运送军工用品；成立供销合作社、帮耕队、商会，稳定物价，繁荣市场；还根据特定的条件发行松源流通券，由梅州地委财委副主任黎广可调度掌握。流通券为油印的纸币，面额为 1 角、5 角、1 元；图案为四周花边，中间斧头镰刀并标志钞票面额，左右两边署有区长王立俊、指导员黄桐字样；币值约 6 元兑换黄金 1 钱；流通办法是商人、群众以实物向区政府财委换取流通券，也可以用流通券换回黄金、白银和实物。流通券的发行，对稳定物价，加速资金流动，稳定解放区经济起到很大作用。另外，党的领导机关和部队移驻松源以后，国民党福建省武平县县长练平多次与梅州地委和梅蕉杭武边县委、独七大队的领导同志商谈起义问题。闽西地方实力派傅柏翠也派代表郭南勋来到松源商谈起义的问题。不久傅柏翠在闽西起义。松源实际上成了闽粤赣边区的大后方和外交谈判地点。

（二）宣传发动群众，保护群众利益，增强人民群众对夺取解放战争全面胜利的信心，加快了梅州解放的步伐。闽粤赣边区党委书记魏金水在对目前形势与任务的报告中指出："所有过去的群众工作，都由部队与工作团去搞，在将会建立政权的一些时期，还可以应付。""现在我是包办不了。"① 政权建立以后，区政府经常派出工作人员深入到群众中去，宣传大好形势，同时利用集会、演戏、游行等形式大造革命声势，大大增强了民众夺取解放战争全面胜利的信心，使其更加积极地投身于解放战争。

（三）巩固完善政权组织，为梅州地区民主建政提供了宝贵经验。松源区政府集中全力巩固完善新生的人民政权，在全区范围内建立村级政权组织。首先以宝坑为试点，注意对村干部人选的挑选和培养，在充分发动群众的基础上，根据对象的素质、其对革命的贡献和在群众中的威信，把候选人交由群众充分酝酿，然后召开村民大会进行选举。在试点取得经验的基础上，全区各乡村很快便完成了建政工作，并在建立村政权的基础上成立了联村办事组织。梅县人民民主政府还总结松源区政权建设的经验，颁布了《梅县区、市、村政府临时组织大纲》，详细拟定了区、市、村的规模和组织机构设置及职权范围等，为梅州地区的政权

---

① 《闽粤赣边区革命历史档案汇编》，第6辑，第180页。

建设提供了宝贵的经验。

松源区人民民主政府在宣传发动群众，动员支前，保障领导机关和部队的后勤供给，改善民主，加强社会治安，发展工商业和农村生产，稳定解放区经济，巩固和完善新生的人民政权，培养行政干部等方面都作出了很大贡献，开创了梅州地区民主建政的先河，为梅州各地的政权建设提供了模式，总结了经验，推动了梅州各地的政权建设，大大加快了解放闽粤赣边区乃至整个华南地区的步伐。

四、梅县全面解放，接管、建立人民政权的经过

（一）国民党粤保十二团和梅县县政府起义经过

1949 年 4 月 21 日，毛泽东主席、朱德总司令发布《向全国进军的命令》，中国人民解放军于 23 日占领南京，宣告国民党反动统治的灭亡。接着，人民解放军以迅猛磅礴的气势，乘势向南挺进，于 5 月间先后解放了杭州、武汉、南昌、上海、长沙等战略要地，粉碎了国民党顽固派划江而治的阴谋。

在国民党反动统治全面崩溃的形势下，踞守广东的薛岳、余汉谋深叹广东已"不可能建立防御体系"，但他们仍寄希望于帝国主义的干涉，妄图负隅广东，以待时机。

这时，闽粤赣边区人民武装在春季攻势中全面出击，并取得一系列的重大胜利。至 4 月底，大小战斗 100 多次，毙、伤、俘敌 2600 多人，缴获轻重机枪 56 挺、枪支 3000 多支及大批军用物资，摧毁区乡政权和据点 90 多个，进一步巩固和扩大游击根据地，使纵横 200 多公里的广大地区连成一片。在梅县境内，广大乡村已经获得解放，逼使敌人龟缩在县城和松口、丙村、南口等几个较大的圩镇之中，惶惶不可终日，不敢轻易出动。

在军事上不断取得胜利的同时，闽粤赣边区加强了对敌军政

人员的分化、瓦解和策动起义工作。

3月上旬，闽粤赣边纵政治部发出"关于形势问题的指示"，指出："对敌人的武装部队、政权机关、各阶层人士展开政治攻势，借以瓦解和孤立敌人，特别是着重在敌人武装部队中展开攻势"，强调"这个工作做得好，是会减少我们许多流血及减少许多社会财富的消耗"。①

3月10日，刘永生、魏金水以中国人民解放军边纵司令员和政治委员的名义，写信给驻梅县的国民党粤保安第十二团团长刘永图和副团长魏汉新，动之以情，晓以大义，指出："贵团长既有本党联络之愿望，现在是时候了，不应再有任何的怀疑、等待和观望，望早日率部投向人民方面来，对你们和边区人民都是有利的，切勿错过机会。"②

4月初，粤保十二团在内斗中由魏汉新取代刘永图当上粤保十二团团长。此时，魏汉新的族叔魏鉴贤（国民党第九战区兵站参谋长，湖南省公路局局长）因感国民党大势已去，主动到香港与华南分局书记方方和统战部部长饶彰风会见，表示愿意回梅县策动十二团起义。华南分局将此情况通知闽粤赣边区党委，要边区党委迅速派人与其联系。为了进一步做好策反工作，争取梅州地区国民党军政人员早日实现起义，闽粤赣边区党委于4月上旬派常委王维到梅州地委加强领导。

4月中旬，闽粤赣边区党委派边区财委副主任陈明到梅埔丰边，约见魏鉴贤，了解策动保十二团起义的情况。此次会晤未有实际成效。随着解放军攻占南京，挥戈南下，横扫江南、华南的

---

① 《闽粤赣边区革命历史档案汇编》，第6辑，第127页。
② 中共梅州市委党史研究室著：《中国共产党梅州地方史》，第一卷（1919—1949），中共党史出版社2011年版，第429页。

大好时机，边纵司令部于 5 月 2 日发布命令，进一步敦促国民党军政人员起义立功。5 月 7 日，边区党委再次派陈明随带《国内和平协定（最后修正案）》《向全国进军命令》和《闽粤赣边纵司令部命令》到英雅与魏鉴贤、魏汉新和粤保独一营全权代表李昌庆和谈，魏汉新则派副官魏汉臣参加。此时，他们一致表示坚决走傅作义的路，走和平解放的方式解决问题，但对起义的时间，各人的态度各不相同，独一营李昌庆态度坚决明朗，认为事不宜迟，迟则生变，魏汉新则提出部分物资在潮安尚未运到，随军家属待安置等原因需待后定夺。经反复协商，最后确定起义日期为 5 月 12 日。

与此同时，梅州地委书记廖伟、副书记陈仲平也亲自策动保十二团、独一营的起义工作。5 月上旬，派出地委统战干部陈伯麟与被俘过来的原国民党少将高参张光前和原独一营机枪连长张爱群、陈伯麟等于 5 月 10 日晚在离松口仅 5 华里的神店，与独一营营长蓝举初及李昌庆会晤，彻夜长谈，使蓝举初解除了思想顾虑，坚定了接受共产党领导的信心。11 日黎明，蓝举初、李昌庆又亲自引领陈伯麟前往松口保十二团团部，与魏鉴贤、魏汉新会晤。陈柏麟对魏汉新等晓以大义，陈以利害，代表党对他们率部起义表示欢迎，使魏汉新进一步了解了党的政策，减少了顾虑。

另一方面，闽粤赣边区党委和梅州地委还通过民主人士杨凡，在梅城做通国民党梅县县长张君燮及驻梅城保十二团三营营长孔昭泉的工作，为梅县和平解放起到不可低估的作用。

但是，5 月 12 日魏汉新并未率部起义。闽粤赣边区党委和梅州地委为促使保十二团及其他国民党军政人员尽早起义，决定：一、调集部队攻打大埔县城；二、布置保独一营率先起义，并协助攻打蕉岭县城。5 月 14 日，上述两项决策在同一天实现，大埔、蕉岭县同时获得解放，保独一营的起义，对魏汉新是一个榜样和推动。

5月14日，在粤赣湘边区党委的策动下，驻河源、龙川县的粤保安第十三团宣布起义，龙川县解放。由国民党广东军政官员和民主人士吴奇伟、李洁之、曾天节、肖文、魏鉴贤、魏汉新、蓝举初、张苏奎联合在老隆发出了《我们的宣言》，正式宣告与蒋介石反动集团决裂，拥护共产党的领导，拥护人民解放军。

在粤保十三团、粤保独一营宣布起义和大埔、蕉岭、龙川已解放的形势下，魏汉新于16日率团直属队和一个营开赴梅县县城，未与梅州共产党组织取得联系和报告，就于第二天自行把国民党梅县党政机关的武器弹药、仓库物资、银行存款全部收缴，然后于17日联合梅县县长张君燮以召集"梅县各界反共戡乱大会"为名，集中城内各机关、团体负责人和职员在县政府礼堂，由张君燮主持，魏汉新宣布：自即日起脱离国民党政府，实行和平起义，接受中国共产党和人民解放军领导。同时饬令喻英奇驻梅指挥部及团管区、警察所等武装500多人，开到东较场放下武器。18日，魏汉新奉李洁之之命，率孔昭泉营前往兴宁县协助起义。

（二）接管城市、建立人民政权过程

王维和梅州地委获悉保十二团在梅城宣布起义的情况后，为防不测，立即采取措施，命令第一支队第二团、第四团马上进驻梅城北郊曾龙岽；独三大队进驻梅城南郊的坜明坪；已起义的保独一营（蓝举初营）进驻梅城东较场；同时指示各边县独立大队、武工队和民兵，全面收缴国民党区、乡公所和自卫队武装，接管区、乡政权，形成对梅城包围之势，促其派人来联系，并准备接管梅城。保十二团和张君燮宣布起义后，派民主人士杨凡与中共梅州地方党组织联系。闽粤赣边区党委常委、组织部长王维，区党委财委副主任陈明，在梅县白宫喜庐，与孔昭泉、张君燮等

进行谈判接管梅城的事宜。

　　此时，驻梅城的保十二团部队，在副团长、军统特务分子张兆诗及万士学的煽动下，利用边纵一支队北上攻打平远，有阴谋叛变举动。王维获悉后，立即布置魏汉新、蓝举初和梅州地委采取紧急应变措施。张兆诗见事情败露，遂于20日晚上挟持该团第一、二营共7个连官兵，连夜叛逃到丰顺县留隍，投靠喻英奇。为了稳定局面，王维立即派陈明和陈柏麟到保十二团团部，安抚其余起义官兵，并通过魏汉新和张君燮，将成分复杂的县保安营500多人，撤出城外，解除武装，进行编遣，稳定了梅城局势。5月底，保十二团奉边纵令开赴南口，6月1日正式整编为中国人民解放军闽粤赣边纵队暂编第三支队，魏汉新为司令员，陈柏麟为政治委员，张云基为参谋长，陈庆为政治部主任。通过新式整军运动等政治思想工作和人民解放军的性质、任务、纪律、作风的教育，暂编第三支队在以后的解放潮汕等战斗中作出了贡献。5月22日，第一支队独立营和独三大队部分队伍以及有关人员进入梅城接管。24日成立梅县军事管制委员会，第一支队司令员郑金旺为主任，地委副书记陈仲平为副主任，下设秘书、民政司法、财粮、文教、公安、社会、交通、卫生科、税捐稽征处和新闻出版处，分别具体执行各项接收工作。与此同时，地委决定陈仲平兼任梅县县长，张其耀、陈柏麟为副县长。

　　进城之初，为广泛宣传党的各项政策，维护社会治安，安定社会秩序，同时领导群众搞好生产度荒，筹集资金，保证军队和行政费用的供给，梅县军事管制委员会和梅县人民民主政府，迅速发布了《肃清残余反革命，巩固革命秩序》《梅县人民民主政府减租减息暂行条例》《关于限期垦荒造林》等布告昭示全县。

　　6月初，成立中共梅县委员会，书记刘健，副书记杨扬，组织部长杨山，宣传部长陈华，副部长曾克平，工委书记丘璋，青委书记李理章，妇委书记侯海英。

6月8日，第一支队独立营以及海洋大队、独三大队一部合编为第一支队第五团，团长陈德念，政委刘健，副政委陈学，政治部主任叶克，参谋长梁伟君，驻梅县。

6月10日，中共梅州地委决定撤销各边县，按旧行政区划建县，分别成立各县县委和县人民民主政府。11日，梅县人民民主政府正式挂牌成立，下设秘书室、民政科、财粮科、组织科、建设科、文教科和公安局。

梅县人民民主政府成立后，即迅速将全县划分为24个区（另代管黄金、砂胜、大龙华3个区，1949年11月划归丰顺县辖），任命了各区区委书记、区长、指导员等主要领导人员，并于1949年7月初制定公布了《梅县区、市、村政府临时组织大纲》，使基层政权建设规范化。

6月13日上午，梅县各界人士在梅城东校场举行盛大集会，庆祝粤东解放暨梅县人民民主政府成立。参加集会的有在城各机关、团体干部职工、武装部队、城市居民和城郊农民共两万多人。会后举行盛大游行活动，汽车队开路，八百副锣鼓喧天，两万多人紧随其后，由嘉应路入凌风路、中山路、西门路、东门路，整个梅城都沸腾起来了，至午时左右才结束。

在梅县军事委员会接管梅县城的同时，梅州地委也由梅城南郊迁入城内济园，并直接领导和参与了梅县城的接管。梅州地委机关报《人民报》接收国民党中山日报社，7月1日与边区党委、华南分局机关报合并，成为边区党委机关报《大众报》，由油印改铅印，在梅城出版。

6月下旬，中共中央华南分局机关由香港迁来梅县城南郊。同时，闽粤赣边区党委机关亦从大埔迁来与之会合。一时，梅县成了各级党、政、军机关十分集中的地方。华南分局书记方方号召，要以梅县为中心，把东江、韩江连成一片，作为解放华南的总基地。《大众报》还在 7 月 1 日的创刊号上发表了方方为此撰写的专题社论。

从 5 月 22 日进城接管到 7 月初，在短短的一个多月的时间里，在闽粤赣边区党委和梅州地委的领导下，梅县的各级人民民主政府，包括乡村政权均已建立起来。梅县县委、梅县人民民主政府，为维护社会治安、安定社会秩序、赢取全县群众对人民民主政权的拥护，做好了一系列的细致且卓有成效的工作，使新生的人民政权得到顺利运转，城市接管的各项关乎国计民生的事务逐个展开运作，为粤东各县接管城市，建立政权提供了一个可借鉴及复制的好模式。

五、抗击胡琏窜扰，保卫新生政权

正当梅县县委、县人民民主政府领导全县广大人民群众积极开展各项建设安定社会秩序，恢复和发展生产之时，驻江西的国民党第十二兵团（即胡琏兵团）两万多人，在南下大军的追击下，为保存实力，逃脱被歼的命运，于 7 月初分两路南逃：第十八军从瑞金进入闽西长汀、上杭、永定至大埔；第十军从会昌、寻邬进入平远、梅县、兴宁、五华、蕉岭。

根据出现的这一严重局势，华南分局和边区党委及梅州地委于 7 月 3 日、6 日、12 日、15 日接连发出指示，指出胡琏兵团南窜粤东和闽西，是华南解放前夕的一场残酷的斗争，分析敌已占解放的若干城市和交通要道，在解放大军暂未南下之时，有可能侵入农村抓丁抢粮，然后从潮汕港口逃走。敌虽疯狂，但只不过是垂死前的最后挣扎，因此指示边纵各部队应在地方团队、武工队的配合下，依托农村开展游击战，保卫家乡，保卫夏收，掩护各基地安全培训干部工作，隔断敌人各个据点，以便集中优势兵力歼其一部，务使敌人之企图不能得逞。

鉴于边纵主力已开赴潮汕作战，第一支队主力也北上武平接管，驻梅县的部队只有第一支队第五团的情况，梅州地委按照华南分局的指示，作好应变的准备，并决定非武装人员多的单位先期撤出梅城向山区转移。7月4日，华南分局、边区党委等党、政机关、团体、学校等均已有秩序地撤向山区，但梅州地委和梅县县委、县府主要领导尚留在城内。7月5日，胡琏军从平远窜扰梅县梅西龙虎圩。梅州地委得报后，即令第一支队第五团于次日晨前往大坪、梅西阻敌。

7月6日清早，地委书记廖伟和地委宣传部长谢毕真赶到梅县县委，召集县委书记刘健、副书记杨扬、五团团长陈德念、五团副政委陈学等开会，详细部署了五团去大坪、梅西阻敌等问题。这时五团一连和团部部分战士已集中在县政府门口待命出发。约9时部队登上汽车出发时，不料敌已乔装成解放军模样从西门、义化路向县政府袭击，五团指战员即与敌人展开激烈的巷战。约经两个小时，地、县领导和机关先后安全撤出梅城，转移到城南水白、泮坑和城东金丰一带。

根据形势的变化，7月上旬，梅州地委决定保留各县建制，恢复战时各边县领导体系，以利独立自主地组织发动广大军民，开展抗击胡琏残军的游击战争。据此，梅县县委干部分成两部分：刘健、杨扬率县委机关仍回梅埔丰边；杨山、陈华、叶明章率另一部分仍回梅兴丰华边，成立梅县县委梅南分委，书记杨山，陈华、叶明章为委员。县政府方面，因县长王志安已奉地委指示先期回到梅蕉杭武边领导工作，梅埔丰边的县政由县府主任秘书陈秉铨代行；梅兴丰华边的县政由叶明章代行；对外行文统一用梅县人民民主政府名义。县府机关由陈秉铨率领撤到城东，后到达松源，找到王志安汇报后，又按县委通知到三乡与县委会合。第一支队第五团也一分为二：一部分由团长陈德念率领在梅埔丰边随县委机关行动；一部分由副政委陈学率领随梅南分委行动。

为了保证县委、县府对分散各处的各级组织和人员的有效领导，县委先后发出了《关于工作报告制度的决定》《关于交通问题的决定》《关于支援前线，发动供应慰劳部队，亲密军政军民关系的通告》，县政府也多次发出《关于征募粮食致各区指导员的代电》等指示，县委、县政府对分散的、在游击战争环境下的各级组织，仍保持着有效的领导，保证了支前劳军、袭扰敌人等各项工作的顺利进行，挫败了敌人的阴谋。

胡琏残军在窜扰梅县期间，为了便于抢掠，不但将地方反动势力和土匪纠集起来，拼凑了所谓"陆军第二预备军团"，柯远芬兼任军团长。同时还恢复了各级伪政权，柯远芬兼任九区专员和梅县县长，将梅县重新划分为 8 个区，每个区驻兵 1 个营，区长由营长以上军官担任。他们训练保安营和后备大队，强拉壮丁，烧杀抢掠，奸淫妇女。据不完全统计，在胡琏窜扰梅县两个多月期间，全县被拉壮丁数百名和挑夫数百名，被强征汽车 50 多辆，民船一批，被抢去大米近 2000 石，光洋数万元，港币及其他贵重物资一大批，家禽牲畜、蔬菜等生活必需品不计其数。

面对敌人的暂时的军事优势和疯狂掠夺，梅县广大军民在县委、县政府的领导下，密切配合边纵主力和第一支队，积极开展游击战争，袭扰敌人驻地，镇压与敌人接头的反动分子，捕捉敌人的侦察和后方人员，消灭敌人抓丁抢粮的队伍，取得了一连串的胜利。

从 7 月 6 日一支队五团在梅城掩护地、县党政机关时毙敌 10 多人，伤敌 10 多人，俘敌数十人起，中旬，梅屏武工队在城东黄泥塘；下旬，一支队四团在梅北横坑；8 月 8 日，边一团在三乡；21 日，一支队九团在梅蕉交界的檀树岗；26 日，一支队八团在梅西火烧坑；28 日，一支队二团在松南蓬辣滩，八团在梅西荷树岗；8 月 31 日，在梅南茶亭凹、北山嶂和南坑马图分水凹等地；梅县第一支队五团等属下各营和区属武工队、民兵等武装频繁出击、截击和骚扰敌人。此期间，共计展开大小战斗数十次，毙敌近百人，俘敌 200 多人。

8 月下旬，挥戈南下的解放大军解放了赣南广大地区，直逼兴梅，此时胡琏残军开始向潮汕夺海路出逃，窜扰梅县之敌分别向松口、畲坑沿梅江河和梅汕公路南窜潮汕。8 月 31 日，一支队司令部率二团进驻梅城，9 月 2 日，梅州地委机关进驻城郊三角地（中旬迁石扇，下旬迁曾龙岃）。此时，梅城及城郊均已无敌军。

9 月 6 日，梅县县委派杨扬、陈秉铨和短枪班的同志进入梅城，接着县委、县政府机关的其他人员也陆续进城。此时，县内的松口、畲坑尚被敌军占据，局势仍然动荡，遂再次成立梅县军事管制委员会，兴梅公署专员卢伟良为主任，梅县县委书记刘健、县政府县长王志安为副主任。

9 月中旬，边纵第一、二、七团由江西会昌挥师南返，准备消灭盘踞在松口、畲坑的敌人，并命令一支队配合作战。9 月 22 日凌晨，边纵第一、二团包围松口之敌，敌逃往丙村；23 日，边纵第一团、七团，在一支队二团的配合下，将松口之敌陈英杰团 500 余人追至丙村予以消灭，仅陈英杰带少数随从逃走。

9 月 30 日，边纵第一团、七团在一支队二团、一团的配合下，边纵司令员刘永生指挥部队分三路，对畲坑胡琏军七十二团钟志群加强营发起进攻，并击退水口、径心来援之敌。此役共毙敌副营长以下官兵 118 人，俘敌 172 人，缴获炮 2 门、机枪和长短枪 160 多支。至此，梅县境内胡琏残部已全部溃逃，梅县城乡全面收复，全县军民满怀胜利的喜悦，迎来了中华人民共和国的成立。

　　梅县全境的解放和人民政权的诞生，是中国共产党领导的新民主主义革命在梅县的胜利，标志着灾难深重的梅县人民被剥削被压迫的历史宣告结束。从此，梅县人民同全国各族人民一样，成为人民共和国的主人，满怀着对社会主义的憧憬和希望，迈进一个和平、民主、平等、自由、幸福的新时期。

5

第五章

新中国建设发展时期

梅县党政机构沿革（1949. 10—1966. 5）

一、党的组织建设和政权建设

（一）党的机构

中国共产党梅县委员会（简称梅县县委）于 1949 年 10 月起先后隶属梅州地委、兴梅地委、粤东区委、汕头地委领导，1965 年 6 月后隶属梅县地委领导。

下属基层党组织名称变更如下：

1956 年 10 月前为×××区党委；1956 年 10 月撤区并乡（全县撤并原 14 个区，将 195 个乡合并为 29 个大乡和梅城、松口两镇）为×××乡（镇）党委；1958 年 11 月后为×××公社党委；基层党委以下党组织于 1956 年 6 月前为×××乡（小乡）、×××村党总支或党支部，撤区并乡后为×××村支部；1958 年 11 月后为×××大队党支部。以上党内机构名称沿袭至"文化大革命"时期。

全县党员人数已从 1950 年 2 月中共梅县县委及各区党组织正式向社会公开时的 412 人规模发展到 1956 年第一次党代会时的 5123 人，至 1966 年的 18678 人。

从全县解放至 1966 年先后由刘健、何勇为、梁诚、余踪、黄清波、杨扬、孙敬业、张正甫、李静阳（兼）、张正甫、苏平（代）担任县委第一书记职务（1949—1952 年、1964 年 3 月后称谓为县委书记）。

1956 年 6 月 9 日至 17 日，中共梅县第一次代表大会在梅城召开。大会顺利完成各项议程的同时，选举产生了第一届县委会委员 26 人，候补委员 4 人，共 30 人。

在第一次全委会上，选举了第一书记、书记、常委。第一书记为杨扬，书记为叶芬、徐烈、宋金英、孙敬业、陈昌谦，常委为郭洪彬、陈坚、陈振厚、杨洪。

梅县从 1956 年 6 月第一次党代会到 1961 年 10 月举行第二次党代会，在这五年零四个月当中，在行政体制上，经历了农村由初级社向高级社过渡到全县实现高级社，再变为生产大队、生产队，由（大）乡、镇到全县实现人民公社化，并不断调整社、队规模，其间还在 1958 年 12 月蕉岭全县并入梅县，又在 1961 年 3 月从梅县划出恢复原建制等历程。

中共梅县第二次代表大会于 1961 年 10 月 26 日至 31 日在梅城召开。大会前按照党章规定选举产生 461 名代表。出席这次会议正式代表 416 人，列席代表 624 人。

大会选举 32 人为新一届县委委员，5 人为候补委员。在二届一次全体会议上选举了张正甫、周玉堂、宋金英、张志姚、杨洪、郭洪彬、张志安、谢英谦、张金城、李官富、胡清、陈志岳、冀作彬等 13 人为常委。张正甫为第一书记，周玉堂、宋金英、张志姚、杨洪、郭洪彬为书记处书记（1964 年 3 月撤销书记处，书记处书记改称副书记）。

（二）政府机构

梅县人民委员会于 1955 年前称梅县人民政府（梅县人民民主政府）。

梅县人民委员会从中华人民共和国成立后至 1965 年 6 月先后隶属兴梅专署、粤东区行政公署、汕头专署领导，1965 年 6 月后隶属梅县专员公署领导；梅县人民委员（简称县人委）会沿袭至"文革""夺权"成立革命委员会。

下属基层政权名称变更如下：

1956 年 10 月前为×××区公所；区公所下辖×××乡（小乡）；×××村（×××村高级社、初级社为最基层经济组织）；1956 年 10 月撤区并乡后统称为×××乡人民政府，为中国行政体制中最基层的政权机构；乡政府下辖×××村（×××高级社、初级社为最基层经济组织）；1958 年 11 月后改称×××人民公社管理委员会（取代以前×××乡人民政府的行政职能）；公社下辖××大队，大队以下为×××大队×××生产（小）队，此名称一直沿袭至"文革"期间用×××公社革命委员会、×××大队革命委员会取代。

人口变化情况如下：

梅县的人口根据梅县解放后 1949 年底统计全县有 101500 户，总人口 417203 人。

中华人民共和国成立后，实行婚姻自由，一夫一妻，男女平等的婚姻制度，妇女、儿童和老人的合法权益受到法律保障。随着国内和平建设、物质文明和医药科学的进步和发展，全县人口得予较快增长，至 1966 年统计，全县共 122332 户，总人口为 535086 人，比梅县解放初增加 117883 人。

从 1949 年 5 月 17 日梅县解放，梅县军事管制委员会接管后于 6 月 12 日由陈仲平兼任梅县人民民主政府首任县长，张其耀、陈柏麟任副县长。同年 7 月，陈仲平、张其耀、陈柏麟均奉命调离梅县，上级另行委派王志安担任梅县县长。在王志安后，先后有赖运如、黄清波、杨扬、任庆然、陈坚、叶芬（女）、宋金英、徐锦衣、杨洪、黄文担任梅县人民委员会县长职务（1955 年前称县人民政府）。

　　梅县从 1954 年至 1963 年先后举行过五届人民代表大会。在此前，从 1950 年至 1953 年 5 月，在中共梅县县委的领导与指导下，梅县先后召开过第一至四届各界人民代表会议，为探索梅县社会改革和国民经济恢复，巩固和扩大人民民主统一战线，完善新政权建设，积累了宝贵的经验，为后来建立人民代表大会制度，奠定了基础。

　　梅县第一届人民代表大会第一次会议于 1954 年 6 月 28 日至 7 月 5 日在梅城举行。参会代表 350 人。会议选举产生了出席广东省第一届人民代表大会代表：叶剑英、廖良、秦元邦、廖嗣兴、曾汉荣、梁秀珍、吴德淦、汪叶舒、邓颂如 9 人。

　　梅县第一届人民代表大会第二次会议于 1955 年 6 月 24 日至 26 日在梅城举行。出席代表 350 人（实到代表 271 人，请假缺席 79 人）。会议选举产生了县长任庆然、副县长王荣、张忠平和 28 名委员组成的梅县人民委员会。

　　梅县第二届人民代表大会第一次会议于 1957 年 1 月 22 日至 27 日在梅城举行。出席代表 319 人（实到代表 295 人），列席代表 34 人。会议选举产生了第二届县人民委员会，由 1 名县长 6 名副县长和 24 名委员组成：县长叶芬（女），副县长杨洪、王荣、王贵堂、侯璜、刘宜应、陈德辉。

　　梅县第三届人民代表大会第一次会议于 1958 年 5 月 15 日至 17 日在梅城举行。出席代表 330 人。会议选举产生了梅县第三届人民委员会，由 1 名县长 4 名副县长和 26 名委员组成：县长宋金英，副县长郭洪彬、杨洪、刘宜应、陈秉铨。1958 年 12 月蕉梅合县后，由上级任命县长、副县长；县长徐锦衣，副县长杨洪、王荣、陈秉铨、郭洪彬、叶均祥、张金城。

　　梅县第四届人民代表大会第一次会议于 1960 年 12 月 24 日至 26 日在梅城举行。出席代表 402 人。大会选举产生了梅县第四届人民委员会，由 1 名县长 6 名副县长和 24 名委员组成：县长宋金英，副县长杨洪、张金城、刘宜应、唐建亭、陈秉铨、李发鹏。

梅县第五届人民代表大会第一次会议于 1963 年 9 月 18 日至 20 日在梅城举行。出席代表 400 人（实到会 344 人，缺席 56 人），列席代表 116 人。会议选举产生了梅县人民委员会，由 1 名县长 4 名副县长和 26 名委员组成：县长杨洪，副县长陈秉铨、陈冰、刘宜应、李发鹏。

二、群团组织与统战工作机制的建立

在党的组织建设和政权建设稳步推进的同时，中共梅县县委重视通过做好群团工作以及统一战线的工作，扩大党的群众基础，巩固党的执政地位。从中华人民共和国成立之初，及时恢复与建立了农会、工会、共青团、妇联等群团组织。1950 年 6 月 9 日至 12 日，梅县在梅城召开中华人民共和国成立后的第一次农民代表大会，出席代表 260 人，重新建立梅县农民协会。代表大会代表选举产生由委员 31 人组成的梅县农民协会第一届委员会，县委书记何勇为兼任主任。第一次农代会后，农会在全县各区、乡、村中得到进一步健全，是年，全县 10 个区、41 个乡、494 个村普遍成立区、乡村农会，各区、乡、村党组织的主要负责人担任农民协会主任（主席）。全县各级农会组织在配合政府清匪反霸、镇压反革命、开展农村土改，土改完成后在农村开展互助合作运动，建立农业生产互助组等各项运动过程中发挥了重大作用；1949 年 10 月，中共梅县县委成立梅县工人工作委员会，筹备成立县总工会，12 月 21 日，正式成立梅县县总工会，下设松口、丙村、畲坑、南口 4 个办事处，会员 4000 多人，至 1963 年先后共召开过 9 次工会代表大会，会员曾达 11657 人，丘璋、廖曾、刘达、饶清华（副主席）、胡连山先后任县总工会主任（主席）。

1949 年 11 月，在中共梅县县委的重视下，中国新民主主义青年团梅县工作委员会（简称团县工委）建立，李理章任书记。1953 年 5 月，在县委的领导下，青年团梅县第一次代表大会召开。代表会上，团县工委改称为团县委，同时选举产生了青年团梅县委员会，肖继光任书记。至"文革"前青年团梅县委员会共召开过四届代表大会，先后由肖继光、张彦（二、三届）、李捷文、陈秀玉（两人均为四届副书记）担任团县委书记。共青团梅县委员会在中共梅县县委领导下，团结和带领全县青年，围绕党在各个时期的中心任务，根据青年的特点，积极开展活动。

1949 年 10 月，中共梅县县委成立县委妇女工作委员会，由侯海英、谢枫先后任书记，加强妇女工作的领导。1950 年 6 月 14 日至 16 日，第一次梅县"妇代会"在梅城召开，正式成立梅县民主妇女联合会（简称县妇联），至"文革"前先后于 1953 年 5 月、1962 年 1 月召开梅县第二次、第三次妇代会，谢枫、叶芬（兼）、古彩英分别任第一、二、三届县妇联（主席）主任。中华人民共和国成立之初，梅县妇女联合会在县委的领导下，发挥妇女组织特殊身份，组织和动员全县妇女积极投身土改、抗美援朝、宣传贯彻《婚姻法》、扫除文盲、推动妇女参加经济建设等方面做出了卓有成效的工作。

县委在重视抓好全县群团工作的同时，对统一战线工作同样重视。中华人民共和国成立之初起，按照共产党与各民主党派在长期合作过程中形成的"长期共存、互相监督""肝胆相照，荣辱与共"的方针，县委坚持同各民主党派和党外人士建立亲密合作关系。这一时期，中国国民党革命委员会（简称"民革"）、民主同盟（简称"民盟"）、致公党、中国农工民主党（简称"农工党"）、梅县工商界联合会（简称"工商联"）等民主党派相继在梅城设置联络小组或筹备委员会，并建立组织。

随着梅县民革、民盟、农工党、致公党、工商联等民主党派建立组织后，1954 年 11 月，中共梅县县委为团结各民主党派、无党派民主人士、各人民团体、各爱国人士，组成爱国统一战线，开始筹建中国人民政治协商会议广东省梅县委员会（简称梅县政协）。

政协梅县第一届委员会第一次会议于 1955 年 8 月 23 日至 28 日在梅城召开，出席委员 39 人。选举产生县政协第一届常务委员会，由常委 11 人组成，黄清波（中共）任主席，任庆然（中共）、王荣（中共）、汪叶舒（民盟）、邓颂如（民盟）、卜蓬仙（致公党）任副主席。此后于 1958 年 10 月 2 日至 3 日、1961 年 2 月 25 日至 28 日、1963 年 9 月 18 日至 20 日在梅城召开政协梅县第二、第三、第四届第一次会议。第二届选举产生 14 人组成的常委会，赵宪章任主席，徐锦衣、王一新、杨晋康（民盟）、王桂芳任副主席。第三届选举产生 17 人组成的常委会，张正甫任主席，张志姚、杨洪、许诒松、杨晋康（民盟）、王桂芳为副主席。第四届选举产生 23 人组成的常委会，张正甫任主席，张志姚、杨洪、许诒松、杨晋康（民盟）、王桂芳任副主席。县政协于 1955 年 8 月举行成立大会至 1966 年 5 月止，共召开四届 14 次会议，委员从 59 人增至 93 人。梅县政协成立初期，在县委和县委统战部统一部署下，发挥统一战线特有的重要作用，在团结各阶层人士方面，特别是注意到"三乡"（文化之乡、华侨之乡、足球之乡）的特点，吸收各界有影响人士参加，对推动各种社会力量，顺利完成社会主义三大改造和国家各项任务，作出了特殊的贡献，取得了斐然成效。

第二节

开展以土地改革为中心的各项运动

一、整党整风及"三反"运动

中华人民共和国成立之初，由于党已经在全国范围内执掌政权，担负着多方面全新的任务，党的队伍也面临新的考验。为提高执政党的纯洁性和战斗力，中央于 1950 年 5 月 1 日发出指示，要求在全党范围进行一次大规模的，以反对官僚主义、命令主义、骄傲自满和享乐主义作风为主要内容的整风运动。中共梅县县委根据上级的部署与要求，在 1950 年至 1951 年间，组织进行了两次整风运动。

1950 年的第一次整风运动，是中华人民共和国成立以来党组织进行的第一次整风运动。这次整风运动，提高了干部的思想政治水平，改善了干部中不同程度的骄傲自满、官僚主义、命令主义作风，密切了党同人民群众的关系。但是，由于运动时间较短，只是初步解决了工作作风方面的问题，对党内思想不纯和组织不纯的问题还来不及解决。

1951 年 2 月，中共中央发出《中共中央政治局扩大会议决议要点》，决定用三年时间进行整党。3 月 28 日至 5 月 19 日，中国共产党第一次全国组织工作会议召开，通过了《关于整顿党的基层组织的决议》《关于发展新党员的决议》，对整党建党工作进行了具体部署。5 月，整党运动在全国展开。

1951 年 7 月，华南分局召开华南组织宣传工作会议，贯彻第一次全国组工会议有关精神，联系实际，着重讨论如何进行整党、建党两个问题。会议通过了《关于整党建党工作的决议》《关于改进与加强党的宣传教育工作的决议》。

1952 年 2 月，兴梅地区各县召开三级干部会议，贯彻华南分局组织宣传工作会议精神，准备结合土地改革，开展党内整风与整顿队伍运动（又称"春耕整队"运动）。4 月中旬，中共兴梅地委召开扩大会议，贯彻陶铸在中央华南分局扩大干部会议上总结报告中提出的"整顿队伍""主要四种人"的精神。全面整风运动开始，整风运动的主题是肃清地富思想，纠正右倾错误，反对官僚主义，整顿队伍，为胜利完成土地改革而斗争。4 月 12 日下午，中共兴梅地委书记王维，代表地委在地委扩大干部的干部会上作"检查报告"，对地委存在的右倾思想、官僚主义、干部队伍不纯，地富思想等存在问题，进行检查发言，并对各县的整风提出了具体要求。[①]

会后，中共梅县县委召开县、区、乡三级干部会议，结合土地改革、"三反"运动（反贪污、反浪费、反官僚主义），开展党内整风与整顿队伍（又称"春耕整队"）运动，运动分两个步骤进行。

第一步是结合土改"三反"等社会改革运动，进行整顿，把土改运动中暴露出来的混进党内的各种坏分子清除出党。整风运动中，在干部，特别是土改干部队伍中，进行查立场、查思想、查作风的整风。

---

① 王维《地委扩大会上的检查报告》（1952 年 4 月 12 日），中共梅州市委党史研究室编：《从清匪反霸到土地改革》，1999 年版，第 282—291 页（原件存梅州市档案馆）。

在全县开展以"春耕整队"为重点的党内整风运动的同时，县委还开展了一个大规模的反对贪污、反对浪费、反对官僚主义的斗争，从 1952 年 2 月开始，在县属机关和企业中，开展以反贪污、反浪费、反官僚主义为内容的"三反"运动；在资本主义工商业者中，开展以反行贿、反偷税漏税、反盗骗国家财产、反偷工减料、反盗窃国家经济情报为内容的"五反"运动。通过"三反""五反"运动，有力地抵制了资产阶级对革命队伍的腐蚀，提高了党政机关工作人员的政治思想觉悟和作风建设。

在整风的第二步是进行整党建党。在整党运动中，从土改工作队中挑选积极分子，培养建党对象，发展党员。至 1953 年底，全县基层党支部都进行了整顿，土改后的农村大部分建立了基层党支部，党员人数达到 1414 名。

二、抗美援朝

1950 年 10 月，中国人民志愿军跨过鸭绿江，进行抗美援朝、保家卫国的伟大壮举后，中共梅县县委、县人民政府坚决拥护中央的决策，在全县范围内掀起宣传抗美援朝、保家卫国的活动。

在县委的直接领导下，县委宣传部组织了示威游行，"拥护世界和平理事会宣言"的和平签名运动，听取中国人民志愿军英模报告团报告，向机关、企事业单位干部、职工、中小学师生及附城的农民干部作宣传报告。通过形式多样的宣传和报告会的影响，极大地激发了全县城乡广大青年"抗美援朝、保家卫国"的强烈愿望，纷纷要求参加志愿军，投身参加抗美援朝。1951 年 6 月，大批热血青年应征参军，其中工会有 8 名职工参军参战，梅县举行万人大会，欢送 500 多名战士和青年参加中国人民志愿军赴朝抗美援朝前线，其中松口区便有 33 名母亲送儿参军，12 名妇女送夫参军，4 名女青年送未婚夫参军，在抗美援朝战场上有

113 名梅县籍志愿军牺牲在朝鲜战场上。

在青年踊跃从军加入志愿军的同时，梅县还掀起捐献高潮，积极响应 1951 年 2 月 18 日兴梅地委机关报《兴梅日报》发起的 1000 元捐献运动（当时 1000 元折合新人民币 1 元）号召，在县委的领导发动下，特别是发挥"抗援会"和梅县妇联等部门的积极性，在短时间内便发动群众自愿捐献 5.6 万多元（折合新人民币）购买飞机大炮，支援抗美援朝战争；梅县工会有 9297 名干部职工热心捐献购买飞机大炮折新人民币 5.8 万多元。梅县全县捐款捐物数量为兴梅地区之首，计捐飞机有梅县号、梅县工商业号、梅县华侨号等。

三、土地改革

土地改革是彻底废除封建剥削制度，打倒整个地主阶级的最硬一场攻坚战，是彻底摧毁几千年封建统治的最后一块基石，这是一次激烈而又复杂的社会革命。

根据兴梅地委的安排，全区土改运动分两批三个阶段进行，梅县是地区安排在第二批进行土改的县，梅县的土改于 1951 年 5 月开始。

按照上级关于土改工作分阶段和先试点的要求，梅县于 5 月 10 日至 13 日，召开各区乡、各单位的主要干部会议，出席 295 人，列席 97 人，共 392 人，会议传达华南分局关于土改问题的决定的同时，讨论了梅县第一阶段的工作计划和步骤。随即，全县继续开展清匪反霸、退租退押（称"八字运动"）运动，即土改第一阶段工作。

梅县的土改试点工作，实际是第二阶段的"发动群众、划分阶级、分配土地、民主建政"的试点工作。9 月县委抽调 1000 多名干部组成工作队，以城南、城北两区 35 个乡为试点，以梅南、畲江两个区为副点，进行土改运动试点。运动中，县委在中共华南分局兴梅地委的直接领导和省土改团的具体指导下，各工作队严格执行《中华人民共和国土地改革法》和政务院《关于划分农村阶级成分的决定》以及广东省土地改革实施办法等法律文件，采取发动群众，扎根串联，划分阶级、征收没收和分配土地财产分阶段的方法，开展试点工作，同时对参加土改的工作队员经过挑选和严格训练，规定严明的土改纪律，对违纪者及时给予严肃处理，从而保证了土改试点任务的完成。

1952 年 4 月初，中南分局扩大会议，认为广东土改存在的问题是土改中的"右倾""和平土改""基层组织严重不纯"。提出"土改压倒一切"，整顿土改队伍，依靠大军、依靠南下干部搞好土改等一系列新举措。

兴梅地委根据上级"整顿队伍，要雷厉风行，要数目数"，主要四种人——"违法乱纪的恶霸分子、贪污腐化分子、包庇地主分子、不法分子"的精神，领导各县进行纠正土地改革中的"右倾思想"，解决"队伍不纯"问题的整顿土改干部队伍工作，史称"春耕整队"。为此，中共梅县县委在上级"广东干部队伍严重不纯"的思想指导下，进行"整顿土改干部队伍"为旨的"春耕整队"运动。1952 年的"春耕整队"后，梅县的土改运动逐渐进入铺开阶段，此时，上级派来大批军队干部和南下干部充实土改工作队的领导，全县土改运动实际由上级党委和军队领导人直接指挥。县委主要领导人亲自深入运动的第一线，或调查研究或亲自抓点，土改运动很快形成"暴风骤雨"式的高潮。至1952 年 11 月，全县 15 个区、150 个乡基本完成土改各项任务。①

---

① 引自 1. 梅县档案馆存《梅县政府卷·农业分卷》相关资料。
2.《梅县志》，广东人民出版社 1994 年版，第 239—241 页。

通过土改运动，全县普遍成立农会组织，建立贫雇农小组3303个，组员4.89万人，农会会员有14.9万人。土改运动中，根据《中华人民共和国土地改革法》、政务院《关于划分农村阶级成分的决定》等有关政策法令，全县划为地主成分的有2926户，富农1462户，占当时农村总户数的4.3%。

土地改革是一场涉及社会基本制度的变革。由于中华人民共和国成立初期的客观情况，运动时间短，规模大等因素的影响使运动不可避免地存在一些问题。为检验土地改革成果，此时，中央和华南分局部署了对土地改革工作的复查。1953年春，在粤东区党委的领导下，梅县进行土地改革复查工作（简称"土改复查"）。在做法上，开展查阶级、查民主团结、查生产发展状况。复查中补划了一批地主、富农成分，改划了一批错划阶级成分者。接着进行查田定产，民主建设。查田定产后县人民政府颁发《土地房产证》《土地证》注明各农户所有土地、房产的面积及地址。至此，梅县长达两年的一场彻底改变封建土地所有制的土地改革运动全面结束。

经过土改，废除了数千年来的封建土地所有制，实现"耕者有其田"，解放了农村生产力，为农业的社会主义改造创造了条件。

四、恢复和发展国民经济，完成社会主义"三大改造"

（一）恢复国民经济的重要举措

梅县解放之初，百废待兴，为了巩固新生的革命政权，中共梅县县委根据上级的有关重要指示与要求，采取了一系列的措施抓好梅县地方国民经济的恢复和发展。

1. 从加强金融管理入手，稳定经济秩序。主要采取下列措施：一是接管旧金融机构，建立新金融体系。1949年，梅县解放后，军管会和梅县人民政府接管了国民党旧政权设于梅县的中国银行、广东省银行、梅县县立银行等 5 家银行，在此基础上，组建梅县军民合作社，下设银行部，负责掌管全县金融业务，为梅县金融之起点。同年 10 月，军民合作社撤销，在梅城成立南方人民银行兴梅分行。1950 年 4 月，南方人民银行改组为中国人民银行，从此，人民银行成为统一的社会主义金融机构，行使国家统一的人民币发行、流通、管理职能。二是从 1950 年 6 月起在梅县开始推行货币管理，对公办单位采用普遍开户、现金归行的办法，旋又推行转账制度，调节市场货币流通。同时根据梅县侨乡的特点，对水客（称侨批员）、侨批庄采取"维持保护，长期利用"的政策以及加强金银管理、管理民间金融、取缔银庄与民间借贷、管控好储蓄业务等一系列行之有效的措施，确保了解放初期梅县金融市场和社会秩序的稳定，为全县财政收入的恢复与发展奠定了基础。全县财政收入从 1949 年的 27250 元至 1952 年增至 464.6 万元，至 1957 年第一个"五年计划"时的 1016.3 万元，为梅县顺利完成"三大改造"任务和第一个"五年计划"的目标顺利完成提供了必要保障。

2. 在加强对金融和财政工作全面管理和领导的同时，县委、县政府根据中央政策，建立新税制，建立起税收管理与监督制度，依法依规开征有关税种；建立起全县各区、乡供销合作社和信用合作社，从 1950 年起至 1957 年全县先后建起 29 个区乡村供销社，社员 14.25 万人，社干 325 人，股金 1.13 万元。其间，在人民银行梅县支行的具体指导与监管下，成立梅县信用社。1957 年，全县入股社员发展到 19.24 万人，股金增至 27.95 万元。梅县信用社成立后，发挥了银行助手的作用，对梅县解放初期国民经济的恢复发挥了重要的职能作用。

3. 恢复和发展农业、工商业。梅县是"八山一水一分田"

的山区县，中华人民共和国成立后，县人民政府在入城接管之初向全县父老发布的第二、三号布告即为《梅县人民民主政府减租减息暂行条例》《关于限期垦荒造林》，1951 年县人民政府颁发《开垦荒地暂行条例》等一系列行政举措，鼓励农民尽快改变"糠菜半年粮"的困苦状态。同时针对农村普遍存在农田水利方面的落后状况，县委、县政府便高度重视水利建设工作，从中华人民共和国成立初 1950 年春，县委、县政府就号召全县开始开展"一村一小型水利运动"，发动群众修陂筑坝，当年全县整修塘坝 88 处，受益农田 2 万多亩。1952 年起至 1957 年，县委、县政府组织全县人民先后动工兴建梅江九田塘、泮坑、瓦窑下、石子岭、千斤、发子坪、礤头、石泉坝等小一型水库蓄水工程和程江、梅江、芹黄等防洪堤 29.5 公里，拱卫农田 2 万多亩和数万群众的安危。政府对水利建设投资也从 1951 年的 0.58 万元逐年增加，到 1956 年已增加至 24.23 万元。随着水利条件的改善，农村、农业生产逐年不断发展，粮食产量已从中华人民共和国成立初的 94072 吨增至 1956 年的 123403 吨。

县委、县政府在重视农业、农村工作的同时，对全县工商业的管理、经营与发展也倾尽全力，面对接管国民党旧政权留下的商业烂摊子，在建立生产资料公有制的国营工商业的同时，扶持县私营商业恢复经营的基础上，引导全县私营商业逐步实现全行业的公私合营和小商贩走合作化道路，为后来"三大改造"的顺利实施做好前期有益的探索。

（二）进行社会主义"三大改造"

中华人民共和国成立初期，经过三年艰苦奋斗，国民经济已基本恢复，1952 年，中国共产党提出过渡时期总路线，在全国范围内组织对农业、手工业和资本主义工商业进行的生产资料所有制改造，史称社会主义"三大改造"。

1. 制定和实施"一五"计划，贯彻执行"统购统销"。

党中央提出："要在一个相当长的时间内，逐步实现国家的社会主义工业化，并逐步实现国家对农业、手工业和资本主义工商业的社会主义改造。"[①] 此称为党在过渡时期的总路线。这条总路线向全国人民明确提出了由新民主主义逐步过渡到社会主义的路线、方法、步骤，成为党在社会主义过渡的总路线。

为了过渡时期总路线的胜利实施，国家制定了1953—1957年国民经济发展计划，简称"一五计划"。第一个五年计划实施时期，梅县先后归粤东区党委、汕头地委的领导，并根据国家的"一五计划"的要求与上级的有关精神，于1953年3月、1955年6月间，结合本县实际，作出了具体规划。在宣传贯彻实施"总路线"期间，梅县坚决贯彻执行中共华南分局关于"从1953年11月中旬至1954年1月底，把落实粮食统购统销作为压倒一切的中心任务"的决定精神，县委、县政府根据本地情况认真执行粮食实行统购（计划收购）统销（计划供应）政策。1953年11月，国家对粮食实行"统购统销"政策后，严禁私营粮商自由买卖粮食，全县11间私人联营粮商（其中梅城8家，松口3家）转为国家代销后，加上国营粮食商业、供销代购供销点有88间。1955年3月，国营粮食部门收回供销社代购供销粮食业务；1956年2月，基本完成对私营改造，全县11间私营粮食代销转为国营，13家私营粮食加工厂亦转为公私合营（1958年过渡为国营）。自此，粮食的购、销、调、存和加工，统一由国家粮食部门经营。

2. 顺利完成"三大改造"。

---

① 中共中央文献研究室编：《建国以来重要文献选编》，第4册，中央文献出版社1993年版，第700页。

按照党中央提出过渡时期"总路线"期间在全国范围内组织对农业、手工业和资本主义工商业进行生产资料所有制改造（史称"三大改造"）的精神，梅县县委、县政府认真贯彻执行，并在组织辖区内"三大改造"的同时，推动实施"一五计划"，使梅县的社会、经济进一步地发展与进步。

首先在推动改造个体农业方面：县委按总路线要求，在农业改造方面，遵循自愿互利原则，采取"典型示范"，逐步将个体农民组织起来，由临时互助组到常年互助组发展到有半社会主义性质的初级农业合作社；通过由初级到高级的合作化运动，实现对农业进行社会主义改造。

梅县在完成土改后便开展试点互助组的探索，如梅西曾汉荣、城南龙坪乡等在当时都是兴梅地区的典型，至1953年底，全县共建立互助组1.14万多个，参加农户7.56万户，占总农户的70.3%。1953年冬，梅县农民各区、乡在普遍建立农业互助组的基础上，县委选择三个基础较好的常年互助组试办梅西虞白乡曾汉荣农业社、城南龙坪乡红旗农业社和城南古塘乡第一农业社（均系初级社）。1955年秋，贯彻毛泽东主席关于农业合作化问题的指示，进一步掀起办社热潮。是年秋后，全县新建初级社1562个，加上原有146个，共建初级社1708个。入社农户4.43万多户，占全县总农户10.98万户的40.48%。[①]

农业社会主义改造，其核心内容和达到目标是建立"生产资料集体所有，按劳分配"的高级农业生产合作社，是我国农业体制的一次重大变革。

按照中共中央1955年10月4日至11日召开的七届六中全会

---

① 引自1. 梅县档案馆存：《梅县政府卷·农业分卷》相关资料。2. 《梅县志》，广东人民出版社1994年版，第239—241页。

上作出的《关于农业合作化问题的决议》和11月24日中共中央公布的《农业生产合作社示范章程》草案以及广东省委1956年9月22日发出的《关于农业生产合作社升级、并社、整社工作的指示》精神，县委迅速贯彻，大规模地开展并社升级工作。至12月23日统计，全县办起高级农业生产合作社587个，入社农户108597户，占全县总农户110027户的98.7%。高级农业社规模最小的100户，最大的600户至800户。这些高级农业生产合作社属完全社会主义性质的集体经济。它取消土地分红，土地和主要生产资料转为集体所有，除耕地外，山林、大农具、耕牛折价入社。至此，梅县基本完成了对农业社会主义改造。

二是在改造个体手工业方面：梅县县委、县政府对手工业进行社会主义改造过程中，主要引导手工业者坚持自愿互利的原则，通过说服教育、典型示范和政府援助的方法，引导他们在自愿的基础上联合起来，走合作化的道路，最后发展到社会主义性质的手工业生产合作社。

中华人民共和国成立初，梅县具有手工业性质的工业和个体手工业有276家，从业人员1300多人，私营工业总产值164万元，占全县工业总产值的38%。经过三年经济恢复发展期，至1952年底，全县工业总产值已增至648万元。

1953年，梅县贯彻执行国家对主要工业品实行统购包销的政策，是年9月，县委、县政府贯彻上级对手工业"先整顿后发展"的方针，调整手工业企业，抽调30名干部，选择与农业生产关系密切和从业人员影响面大的14个行业657户手工企业进行整顿。接着对县内私营工业下列8种产品：棉布、火柴、墨水、机制纸、毛巾、肥皂、牙刷、粉笔等实行加工订货，实行统购包销，将私营工业初步纳入国家计划轨道，成为国家资本主义的初级形式。至1955年底，私营工业加工定货值占全县私营工业总产值的 80%。

随后，把个体手工业户组织起来，成立手工业生产合作社或小组。1956 年 1 月，对具有手工业性质的私营工业、手工业的社会主义改造进入高潮，全县建起手工业生产合作社 143 个，生产小组 5 个，从业人员 3643 人。基本完成对全县手工业的改造。

三是在改造资本主义私营工商业方面：社会主义过渡时期，改造私营工业商业，是党领导的"三大改造"中最重要的改造。

经过中华人民共和国成立初期三年的恢复发展期，梅县民族资本主义工商业已从处于风雨飘摇、奄奄一息的境地中走出来。

按照上级部署与规定，1953 年梅县县委、县政府从对主要工农业产品实行统购统销政策，于是年 11 月开始执行对粮食实行计划收购、计划供应（简称粮食统购统销）政策开始，随后又对食用油脂、油料等以及糖蔗、烟叶等经济作物实行统购统销或统一收购；并对主要工业品如香烟、火柴、搪瓷等多种物资进行统购包销。1955 年 9 月，县人民政府颁布《梅县私营工商业购货管理制度暂行办法》。从 1954 年开始，县人民政府采取按行业归口，由国营公司负责，一个行业一个行业进行经济改组。并以"以大带小，以先进带落后"的形式，推动企业联营，达到改造目的。同时，县人民政府制订了《1954 年梅县私营厂矿进行公私合营计划》，丙村北坑 4 家私营煤矿公司和 7 个个人矿场合并成立地方国营"梅县煤矿"。随后，县委统战部制订的《梅县 1955 年公私合营计划》出台，更推动了全县资本主义工商业改造的进程。

1956 年 1 月 12 日至 16 日，梅县召开有 1604 人参加的工商界代表会议，梅县县长任庆然在会上作了《全县私营工商业者动员起来，把社会主义改造工作推进到新的阶段》的报告。此后，梅县工商业社会主义改造迅速掀起热潮。至 1 月 25 日，先后批准全行业公私合营计有：梅城公私合营工业 14 个，参加户数 229 户

712 人；农村圩镇公私合营店 10 个，参加户数 454 户 489 人。至此，工业及小商小贩小业主已基本上参加了合作组织，全县资本主义工商业公私合营已基本实现。

在党和政府的领导下，梅县资本主义工商业和手工业的社会主义改造，用和平改造和赎买政策，有计划有步骤地将资本主义所有制转变为社会主义所有制，并逐步把绝大多数资产阶级分子改造成为社会主义劳动者。改造任务的顺利完成，推动了市场的繁荣。据统计，在工业方面，1956 年底，全县共有 49 个大小厂矿企业，工业总产值 1530 万元（不包括手工业），比 1952 年的 291 万元，增加了 5.2 倍。在商业方面，全县公私合营和合作商业网点 1080 个，全年营业额比 1955 年增长 79.5% 。

第三节 全面建设社会主义的探索
（1956.9—1966.5）

一、从合作化到人民公社

（一）中共"八大"精神在梅县宣传贯彻与"二五"计划

1956 年是我国国内外政治经济发生重大变化的一年。

国际形势变化最为中国共产党所要正视的是苏共二十大上苏联领导人赫鲁晓夫作秘密报告批判斯大林，在国际上产生广泛影响，并因此东欧一些社会主义政局出现动荡，随之出现"匈牙利"等一系列事件，使国际共产主义大家庭开始出现严重对立。

国内的形势变化是：全国大部分地区基本上完成了对个体农业、个体手工业和资本主义工商业的社会主义改造，建立了社会主义公有制。这标志着我国实现了由新民主主义向社会主义的过渡，进入了全面建设社会主义的历史新阶段。以 1956 年 9 月党的第八届第一次会议召开至 1966 年 5 月，中国共产党领导全国人民开展对全面建设社会主义的探索。

为了全面总结党的七大以来革命和建设的经验教训，正确分析形势及存在的问题，制定在新的历史时期党和国家的根本任务和政策，中国共产党于 1956 年 9 月 15 日至 27 日在北京召开了第八次全国代表大会，这也是中华人民共和国成立后，成为执政党后召开的首次全国代表大会。大会选举了新的中央委员会和选举了以毛泽东为中央委员会主席，刘少奇、周恩来、朱德、陈云为副主席，邓小平为总书记的领导核心。

党的八大会议指出：社会主义制度在我国已基本建立起来，国内主要矛盾已经不再是无产阶级和资产阶级的矛盾，而是人民对于经济文化迅速发展的需要同当前经济文化不能满足人民需要的状况之间的矛盾。虽然还有阶级斗争，但其根本任务已经是在新的生产关系下面保护和发展生产力。大会宣布大规模的阶级斗争已经过去，全党要集中精力发展生产，以满足人民物质文化生活的需要的科学论断。

广东省委对学习和贯彻党的八大会议精神极为重视，就在党的八大召开之日，省委即要求全省各级党委和全体党员干部以整风精神学习毛泽东的开幕词和大会相关文件。梅县县委遵照广东省委提出的贯彻党的八大会议精神的具体要求和要达到的目标，结合梅县实际，从 10 月下旬开始，运用一切宣传载体，动员一切宣传力量，运用一切宣传工具，如用县委机关报《建设报》、梅县文工团、全体乡村教师当辅导员、读报员、讲解员，以城镇有线广播等方式，在全县城乡开展大张旗鼓的宣传，经过一个月的努力，实现了省委提出"每个成年人听一次报告"① 的要求。

梅县县委在宣传和贯彻党的八大会议精神是积极和富有时代特色的。但是，后来由于国际、国内形势的变化，中央领导层的指导思想发生了转变，党的八大路线未能在实践中完全坚持下去。梅县与全国一样，直到十一届三中全会后，才使党的八大的许多正确思想在梅县得以付诸实践结出硕果。

为贯彻中央提出的《全国农业发展纲要四十条》和省委、地委提出的要求，梅县县委、县政府从 1956 年底起便开始草拟《梅

---

① 中共广东省委党史研究室著：《中国共产党广东历史》，第 2 卷（1949—1978），中共党史出版社 2014 年版，第 299 页。

县 1957 年—1967 年的农业发展纲要四十条（草案）》（以下简称
《纲要》），包括第二个五年计划，并提交给中共梅县第一届委员
会第二次全体会议通过（草案）。通过时因当时还未开展"大跃
进"，《纲要》是在国家总的要求和指导下遵循因地制宜、实事求
是的，是当时梅县经济发展和生产力发展较为客观的现实反映。

《梅县 1957 年—1967 年的农业发展纲要四十条（草案）》刚
经过县委第一届委员会第二次全体会议通过不久，以及后来的
"二五计划"，全国各地便相继先后进入"大跃进"阶段，随后进
入人民公社化，在人民公社体制对当时的生产关系再进行一次重
大变革后，以前制订的发展目标因"大跃进"和当时历史需要统
统为之不断修改、变化。

（二）整风运动及"反右"、反"地方主义"

1957 年 4 月 27 日，中共中央发出《关于整风运动的指示》，
5 月 1 日，《人民日报》公布中共中央的整风指示，全党整风运动
正式开始。

按照省委、地委的部署，根据史料记载是在 1957 年 6 月 7
日，中共梅县县委决定开展整风运动。接着县委统战部召开各民
主党派、无党派人士座谈会，开展"大鸣大放"。梅县的整风运
动从 6 月 7 日开始，7 月下旬开展反右斗争；9 月初按照中共中央
批示，在全县开展社会主义教育运动（又称整风整社）；12 月起
开始进行第二次反"地方主义"的斗争，可以说，梅县的整风运
动实际是在民主整社、反右派斗争、反地方主义三种不同类型的
专项运动中交叉着展开的。整个整风运动从 1957 年 6 月 7 日至
1958 年 5 月结束。梅县的整风运动若分类型而言，开局良好，民
主整社良性发展，实现了稳定广大农民走农业合作化道路，办好
高级社的良好初衷。

（三）"大跃进"和人民公社运动

1958年5月5日至23日，党的八大二次会议在北京召开。

在这次全会上，制定了"鼓足干劲、力争上游、多快好省地建设社会主义"的总路线。并在这个过程中相继发动了"大跃进"和人民公社，在当时称"三面红旗"。

根据中央和省、地委的部署，梅县的"大跃进"运动首先从农业开始。新上任的第一书记孙敬业，在领导梅县不足一年的时间，正值"大跃进"高潮时期，全县制定一系列不切实际的高指标。是年，全县总产量减少，上报粮食产量严重虚高。1959年全县总征购稻谷占总产量50%多。

在工业方面，1958年4月上旬，县委召开全县工业会议，部署全县工业"大跃进"。随后在梅县第三届人民代表大会第一次会议通过的决议中要求，苦战9个月，使全县地方工业总产值在1958年超过农业总产值的工业生产"大跃进"的计划。在中央北戴河政治局扩大会议（8月17—23日）后，全国上下掀起"全民办钢铁"的高潮，梅县曾于1958年11月13日组织67850人上阵，创下日产钢铁1328.5吨"钢铁卫星"以及在丙村黄梅、梅西柱坑三万余人的夺煤大会战中创下系列"工业卫星"。全民大办工业运动违背了工业发展的规律，梅县在那个历史发展时期发展社会主义工业的探索和试验，虽未收到良好效果，但当时中央提出的"发展中央工业和发展地方工业同时并举"的方针，对促进梅县地方工业的发展还是起了不小的作用，如当年县级以上工业投资800多万元（是"一五"时期的4.3倍）新建起梅县农械厂、电机厂、磷肥厂、冶炼厂、松口水泥厂、通用机械厂，扩建梅县卷烟厂、松香厂、造纸厂等县级国营企业。在以后梅县几十年的经济发展过程中作出过巨大的贡献。

梅县的人民公社化运动，根据省委、汕头地委的部署，于

1958 年 9 月 15 日建立起梅县第一个人民公社——红旗人民公社（后称南口公社）。此后迅速掀起高潮，至 11 月，全县实现"公社化"，把全县 24 个乡镇，680 个高级农业社改组为 11 个人民公社。并撤销乡、村建制，正式任命各人民公社社长、副社长，实行"政社合一"的人民公社体制。12 月，"梅蕉"合县，2 县合并后共有 13 个人民公社。

（四）全县大规模的水利建设

梅县县委、县政府从解放之初便一直重视水利建设此项关乎群众民生的大计，在"大跃进"期间，广东全省范围内曾经连续掀起了三次（1957 冬至 1958 年春夏间、1958 年冬至 1959 年春夏间、1959 年至 1960 年春夏间）水利建设高潮。在省委和汕头地委的领导下，梅县全县水利建设在 1957 年冬至 1959 年春夏全省水利建设第一、二次高潮中取得了重大成就：在第一个高潮期间，分别在白渡、城东、松口、松南、程江、瑶上建起了石子岭、艾子坪、石泉坝、磜头、千斤、瑶上 6 宗百万立方米以上小一型水库[①]，有效库容达 15250 立方米，其中以石子岭水库 840 万立方米为最。同时，还在丙村马江桥、城北石子坳、梅西圣塘、白渡芦下陂建成 4 宗水库，各种规模的山塘、平塘、陂头等蓄水、引水工程一批，继而在第二次高潮时由县委第一书记任总指挥动工兴建小密（长沙）、将军阁（白宫）、上官塘（梅西）、蕉岭溪峰[②] 4 宗百万立方米以上蓄水工程和松口鸡卵滩、丙村东溪、蕉岭径子陂等 3 宗重点引水工程以及一大批小型水利、小水电工程。但当时由于受高指标、瞎指挥、浮夸风等"左"的影响，忽视技术规程，采取边设计、边施工，加上摊子铺得太大，1958 年冬仓促兴

---

① 容积 100 万—1000 万立方米为小一型。

② 1958 年 12 月蕉岭并入梅县，直至 1961 年 3 月恢复蕉岭县建制。

建的小密、将军阁、上官塘、溪峰 4 宗百万立方米以上蓄水工程和鸡卵滩、东溪、径子陂 3 宗重点引水工程，因遭 1959 年 2 月下旬全县范围两天内连降 183 毫米暴雨，致使上官塘、溪峰、将军阁、东溪 4 宗重点工程被洪水冲垮。在第三次高潮中，梅县因受 59（17）号台风影响，遭遇百年未有特大洪水侵袭，是年，县委比较客观地提出 1959 年冬至 1960 年春全县水利建设的重心是修复和完善水利建设工程的方针，没有再上马新的水利建设工程。

在全民大办水利的同时，梅县还根据水力资源丰沛的优势，进行农村电气化建设的有益探索。中华人民共和国成立前，梅县水电建设是个空白，中华人民共和国成立后，先于 1956 年 9 月由华侨投资兴办"松口华侨水电站"装机 2 台 964 千瓦，于 1957 年 5 月建成发电，开创了梅县水电建设的先河，随后在 1957 年 10 月梅县第二宗（黄石仑）水电站由国家拨款、华侨投资方式在南口兴建。1958 年 4 月，中共汕头地委书记邹瑜来梅选定在梅西镰子角用 9 天时间建成木制水轮机发电站顺利发电，此时县委决定选择水利资源较好的西阳为"电气化"建设的重点区，促成西阳在年底便取得建有水电站 19 宗，装机 1650 瓦等成效。1958 年冬，广东省小水电现场会在梅县召开，众人参观了西阳、松口、艾坝等水电站的建设成效。这些早期的水电建设经验和一些教训，为梅县在改革开放后大力开发水力资源，荣获"水电建设先进县"打下良好基础。

"大跃进"和人民公社化时期的水利建设和小水电建设，是梅县进行社会主义建设探索时期的伟大实践。

二、贯彻"八字方针"，调整国民经济

由于"大跃进"、人民公社和"反右派"斗争及连年严重自然灾害的影响，国民经济遇到了严重困难。1960 年 11 月，中共

中央发出《关于农村人民公社当前问题的紧急指示信》要求全党用最大的努力坚决纠正各种"左"的偏差。1961年1月,党的八届九中全会决定对国民经济实行"调整、巩固、充实、提高"的方针(简称"八字方针")。3月,制定《人民公社条例(草案)》(简称《六十条》)。县委主要领导张正甫、宋金英在参加中央工作会议(史称七千人大会)回来后,团结和带领县委一班人,坚决贯彻执行中央的指示、方针和条例,采取一系列非常措施,调动各方面的积极性,在全县开展生产自救、节约度荒,动员全县人民坚定地执行党的调整国民经济的"八字方针",为战胜困难而奋斗,梅县形势迅速好转。在1961年年底开始走出困境的基础上,1962年全县人平口粮已恢复到每人每月31斤,1963年起连续三年全县国民经济每年都有新的发展。

按照上级部署,县委县政府采取了一系列措施将中央制定的调整国民经济"八字方针"落到实处。

一是在农业方面,以贯彻《六十条》调整社队体制和对农业农村管理责任制的探索,先后开展过"三包一奖四固定"(即包工、包产、包成本、超产奖励及土地、劳力、耕牛、农具四固定)再到"三包一奖"起到1962年实行以生产(小)队核算的"队为基础、三级所有"人民公社体制全面实行的不断探索。

由于中央对农村核算单位制度的变革,激发广大农民的生产热情,在1962年实行以生产队核算的头一年,成效显著,梅县全县粮食总产量达106175吨,农副产品产量剧增,梅县终于从三年困难时期的困境中走了出来。至1965年全县工农业总产值比1962年增加1280万元,增长30.8%,粮食总产量1398.92万公斤,比1960年增产3860.87万公斤,增长39.24%。

二是调整工业布局,按照"八字方针"的要求,梅县从1961年开始,大力缩短基本建设规模,压缩重工业生产,对一些急需的工业进行充实，从 1961 年起，全县下决心减少了大批基建项目，停建缓建了大批基建工程，基本建设投资大幅度减少。1962年，全县基本建设投资为 425.22 万元，1963 年为 271.8 万元，分别比 1960 年的 1797.88 万元减少了 76.3% 和 84.9%。

三是根据省、地委提出关（闭）、停（产）、并（合并）、转（产）等办法和要求，1961 年至 1963 年，梅县县属工业先后下马停产或并入其他企业的有扶大轧钢厂等 13 家厂矿，由国营退回手工业合作社、下放公社的企业共 152 家，职工 3466 人。全县厂矿企业共压缩 3242 人，其中精简回农村的 2102 人。1961 年全县职工有 32502 人，通过转减，1963 年减至 20585 人，减少了 36.7%。

四是精简干部职工和压缩城市人口。精简干部职工、减少城镇人口是当时较为棘手和难啃的"硬骨头"。根据"八字方针"要求以及中央、省委、地委一系列指示，结合梅县实际，县委制定出精简压缩的原则：如凡 1958 年 1 月以来从农村来的职工原则上应压缩回农村等六项实施细则。梅县当时城镇人口从 1957 年的 57194 人到 1960 年末已增至 83126 人，增加 45.3%，按照上级精简压缩任务和目标要求，梅县在 1961 年 12 月末止，全县共压缩城镇人口 11497 人，继而在 1962 年压缩 1.6 万人，延续至 1963年上半年仍压缩了 2488 人回农村。经过县委及"梅县压缩人口领导小组"卓有成效、细致的工作，广大城镇干部、职工群众的理解和配合，至 1963 年上半年，全县城镇人口总数已退回 1957 年的基数，且还少了 4053 人。

五是文化、教育、卫生、体育都有了新的发展。以教育为例，1965 年全县各类中专（农、工、医、贸、师）学校在校学生人数851 人，比 1962 年增加 257 人；1965 年，小学 520 所，比 1957 年增加 110 所，在校学生人数 96279 人，比 1962 年增加 14565 人，比 1957 年增加 29948 人。

以上几个方面的变化表明，通过贯彻中央制定的调整国民经济发展的"八字方针"，梅县的经济调整工作取得了显著成效。随着国民经济的根本好转，梅县社会发展走上了正确轨道。

三、开展社会主义教育运动

（一）农村社教（小四清）

自从开展农业合作化运动以来，中共中央一直注重对广大人民群众进行社会主义教育问题。从 1957 年 2 月毛泽东提出要在农村中开展大规模的社会主义教育运动至 1966 年"文革"前的十年间，梅县的社会主义教育运动先后历经 1957 年结合"整风"运动而开展的农村"社教"与民主整社运动；1963—1964 年在全县农村中开展"小四清"、城镇开展"五反"为主要内容的"社教"运动；1965 年在"大四清"运动中开展"社教"。

1963 年 5 月，毛泽东主持制定了《关于目前农村工作中若干问题的决定（草案）》，简称《前十条》。这个农村"社教"的纲领性文件下达后，遵照省委和汕头地委部署和指示，梅县的"社教"运动（小四清）从 1963 年 8 月上旬拉开帷幕。

县委在 8 月 4 日至 23 日，历时 20 天召开三级干部（县、公社、大队）1700 多人参加的会议。会议后县委决定从县直机关、企事业单位先后抽调 1210 名干部组成工作队，先在梅江公社进行试点的基础上，全县分四批（含试点公社）开展以清理账目、清理仓库、清理财物、清理工分为主要内容的"小四清"运动。县委原制定全县分四批每批五个月时间的运动进程，后来根据省、地委对"四清"运动变化的部署调整，梅县在"小四清"试点和第一批 4 个公社结束后，于 1964 年 5 月下旬起对其余 22 个公社（场）全面展开，全县"小四清"于 1964 年 10 月结束。

梅县在开展"小四清"运动的整个过程中，在县委统一领导下，各工作队依靠基层党委和基层干部、贫下中农领导运动等具体化措施，使整个运动得于较为稳妥开展。

在梅县开展"小四清"运动期间，按照省委和地委的部署，县委派出了由县委副书记郭洪彬领导带队共1022人组成广东省8个重点县的"四清"（又称大四清）运动赴揭阳河婆公社"四清"工作分团，队伍中有大专毕业生19人，中专毕业生10人，"政治学徒"（即社会青年及抽调的青年大队干部）560人，其余为县直属各单位抽调的党员干部。

梅县赴揭阳河婆"四清"工作分团，开展运动从1964年8月底起至次年6月结束，历时9个多月。

（二）"四清"运动在梅县开展过程

经国务院批准1965年6月26日设置梅县专区，辖梅县、兴宁、五华、平远、蕉岭、大埔、丰顺7县，梅县从此属梅县专区所属。按照省委、梅县地委统一部署，梅县的"四清"运动于8月上旬在全县铺开。在梅县地委四清总团领导下，组成了梅县四清工作团，工作团成员除部分省委、广州市委派出的干部外，大部分人员是由五华县委抽调干部组成，工作团团部设在县委，每个公社设××公社四清分团，每个大队派出工作队，每个生产队最少一名工作队员，大队工作队设正、副队长、资料员，梅县四清工作团共有4800多人。四清运动内容从"小四清"的"清理账目、清理仓库、清理财物、清理工分"改变为"清政治、清经济、清组织、清思想"（简称"大四清"）。

十年"文化大革命"与徘徊中前进的两年
（1966.6—1978.12）

一、从"文革"到十一届三中全会前梅县党政机构概况

（一）梅县县委

1966年5月"文革"开始时，梅县的"四清"尚未结束，"四清"和"文革"运动同时进行，同年11月"四清"工作团撤离梅县。"文革"初期，县委和各工作部门及所辖基层党组织普遍受到冲击。1967年4月，成立梅县"抓革命、促生产"领导小组（简称"抓促"小组），县直机关各战线和各公社亦相应成立"抓促"小组，取代党政领导机构；1968年3月，成立梅县革命委员会后，接着县直机关各战线和32个公社（镇）亦成立革命委员会。1969年2月，成立中共梅县革命委员会党的核心小组、县直属机关各战线和各公社（镇）亦相应成立革委会党的核心小组，开始恢复党的组织活动。1971年2月中共梅县第三次代表大会召开，选举产生了第三届县委领导成员。恢复县委后，仍与县革委合成一套班子，实行党政一元化领导体制，所属工作部门仍和县革委合设政工、生产、办事、保卫等四大组。1973年3月撤销四大组，重新恢复县委工作部门，与县革委合设组织、宣传、县委（革委）办等相关职能部门，1969年9月至1971年4月全县32个公社（镇）分别先后召开了党的代表大会，选举产生了党委。从1966年5月至1978年12月期间，梅

县先后分别由苏平（1966—"文革"初）担任代书记；张惠群（1969.2—1970.9）担任梅县革命委员会党的核心小组组长；车百行（1970.10—1971.2）担任梅县革命委员会党的核心小组组长；车百行（1971.2—1973.1）梅县县委书记；刘善巨（1973.1—1976.1）梅县县委书记；1976年1月，县委书记刘善巨调离，上级委任地委常委周刚兼任梅县县委书记至1980年10月。

在中共梅县第三次代表大会上，共选出县委委员32人，候补委员5人；书记车百行，副书记杨庆，常委王占升、石秀、张大亮、陈载华、罗伟奎、钟石友、徐志。

（二）梅县人民委员会（县政府）

1967年1月，实行军管，3月6日成立了梅县"抓革命、促生产"临时指挥部。4月成立梅县"抓革命促生产"领导小组行使党政一切职权至1968年3月"革委会"成立。领导小组由中国人民解放军梅县人民武装部政委李明任组长。领导小组下设生产指挥部和"文化大革命"办公室。

1968年3月18日成立革命委员会，主要领导成员由军队代表、地方干部、群众代表三结合组成。从1968年3月起，先后由李明（1968.3—1969.3，军代表）、张惠群（1969.3—1970.5，军代表）、车百行（1970.5—1973.1，军代表）、刘善巨（1973.1—1976.1）、周刚（1976.1—连任）等5人任梅县革命委员会主任，其中在1973年后不再由军代表任"革委"主任，改由地方干部担任。革命委员会此机构名称一直沿袭至1981年1月。县以下机关（镇）学校、公社、大队（场），在此以前一直均以××（单位）、××（公社）、××（××）大队革命委员会名称使用至1981年1月梅县第六届人民代表大会后方陆续退出历史舞台。

二、梅县工农业生产和国民经济在"文革"期间的发展

从"文革"开始的 1966 年至 1976 年十年间，梅县国民经济"三五""四五"计划受到严重干扰和破坏，国民经济遭受巨大损失，但是由于广大干部、群众的自觉抵制和共同斗争，工业交通、基本建设、社队企业发展仍取得了一些阶段性的成就，相继办起一批梅县比较薄弱和过去空白的基础工业，如机械设备制造、电子、化工、建材（水泥）等工业，社队企业如公社煤矿、大队煤矿、公社锰矿厂（场）、公社水电站等，在 1970 年后也在全县得到较快发展。粮食生产仍保持了较稳定的增长。1971 年，全县工农业总产值首次突破亿元。工农业总产值年均递增 7.6%。其中工业产值年均递增率 15%，农业产值年均递增 2.8%，1971 年至 1976 年，工农业总产值年均递增率为 10.4%，1976 年，全县工农业产值已达 1.6289 亿元，粉碎"四人帮"后的 1978 年，全县猛增至 2.4838 亿元。

"文革"期间，在开展的工业学大庆、农业学大寨活动中，全县人民在交出了不少"学费"的同时，也取得了一些宝贵成效，例如在这一期间进行的农田水利基建工程、开山造田开出来的梯田（坡度 25°以下）这些农业基础设施建设，使改革开放农村实行家庭联产承包责任制后全县农业取得了飞跃的发展，耕山种果取得了巨大成效，这些与 1949 年后乃至"文革"时期，党和政府领导全县人民多年对农村农业、农田水利基础建设的长期积累与投资的功效密不可分。从梅县解放之初至十一届三中全会前三十年间，梅县建成的农村各种农业基础设施特别是水利方面建设的项目直至今天仍在发挥着巨大作用。

三、在徘徊中前进的两年

（一）揭批四人帮和拨乱反正

从 1976 年 10 月粉碎"四人帮"到 1978 年底中共十一届三中全会召开，是党和国家逐步扭转"文化大革命"造成的混乱局面，实现历史性转折，开辟社会主义事业发展新时期的重要阶段。这一阶段，梅县县委根据中央和省、地委的部署，领导全县人民深入开展揭批"四人帮"和清查其帮派体系的运动，稳定政治局势；开展整党整风，纯洁党的队伍；开展真理标准问题的讨论，端正思想路线；落实党的政策，拨乱反正，调动了社会各界投入社会主义建设事业，开创各项工作新局面的积极性。

与此同时，梅县切实做好"右派分子"的摘帽和复查、安置工作，到 1987 年底，全县"右派"改正工作结束，原划 869 名"右派分子"全部得到改正，并作出结论，不留文字尾巴。给被错划为"右派分子"的同志恢复了政治名誉。通过全面落实"右派"改正工作，许多人从长期的政治困境中解脱出来，得以在社会主义建设事业中贡献自己的力量。

梅县积极推动落实干部政策，平反冤假错案工作，对历史遗留问题的复查，对冤假错案进行拨乱反正，分清了是非，让受害者放下包袱，使党在人民群众中的威信得到进一步提升，进一步调动了社会各界投入社会主义建设事业、开创新局面的积极性。此外，县委认真抓好党的侨务政策的贯彻落实，调动了广大归侨、侨眷的积极性，激发了国外华侨的爱国热情。

1977 年上半年起，梅县县委、县政府加强对各级各类学校的领导，整顿中、小学的设置，调整布局；平反教师队伍中的冤假错案；培训师资，全面加强德育工作和教学研究；改善教学管理，着重提高基础教育质量。通过一系列的整顿调整工作，恢复学校领导体制，重建各级规章制度，各学校秩序逐步趋于正常。1977年10月，高等院校和中等专业学校恢复统一招生制度。全县共设33个考场，参加考试的有20440人，共录取381人，其中大学226人，中专155人。1978年，县委继续深入开展揭批林彪、"四人帮"的斗争，加强教育工作的领导。教育事业有了一个较大的变化和发展。1978年，全县参加统考的有13591人，录取567人，其中高等学校315人，中专252人，为国家输送了一批人才。

粉碎"四人帮"后，革命文艺迎来了万紫千红的春天。1977年，梅县文艺工作者创作了《军长让马》《梅岭歌手喜迎春》《晨来寄深情》《状元桥畔木棉红》《苹果颂》等作品。梅县客家山歌是梅县人民喜闻乐见的传统文艺。通过贯彻落实党的文艺方针和政策，山歌改革、演唱、创作工作有了新的发展。全省在梅县召开山歌改革现场会议后，对梅县山歌改革、创作和演唱起到了推动作用。1978年县山歌剧团参加省专业文艺调演，受到表扬。

县委在积极贯彻落实党的文艺方针、文艺政策的同时，相应地进行了文艺队伍的组织整顿工作，调整、充实了山歌剧团的演员队伍。1978年，梅县重新恢复木偶剧团、博物馆，整顿健全了领导班子和建立了创作队伍。1978年，全县35个公社（镇）普遍建立了文化站，活跃了农村文化生活，促进了全县城乡文化事业的逐步繁荣和发展。

（二）生产秩序的整顿和国民经济的复苏

粉碎"四人帮"后，农村形势逐步稳定。梅县贯彻按劳分配政策，搞好农村经营管理，减轻农民负担，在农村各地开展突破"左"的农业政策的探索和尝试，推动农业生产和各项事业的发展。1978年，全县粮食总产量21.07万吨，水稻首次突破亩产千斤大关；柑桔、柚、烤烟、茶叶、甘蔗等多种经营主要项目产量，均有较大幅度增长，农村人民生活进一步改善。

梅县工交企业通过狠抓整顿企业的生产工作秩序，建立和完善企业生产和经营管理制度，促进了生产力的大解放，推动了全县工交企业的生产和建设发展。1978 年，全县工业总产值在持续多年增长的基础上，又提前超额完成了全年计划，达到 1.1 亿元，比上年增长 10.5%，创历史最高水平。

粉碎"四人帮"后，县委认真贯彻落实党的方针、政策，拨乱反正，排除干扰，逐步恢复农贸市场，支持帮助农村社队广大群众发展农村商品经济，并在农副产品生产和经营上逐渐放宽。

1978 年，全县社会商品零售总额 1.13 亿元，比 1976 年增长 12%。1978 年，全县外贸出口收购总值达 449 万元，比 1976 年增加 267 万元，比增 147%。对外出口贸易实现较大的增长，促进了国民经济和社会主义建设事业的发展。

在 1976 年 12 月和 1977 年 4 月至 5 月先后召开了第二次全国农业学大寨会议和全国工业学大庆会议后，梅县结合山区特点，继续把开展农田基本建设作为农业学大寨的重要项目，并大抓粮食生产。工业学大庆也紧紧围绕支援农业、实现农业机械化等开展各项活动，工农业生产得到发展。

1977 年，农业生产战胜了严重的自然灾害，粮食获得丰收，全县社社增产，粮食总产量比 1976 年增长 8.2%，实现了连续 7 年增产，总产量、单产量超过了历史最高水平。

1978 年 12 月 18 日至 22 日，中国共产党第十一届中央委员会第三次全体会议在北京召开。从此，党领导全国各族人民在新的历史条件下开始了新的伟大革命。梅县在县委的领导下，认真贯彻落实中共十一届三中全会精神，加快拨乱反正步伐，排除"左"的干扰，尽快实现工作重心的转移，切实抓好各行各业的改革、调整和发展；勇于解放思想，实事求是，改革开放，努力开创经济建设和社会各项事业发展的新局面。

中华人民共和国成立后取得的主要成就

梅县在 1949 年 5 月 17 日获和平解放,于 5 月 24 日接管政权后,6 月 10 日,正式成立中共梅县县委,6 月 11 日,梅县人民民主政府正式挂牌,标志着共产党开始在梅县执政。梅县人民当家成了国家的主人。

在党和政府领导下,梅县老区人民继承发扬第二次国内革命战争时期中央苏区精神,励精图治,艰苦创业,进行社会主义革命、建设,国民经济和社会各项事业得到巨大发展,取得瞩目成就。

中华人民共和国成立初期,梅县县委、县政府贯彻执行中央和省的各项方针政策,采取多方面措施,恢复和发展国民经济;有步骤地实现从新民主主义到社会主义的转变,开展了第一个五年计划的经济建设,完成国家对农业、手工业和资本主义工商业的三大改造,文教、体育、卫生、侨务等社会各项事业也同时得到发展。1957 年,县属工农业总产值 5305 万元,比 1949 年 2525 万元(均按 1957 年不变价计算、下同),增长 110%,年均递增率 10.5%。1958 年进入第二个五年计划期间后,由于 3 年(1958—1960)"大跃进"的失误,一度时期经济出现严重困难,经过贯彻执行中央"调整、巩固、充实、提高"的方针后,国民经济得到恢复发展,1965 年县属工农业总产值 5426 万元,比1957 年增长 2.3%。第三、第四个五年计划期间,正值"文化大革命"，政治、经济、文化、思想各个领域均遭到林彪、江青反革命集团的破坏，但全县人民仍在不断抵制"左"的错误路线，砥砺前行，1971 年，全县工农业总产值首次突破 1 亿元，至 1976 年为 1.6289 亿元。粉碎"四人帮"后，迅速贯彻中央拨乱反正的一系列重大决策，梅县经济、社会发展进入快车道，1978 年，全县工农业总产值达 2.4838 亿元。

回顾梅县于 1949 年 6 月开始由中国共产党执政以来走过的历程，在党中央和省、地党委的领导下，中共梅县县委在领导全县人民从旧社会、旧制度留下的"烂摊子"中，在"满目疮痍、百业凋敝、百废待兴"的困境中走出来，取得了中华人民共和国成立初期全县社会秩序的稳定，建立了各级政权，恢复和发展经济；完成土地改革、"三大改造"等一系列与全国上下同样任务的同时，根据梅县"文化之乡""华侨之乡""足球之乡"的特点，在此对"三乡"在这一时期所取得的成就作简要阐述：

一是在教育方面。中华人民共和国成立后，在党和政府高度重视教育事业发展的大氛围下，全县从解放初小学（实为私塾）在校学生 51752 人，中学 21 所，在校学生 8345 人（其中初中生 7090 人，高中生 1255 人），至 1957 年通过多次调整、整合学校与师资队伍，全县设小学 410 所，在校学生已增至 66331 人；中学已发展到 33 所，在校学生激增至 23028 人（其中初中生 17453，增长 2.46 倍，高中生 5575 人增长 4.4 倍），高考录取人数为 946 人。特别值得一书的是创办于 1954 年秋的梅县高级中学，是当时广东省新设立的 4 所省重点高级中学之一，1957 年首届高中毕业生 570 名，在当年全国高等院校考试中被录取 450 名，占考生人数 80%，名列广东省前茅而传誉全国及海内外，此突出成就在 1959 年引来当代文豪郭沫若题写"高级中学"校名。但自 1958 年"大跃进"运动开始，在县委和公社可随便下令学校停课，师生参加诸如"大炼钢铁"、春耕、夏收、夏种、兴修水利等社会性劳动等违背教育、教学规律的冲击下，教育质量急剧下降。以高考录取人数统计为例，在 1959 年被录取的大、中专 1758 人的基础上，逐年下滑，1960 年为 1360 人，1961 年为 614 人，1962 年为 276 人。得益于贯彻国家"八字方针"的各项举措，梅县教育系统与其他行业同样焕发生机，再以高考录取人数为例证，在 1965 年"文化大革命"前最后一年，梅县高考录取人数重登千人高榜，是年被录人数 1010 人，"文化大革命"后恢复高考的 1977 年，梅县被录取了 381 人，1978 年被录取了 567 人，当年被冠之"老三届"之名的录取考生居梅州各县之首。为国家输送大批有用之才。梅县系"文化之乡"的美誉也可在此得到体现。

二是"足球之乡"的名片靓丽。梅县群众素来有热爱足球等体育运动的基础，在县委、县政府的重视下，在 50 年代，梅县足球运动便在城乡蓬勃开展，梅县足球队在这一时期参加全国各种比赛屡获佳绩。为此，50 年代末周恩来总理在一次对外工作会议上说：广东省有"三乡，其中梅县是'足球之乡'，请外国友人到'三乡'去参观"。① 随后《人民日报》《南方日报》《羊城晚报》等报刊均称梅县是"足球之乡"。中华人民共和国成立后至"文化大革命"前的 17 年中，梅县的体育运动，特别是足球方面的发展稳居全省、全国前列，在多次各种赛事中屡获奖项，并为广东省体委、国家体委输送了杨霞荪、曾雪麟等一大批当时全国最优秀足球运动人才。据不完全统计，梅县足球队（含青、少年队）在中华人民共和国成立后至 1965 年的 17 年中，在全国、省级以上各种足球赛事中共荣获冠、亚军共 24 次，并在全国率先开

---

① 梅县地方志编委会编：《梅县志》，广东人民出版社 1994 年版，第997 页。

展女子足球运动。1964 年，国家体委确定梅县为开展全国足球运动 10 个重点市县之一。

三是值得大书一笔的侨务工作。梅县曾在 1964 年开展全国第二次人口普查期间，将全县华侨情况进行了一次调查统计，1964 年，全县 487922 人，总户数 118534 户，其中华侨户 33598 户，占总户数的 28.34%；华侨分布在 40 多个国家和地区，海外华侨 4.5959 万户，37.2048 万人，梅县是"华侨之乡"实至名归。

长期以来，海外侨胞怀着对家乡、对祖国的无限热爱，时刻关注着祖国的发展与变化。早在推翻清王朝统治，追随孙中山进行民主革命中便不乏梅县的先贤，如长眠于黄花岗的温生才、陈敬岳、郭典三、周增、饶辅庭，长期支持孙中山至辛亥革命成功乃至辅佐孙中山先生开展民主建国的诸如谢逸桥、温清侯、谢良牧、梁密庵、邓仲元、张民达等一大批志士仁人，均是出自梅县大地的英杰。

在抗日战争时期，在海外华侨组成的各种救国团体中，梅县籍华侨遍布各个团体，积极募集大量资金和物资支持祖国抗日运动，同时还组织如隆文华侨李德奇等从印尼回到延安，共 100 多名梅县籍华侨青年直接回国参加抗战。

中华人民共和国成立后，梅县的华侨以更大热情关心支持国家和家乡建设。比如在支持家乡兴办地方工业方面，从 50 年代起至"文化大革命"前在梅县先后由华侨投资成功办起的工业企业有梅县玻璃厂、梅县造纸厂、梅县松香厂、松口华侨水电站、黄石仑水电站等一批关乎国计民生的重点企业。再如在大力捐资办学方面，梅县的华侨和港澳同胞，向来热心兴学育才，着力发展家乡教育事业，中华人民共和国成立后，始于 1955 年由华侨刘宜应、刘家祺捐资创办华侨中学起，捐资办学被海外侨胞、港澳同胞视为是回报祖国、回报家乡的首善之举。在曾宪梓、梁亮胜等为代表的爱国港澳同胞的义举下，曾宪梓博士率先捐巨资在梅县城区建起丽群小学、宪梓中学、曾宪梓中学（高中）。全县所有中、小学校，设在梅县境内的大专院校的教学楼、礼堂、宿舍、科学馆、图书馆、体育场等，无一不凝聚着华侨、港澳同胞捐资（独资或集资）兴建而成的心血结晶。其中行善举的侨领名人不胜枚举，捐资数额也无从细考。在梅县大地上举目可视这些实迹。

再有兴办公益福利事业。以捐资兴办医院为例，中华人民共和国成立后，由祖籍梅县的华侨、华人、港澳同胞捐资新建和扩建较具规模的医院达 10 多所，如地处梅县市区的梅州市人民医院、梅县人民医院、梅县中医院的门诊大楼、住院大楼、医疗设施等等，都是由华侨捐资兴建的善举之作。同时，早在 1956 年起，梅县籍华侨面对百姓对文化知识的需求，先后投资 30 多万元在梅城、松口、丙村兴建 3 座影剧院，并分别于 1957 年、1958 年、1962 年建成投入使用。据统计，县委按照省、地委部署与指示，在吸引华侨投资兴办工业及捐资办学、捐资兴办各种公益福利事业等各项工作中是做得比较有成效的。对广大华侨、港澳同胞还应特书一笔的是在国家三年困难时期（1959—1961）汇入大量侨汇、物资回乡，对帮助梅县侨乡百姓尽早走出当时的困境起到了很大作用，是值得梅县侨乡百姓永世铭记的一大善德。据不完全统计，三年间经国家金融部门统计数据，侨汇入梅达几千万元之巨。

6

第六章

改革开放创佳绩

改革开放 40 年中梅县党政机构变迁概况
（1979. 1—2018. 8）

一、党的机构

中国共产党梅县委员会（简称梅县县委）于 1988 年前隶属
梅县地委领导。1988 年 1 月，国务院批准撤销梅县地区行署，设
立梅州市（地级），相应中共梅县地委改为梅州市委，始后，隶
属梅州市委领导。

40 年间，随着改革开放需要，梅县名称数度变化，曾先后于
1983 年 6 月与原梅州镇（后升格为县级梅州市）合并定名为梅州
市，同年 9 月 28 日改称梅县市，1988 年 1 月撤销梅县市，恢复梅
县建制，划出梅城及附城 5 个乡镇设立梅江区（县级）；2013 年
10 月，改称梅县区，县委名称也随之改称。现梅县区委属下共有
45 个基层党委，952 个支部，党员总数已从 1979 年的 20284 名发
展至 2017 年的 33788 名。

"文化大革命"中，从中央到地方各级党的监察机构体制受
到严重冲击和破坏，梅县各级监委从"文革"始至党的十一届三
中全会前陷于瘫痪休眠状态，通过拨乱反正，随着真理标准问题
的大讨论深入，中央领导层充分认识到加强党的纪律教育的重要
性和必要性，从中共中央至基层党委均建立起各级纪律检查委员
会，是中共中央加强党的建设的一项重大举措。1979 年 5 月，经
中共梅县地委批准，重新建立中共梅县县委纪律检查委员会（简

称县纪委）。重新建立的县纪委，以后随着历届县委的换届不断调整、充实县纪委的领导与机构及纪检队伍。

梅县党的代表大会在"文化大革命"期间的1971年举行中共梅县第三次党的代表大会，直至十年后的1980年方举行第四次党的代表大会，至2016年，县委先后召开从第四次至第十二次（和梅县区委第一届）共十次梅县党的代表大会。40年间，先后由周刚（1976年连任至1980年）、徐烈、罗汉明、谢强华、卢平珍、何正拔、黄开龙、郑伟仪、骆裕根、李远青、张文广、钟光灵担任县（市、区）委书记之职。

二、人大和政府、政协机构

（一）梅县人民代表大会常务委员会（简称县人大常委会或县人大）

县人民代表大会第一届至第五届未设常务委员会。从第六届开始，依照1979年修改的《中华人民共和国宪法》规定，设立县人大常务委员会，作为县人民代表大会的常设机构。梅县从1981年1月召开第六届人民代表大会至2018年，先后召开了从第六届人民代表大会至第十四届（和梅县区第一届）人民代表大会共十届"人代会"，并依法选举出县人大常委会组成人员、机构和依法对政府机关人员的任命。

（二）梅县人民政府（简称县政府）

梅县1988年以前隶属梅县地区专署领导，后隶属梅州市人民政府领导。

从梅县第六届人民代表大会第一次会议始，县政府的换届和届中的"人大例会"由县人大常委会依法召集梅县人民代表大会代表按法定程序举行。在1981年1月取消"梅县革命委员会"名称，恢复"梅县人民政府"，后因机构改革等因素，近40年间，称谓曾先后变为梅州市人民政府（县级）、梅县市人民政府、梅县人民政府、梅县区人民政府。

梅县从 1981 年 1 月第六届人代会至 2016 年第十四届（和梅县区第一届）人代会共十届人民代表大会期间，依法选举出县人民政府领导机构与人员并得到县人大常委会的任命。从 1981 年恢复梅县人民政府称谓后至 2018 年，先后由王泗昌、陈建、罗伦、杨漾光、卢平珍、何正拔、黄开龙、李俊夫、郑伟仪、李华扬、叶胜坤、骆裕根、李远青、张文广、陈志宁、钟光灵、张运全担任梅县人民政府县（市、区）长。

全县人口总数在 1979 年为 676326 人；1988 年底（梅县、梅江区分设后）从 1987 年底的 765023 人变化为 559172 人；至 2000 年为 603624 人；2017 年底最新统计全县人口总数为 61.16 万人。

（三）政协

中国人民政治协商会议广东省梅县委员会（简称梅县政协）从 1958 年 8 月成立至"文化大革命"前先后共召开过四届全会，受"文化大革命"冲击，直至 1979 年才恢复活动。在恢复活动后的 40 年期间，召开了第五届至第十三届（和梅县区政协第一届）共十届政协梅县全体会议。在举行每届全体会议中充分发扬民主协商的优良传统与制度，由全体政协委员共同选举产生县政协领导与机构，并不断加强、完善充实相关工作机构和人员，充分发挥政协参政议政的功能。

改革开放 40 年梅县工农业发展回顾

党的十一届三中全会后，梅县与全国人民一样，从思想和行动上迅速转到以经济建设为中心这一党中央战略决策上来。经过粉碎"四人帮"后开展的拨乱反正，在徘徊中前进的梅县终于迎来了新的历史发展好时机。在党中央英明领导下，特别是在党中央从 1982 年起持续多年以中央 1 号文件下发对全国农业农村工作的重大决策与具体政策指引下，40 年来，梅县的农业、农村发生了翻天覆地的变化，农业、农村工作，特别是在乡镇企业带动下发展起来的个体、私营、民营、股份制企业的发展，在广东省山区县中名列前茅，各行各业的发展取得了巨大成就。

一、农业农村巨变历程

（一）贯彻家庭联产承包责任制

跟随全国改革开放步伐，梅县于 1979 年秋冬开始试行建立多种形式的生产责任制。1980 年，贯彻中共中央《关于进一步加强和完善农业生产责任制的几个问题的通知》后，全县普遍实行以户为单位的家庭联产承包责任制。联产承包责任制的推行，极大激发了全县农民的生产积极性和生产自主权，以粮食产量为例，在推行家庭联产承包责任制的当年，水稻亩产（单造）已从 1979 年 231 公斤增至 311.5 公斤，全县百姓从此告别吃不饱饭的年月，这在"八山一水一分田"的梅县，确是划时代的大事。随着改革开放的不断深化，承包责任制走过了从最初"一定三年"后调整为15年，再到30年不变、长期不变的经历，为广大农户坚持在农村发展农业、走绿色发展，创高效农业之路吃下了定心丸。

（二）走耕山致富之路　建设美丽乡村

在全县解决了百姓吃饱饭问题的基础上，如何才能尽快解决全县人民摆脱贫困、走向富裕，依照梅县"八山一水一分田"的地理特点，如何做好"山"字文章，是当年摆在县委县政府决策中的重大事项，正当县委县政府在如何走出"以粮为纲"的徘徊时刻，1980年5月13日全国人大常委会委员长叶剑英元帅在广东省委书记习仲勋陪同下，回家乡梅县、梅州视察。在梅县期间，叶帅在地委礼堂接见梅县地区各级干部时提出梅州要"向山进军"。叶帅满怀深情地将对家乡发展的殷切期盼与参会的梅县地区干部说："梅县地区绝大部分是山区，要向山区进军。山上可以种植林木、水果、茶叶、油茶、油桐和木薯，可以发展畜牧业，……矿藏也在山区。"[①] 他叮嘱梅县地区、梅县的干部一定要结合实际，因地制宜，根据山多田少的客观条件，要做好"山"字文章，向山上求发展。

梅县历届县委县政府一直带领全县人民坚持走耕山致富之路。从80年代初期鼓励号召广大农村开山种果，随后在全县开展创建"五个一"（承包一条坑、带包一面山、种上一园果、养上一栏畜、挖好一口塘）小庄园，发展农村经济、开发山区的经营模式。并突出培育梅县金柚名牌，进行适度规模开发，先后在石扇

---

① 叶剑英于1980年5月13日至17日视察梅县地区，在梅县地区礼堂接见梅县地区干部的情况见1980年6月3日梅县地区机关报《梅江报》第一版。

文章祠、松口（松南）大黄、桃尧、松源、南口（荷泗）太和人造平原等地方连片开发种植梅县金柚的基地，全县先后建起 29 万亩优良金柚种植基地。随着广大农户耕山致富之路越走越宽的时机，县委、县政府在 1994 年开始引导各乡镇实施"一乡一品""一村一品"农业商品生产基地建设和引导具备一定实力的专业户、民营企业开展创建农业龙头企业，至 2000 年，全县已达到"一乡一品"标准的有梅西、水车、石扇、程江、南口、扶大、丙村、雁洋、松南、松源等镇；全县共有各类型"一村一品"种养专业村（组）629 个；全县共创建农业龙头企业 72 家，如著名民营企业家叶华能在雁洋长教村兴办的雁南飞茶田有限公司，是集先进农业科技与旅游观光度假综合经营为一体的企业，采用"公司＋基地＋农户"，农、工、贸、技旅（游）一体产业化经营模式，帮助农民脱贫致富，发展农村经济。在雁南飞茶田的辐射带动下，梅县梅雁经济发展总公司、梅县华银垦殖场等省、市农业龙头企业，由上述公司投资，办成为"三高"农业与旅游观光于一体的大型农业生态旅游基地，其中雁南飞茶田被授予"5A"级旅游景区，桥溪古村落、华银度假村、灵光寺景区、五指峰等分别被授予"4A"或"3A"级旅游景区。"一乡一品""一村一品"发展和农业龙头企业的辐射带动效能在全县农业经济中有举足轻重的地位。

梅县农村 40 年中耕山种果，发展农村经济，集约化经营创建农业龙头企业，以及在实施"一乡一品""一村一品"，建设美丽乡村中取得的巨大成就，曾先后受到于 1984 年 2 月时任中共中央总书记胡耀邦，1992 年 1 月 15 日至 16 日时任中共中央政治局常委乔石，1994 年 6 月 21 日至 22 日时任中共中央总书记、国家主席、中央军委主席江泽民，1995 年 3 月 25 日至 26 日时任中共中央政治局候补委员、书记处书记温家宝等多位党和国家领导人到梅州、梅县视察时给予的充分鼓励和肯定。[①] 2018 年的金秋时节，以习近平同志为核心的党中央决定将每年农历"秋分"设为中国农民丰收节。在首届农民丰收节中，梅县（区）松口大黄村获首届中国农民丰收节全国六个分会场之一暨广东省主会场的殊荣。此项殊荣的获得，既是国家各级对梅县改革开放 40 年在农业、农村工作中取得成绩的最好肯定，也是全县人民牢记叶帅于 1980 年对梅县干部、群众指明山区发展的光明之路，不辜负叶帅殷切期望交出的一份靓丽答卷。

在改革开放不断深化的进程中，梅县人民走耕山致富之路取得优异成绩，但广大农村农民已不满足小富即安的现状。在县委县政府的领导下，梅县人民努力开展新农村建设，充分调动社会各界力量支持，不断加强人力、资金的投入。特别是在党的十八大后，为贯彻以习近平同志为核心的党中央要"五个文明"一体推进的战略决策，结合梅县实际，重点规划、分步实施走以绿色发展，创"生态文明"为主体的"山水梅县、客韵乡村"、中央苏区县幸福村居的新农村建设之路。经过数年努力，现已建成雁洋长教村、松口大黄村、梅南水尾村、水车白沙村等各具特色的可供全县各乡镇借鉴的先进典型。

二、全县各种体制企业的发展历程

梅县在中华人民共和国成立之初，是一个以农业为主的农业县，经中华人民共和国成立后 30 年工业企业的发展，打下了一些基础，为改革开放后全县的经济发展积累了一些宝贵经验。随着

---

① 四位中央领导视察梅县的情况分别见 1984 年 3 月 15 日、1992 年 1 月 21 日、1994 年 6 月 24 日、1995 年 3 月 30 日的梅县地委、梅州市委机关报《梅江报》和《梅州日报》第一版。

改革开放的不断深化，国有企业、乡镇企业、私营企业、民营企业、股份制企业以及各类高新企业产业园区等各种模式的企业群体得到蓬勃发展，取得了斐然的业绩。

（一）乡镇企业异军突起

梅县乡镇企业的崛起，是改革开放政策在梅县不断深化、完善、结出硕果的真实写照。

从1979年开始，全县贯彻"改革、开放、搞活"的方针，依靠梅县优质资源，凡有石灰石资源的乡镇，纷纷兴建乡镇水泥厂，从1980年丙村水泥厂建成投产开始，先后有城东、隆文、石扇、白渡、大坪、桃尧等16家乡镇水泥厂建成投产，至2000年，乡镇水泥厂年产量45万吨，总产值2.29亿元。水泥厂的兴建，大量吸收附近农村劳动力在本地就业，为全县脱贫致富助上一臂之力。

在乡镇企业崛起之路上，最值得一书的是一群社会精英在梅县雁洋镇的发展成就。如早期梅县雁洋谢氏兄弟办的轮框厂厂长谢耀文。轮框厂是县委县政府鼓励实行"国有集体、镇办、村办、联户、个体"五个轮子一齐转时办成的闻名全国的知名私营企业。谢氏兄弟成功经营的雁洋轮框厂，是那个年代梅县个体私营、民营企业蓬勃发展的典型范例。紧跟着的是依托雁洋工程队的平台，异军突起成为梅州首屈一指的梅雁（集团）股份有限公司。该公司在杨钦欢董事长的带领下，从改革开放之初的乡镇工程队，经过多年努力，打造成集建筑工程、顺风客运、客都宾馆、商场、惠民贸易公司、梅县蓬辣滩水电站、坝头电站、单竹窝水电站、梅县金雁水泥有限公司等拥有20多家下属公司的企业集团。集团公司实行多元化经营，业务范围涉及一、二、三产业。1994年9月12日，经国家证监委批准，梅雁（集团）股份有限公司股票在上海证券交易所成功上市，是梅州市首个在资本市场取得入场券的佼佼者。多年来，梅雁集团经济效益名列梅县、梅州市各企业前茅，上缴国家税收总额为梅县各纳税企业之冠，为梅县经济发展作出重大贡献。梅雁集团对社会所作出的贡献，曾被农业部乡镇企业局、中国乡镇协会评为中国最大经营规模乡镇企业1000家的第401名，被评为1995年中国利税总额乡镇企业1000家的第75位。

继梅雁董事长杨钦欢之后，广东宝丽华实业股份公司创始人叶华能，于20世纪80年代初便走出山门，从经营梅县五洲城商场起步，接着在深圳创办享誉梅州及福建、江西的宝声电视机厂，继而用超前眼光和魄力，将所属企业升级转型，在1996年经广东省人民政府批准成立广东宝丽华集团公司。集团公司在董事长叶华能的带领下，制定了公司在依托现有传统产业下，朝着实现"高科技、高效益、规范化"的发展战略，先后在雁洋镇长教兴建雁南飞茶田，积极参与梅江堤围防洪与城建开发。随着公司的发展，公司决心主业转型，走差异化竞争新能源动力领域，从2003年起，先后在梅县丙村、陆丰甲子湖兴建低碳、节能、环保型煤矸石劣质煤火力发电厂和风力发电厂，使企业成功转型。后宝丽华集团股份有限公司经国家证监委批准，公司宝丽华股票于1997年1月在深圳证券交易所成功上市，1月28日在梅县华侨城隆重举行"宝丽华股票挂牌上市暨梅州1997年迎春花市"剪彩庆典活动。宝丽华股份有限公司是梅县暨梅雁（集团）后第二家也是同样来自雁洋镇的民营企业。

在梅雁、宝丽华两家上市公司的辐射带动下，一股多种资本成分并存的企业群体在雁洋镇乃至梅县纷纷呈现，至2017年，催生了超华集团（2009年在深圳证券交易所中小企业版上市）、华银集团、嘉元科技、泰鸿集团等9家公司和企业集团加入上市融资的阵营。乡镇企业、个体户、私营企业、民营企业早于20世纪末已成为全县经济的半壁江山。

（二）工业园区展新姿

随着改革开放的不断深化，在 20 世纪 90 年代末，梅县按照中央深化国有企业改革，实行"抓大、放小"的方针，在全县范围内对国有企业、集体企业、厂矿（场）进行分门别类的改革，如石油、电力（供、发）等由上级收归行业管理经营，其他企业在原组建各集团公司内进行股份制改造或嫁接外资（外商），引进民营企业、私营资本参与，采用承包制，进而实行产权改制等措施，依期将上级深化企业改革的目标任务完成。

进入 21 世纪后，乘着深圳、广州对口帮扶梅州的东风和深圳、广州、珠三角产业转移的良机，加上充分利用中央对赣闽粤原中央苏区扶持发展的优惠政策，在梅州市委、市政府的统一规划和领导下，县委、县政府采取加大对外招商引资力度，吸引外资和本地优质企业参与开发，从 2000 年起先后在梅县境内兴建了扶大高新技术产业园、畲江工业园、白渡工业园、雁洋—丙村工业走廊（还于 2003 年 4 月成立扶大高新产业园区，又称梅州市高新技术产业开发区），至 2017 年，各园区生产、建设稳步发展；据统计，入园企业已达 66 家（其中高新产业企业 25 家），园区就业人数 9000 多人，园区产值达到 43.8 亿元，园区经济已逐渐成为梅县经济发展的一支重要生力军。

2017 年全县工业总产值已从 1978 年 12988 万元增至 157 亿元，是改革开放前的 121 倍。

第三节 教育、文化、卫生、体育、侨务工作的主要成就

在 20 世纪初 50 年代,梅县便享有"文化之乡""足球之乡""华侨之乡"的盛誉,如何才能传承和擦亮这三块历史"名片",是改革开放 40 年来梅县历届县委县政府应尽的责任。经过历届县委县政府领导集体的群策群力,充分调动全县人民,特别是梅县籍华侨、港澳台同胞热心桑梓的积极性,40 年间全县在文、卫、体、教、侨务等方面取得的成绩位列梅州市各县(市、区)之首。

一、优化教学环境,教学成果喜人

受十年"文化大革命"的冲击,梅县"文化之乡"的美名已名不符实了。1979 年后,梅县教育部门认真贯彻中央"调整、改革、整顿、提高"的方针,首先从拨乱反正、清除"左"的影响入手,认真落实知识分子政策,平反教师中的各种冤假错案,将全体教师团结起来,放下包袱,统一到一心为祖国培养建设"四化"人才作贡献的大格局中来,大力加强教师队伍建设。同时,县委县政府根据中央、国务院文件精神和省政府的指示,以集资办学实现全县"一无危房、班班有课室、人人有课桌凳"(简称"一无二有")、改善基本办学条件为目标,从 1980 年起,全县各级政府逐年增加教育投入,并于 1984 年 6 月 1 日梅县(市)人民政府向全县(市)干部、职工、群众发出《集资办学、造福子孙

的公开信》，号召全县干部、职工、社会各界热心人士捐资办学，掀起全县各学校危房改造热潮，并发挥"华侨之乡"优势，得到曾宪梓博士为首的梅县籍华侨、港澳台同胞的大力支持。全县先后在20世纪90年代完成学校危房改造，在2000年完成全县薄弱学校改造，是梅州市在2011年便率先通过省级教育强县达标验收的唯一县（市、区）。据不完全统计，从1979年至2000年，华侨、港澳台同胞捐助梅县发展教育事业资金总额1.59亿元。其中数额较大的有：曾宪梓2300万、罗桂祥650万元、古欣㮥446万元、李世锦386万元，余国春327万元，因篇幅所限，恕不能一一列述（2000年后未列)[①]。经过40年全县人民的不懈努力和广大华侨、港澳台同胞热心桑梓的无私援助，梅县城乡各地学校的硬件建设矗立在梅县大地之中，可谓全县城乡最漂亮的建筑是学校，最优雅宜人的环境也是学校。在全县学校硬件建设取得骄人成就的同时，全县教育也结出累累硕果。

恢复高考制度后，全国形成前所未有的尊重知识、尊重人才、尊师重教的良好氛围，梅县重新开始重视教育事业，大力发展教育，遵守教育教学规律，提高教育质量，再次擦亮梅县"文化之乡"这张靓丽名片。40年间，通过从办学管理形式到普教形式的不断深化与改革，以培养学生达到德智体美全面发展的"四有"新人为目标，经过广大默默奉献的辛勤园丁的努力，梅县从幼儿教育至小学、初高中"普九"等各层次的教育均取得骄人成绩。如在幼儿教育方面，1979年全县仅有304所幼儿园、484个班、入园幼儿1.36万人；经过多年发展，十年后的1989年，全县每个乡镇均普及幼儿（包括学前班）教育，接受幼儿园、学前教育的幼儿占全县4—6周岁幼儿的98.7%，1989年梅县被国家教委

[①]　数据出自梅县区侨务局。

评为"全国幼儿教育先进县";1996年再次被国家教委评为"全国幼儿教育先进县",将教育从娃娃抓起的理念深植全县百姓心间。在"普教"方面,梅县在1979年把小学附设了十年的初中班停办,逐步恢复小学六年、初中三年、高中三年的学制教育;在1982年全县实现普及小学教育的基础上,于1993年提前一年实现国家普及九年义务教育,当年小学适龄儿童入学率99.98%,小学升学率99.5%,初中升学率67.4%。从幼儿入园受教至"普九"的入读率及升高中率,梅县长期以来均高于梅州其他县(市、区)比率,参加高考被录取人数从1979年的415人到2000年增至1702人,尤其是2017年已达3365人,是1979年的8.1倍,高考录取率居梅州市各县(市)区之首。40年来,为全国各地高等院校输送了数万名优秀梅县学子。全县教育战线结出的累累硕果已将"文化之乡"名片再次擦亮。

二、文化、卫生、体育成效显著

(一)文化基础设施建设及文化载体升级成果

从中华人民共和国成立后到改革开放前的30年间,作为"文化之乡"的梅县,在党和国家的关心、扶持,以及在广大华侨、港澳台同胞的热心支持下,全县文化队伍建设、文化载体建设取得了不少成绩,如电影(剧)院,汉剧、山歌、木偶等专业文艺团体等硬件建设与文化专业队伍建设均居梅州各县(市)区首位。从1979年起,梅县更是加快了发展步伐,县委县政府争取省文化主管部门的扶助和各级政府的专项拨款,动员社会各界资助和发动"三胞"捐助,多渠道筹措资金,加大文化阵地建设力度,在新县城未建时,已先后建起艺术培训中心、木偶剧团团址、叶剑英图书馆、叶剑英元帅纪念馆和各镇文化活动中心等。文化基础设施建设成果使梅县在1997年被国家授予"全国文化建设先进县"的称号。1988 年随着县、区分设后，梅县新县城建设由县政府投入 800 万元，在新县城兴建占地面积 17000 平方米、建筑面积 4700 平方米的梅县文化中心大楼，文化局、文化馆、文联和山歌剧团等单位迁入办公。文化中心大楼有影视厅和专供剧团、文化馆排练节目的练功场所，还有文化馆展览厅等配套设施与场地。随着新县城的建设不断完善，梅县先后在新县城规划区的梅花山下建起气势恢宏的梅县（区）文体中心、文体中心广场、曾宪梓体育场（由曾宪梓博士捐巨资建成）、梅县图书馆、梅县青少宫等一大批展现 21 世纪并具新时代特色的文化设施。

其次是广播、电视事业发展进入快车道。1979 年初，梅县已实现从县到公社（场、镇）有线广播专线化，当时全县 391 个大队均实现村村通广播，形成一个以县广播站为中心、以公社广播站为基础（全县 33 个公社均设广播站，后发展成为广播电视站），普及至每个村和大队、连接千家万户、专线传播的有线广播网。在 1987 年，经国家广播电影电视部的批准，于当年 9 月 15 日开通无线调频广播，与有线广播网络实行并机播出。进入 80 年代后，城乡家庭开始拥有电视机。随着社会与科学技术的进步，梅县广播电视局（台）工作重心也逐步从提高电视收视率和收视效果转向编辑、制作、播出有线和无线频道电视节目，1980 年帮助、指导隆文镇和丙村镇煤矿率先建起电视差转台（地面卫星接收站），1990 年设立梅县有线广播电视台，与梅州市电视局合作共建城区有线电视网，1992 年 12 月 21 日设立梅县电视台。梅县城乡从当年使用差转台收看仅有一两套电视节目，发展至今天，有线电视已进入万家，家家均可收看多个频道的有线电视、数字电视、网络电视。电视已成为向全县百姓传播精神文明的最重要载体，成为全县人民脱贫奔康致富路上获取先进知识与技能必不可少的好帮手。随着社会的发展与科学技术的进步，梅县（区）

的这些文化载体必将发挥更大的作用。

（二）卫生与体育发展成果

从 20 世纪 80 年代开始，梅县医疗卫生体制进行了一系列的改革，分别在人事、工资、管理体制和卫生经费拨款等方面进行改革。先后实行人事组织调配制、任命制、聘任制和民主选举制，以及奖金、部分工资浮动制、管理权限下放和卫生事业经费定额（定项）补助包干制。

1991 年，随着改革的深化，全县医疗系统实行"四个完善""两个加强""一个改革"的做法。在贯彻加强乡镇卫生院"一无三配套"建设方面，梅县率先于其他县（市）区达到上级要求。据梅县完成乡镇卫生院硬件设施建设情况数据统计，在 1993 年，全县共筹集 748.1 万元，其中省拨 56 万元，市拨 25 万元，县拨 114 万元，乡镇自筹 553.1 万元（含华侨、港澳台同胞捐资 394.1 万元），投入医疗危房改造 607.1 万元，新建医疗业务和生活用房共 1.77 万平方米，维修翻新旧房 5999 平方米。至 1996 年，累计全县共筹集资金 1534 万元，新建、扩建、翻新医疗业务用房和生活用房共 2.94 万平方米，及添置、更新设备 264 台（件），培训各级各类卫技人员 469 人（次），顺利达到广东省制定的乡镇卫生院"一无三配套"的目标要求。在加强乡镇卫生院建设的同时，还不断加强村一级医疗站点网络建设，培训各村"赤脚医生"，经考核后转为乡村医生，使县、镇、村三级医疗卫生网络建设日臻完善，至 2000 年，全县共有县、镇两级医疗卫生机构 36 个，在职医卫人员 2230 人，其中卫技人员 1870 人，每千人口有卫技人员 3.1 人；卫技人员中具有高级职称的 26 人，中级职称的 224 人，师级职称的 630 人，士级职称的 696 人；病床有 1021 张，每千人口占有病床 1.69 张；行政村卫生站 313 个，村级卫技人员 808 人。随着卫生事业的发展和医疗卫生机构的增加，县政府下拨卫生事业经费逐年增加，1979 年县地方财政下拨卫生经费为 77 万元，到 1998 年已增至 1107 万元。全县参加新型城乡居民、职工医疗保障体系的参保率占总人口 98% 以上，参保率位居全市之首。全县卫生医疗队伍是梅州市各县区队伍最稳定、吸引人才最多、人才流失最少的县（区）。

县委、县政府在重视抓好镇、村医疗卫生建设的同时，根据形势发展的要求，大力加强以梅县人民医院为重点的城市医疗卫生硬件建设和队伍建设，继梅县人民医院在 1993 年经专家评审省审核为"二级甲等医院"称号后，又于 1999 年新县城搬迁时建起一座新城医院（现改名为梅县中医院），继而又在新县城的核心区投入 13.5 亿元在梅花山下建起一座适应新时代要求的雄傲梅州及粤东北地区的县（区）级综合医院，将原在梅松路的梅县人民医院迁入新址，新院定名为中山大学粤东医院。粤东医院已于 2018 年经专家评审及省级有关部门审核，获"三级甲等医院"殊荣，是继梅州市人民医院（黄塘医院）后的第二家"三甲"医院。

随着全县城乡人民生活水平的不断提高，人们追求生活质量和强健体魄，群众体育运动在全县蓬勃开展，当今流行的广场舞遍及城乡。早在 1979 年开始举办的梅县体育运动会坚持多年，每年举行一届，时间定在每年的元旦，至 2000 年，全县共连续举行 21 届全县性体育运动会。每年的运动会成为检验全县群众体育运动成果的重要舞台，在这一舞台表现最出色的要数围绕"足球之乡"为主题的足球比赛表演。

改革开放后，梅县为了重振"足球之乡"的雄风，把"足球之乡"的美誉得以传承，1979 年起梅县丙村小学、丙村中学、高级中学、华侨中学等 7 所学校先后被广东省体委、省教育厅指定为广东省足球学校。于 1980 年底重建梅县青年足球队。1981 年举办首届"强民杯"足球赛，并形成每年春节至元宵节期间举行"强民杯"足球锦标赛制度。后来，梅县少年足球代表队参加全国希望杯（南区），梅州中学足球队代表梅州地区参加全国"幼苗杯"（南区），丙村小学足球队代表梅州地区参加全国"萌芽杯"（南区）足球赛，这三支球队均出线晋京参加南北区冠亚军决赛，分别获得第二、三、四名，轰动了京津沪地区，并受到国家体委的嘉奖。1983 年，梅县（市）少年足球队获全国少年杯"南区赛"冠军。1979 年 5 月，丙村、东山、华侨、高级、松口、西阳等中学相继组织女子足球队。同年 11 月，梅县举行有 6 支队伍参赛的首届女子足球赛。1980 年 5 月 13 日，叶剑英委员长到梅州视察期间，观看东山中学和丙村中学两校的女子足球表演赛，并亲切接见女足队员，勉励她们努力锻炼，不断前进。从 1980 年起至 1983 年，梅县女子足球队连续三年蝉联广东省女子足球赛冠军。1984 年，国家体委举办"幼苗杯"足球赛事，梅县（市）队获得冠军殊荣。据一组 1988 年至 2000 年 13 年间的统计数据显示，梅县各级足球队参加全国、省、市比赛共 97 次，其中获得冠军 57 次、亚军 22 次、季军 16 次。

40 年间，为国家足球队（男女足），省级、大军区以上及各俱乐部甲 A、甲 B、中超、中甲球队先后输送出有如王惠良、池明华、廖友华、游召东、黄德保、李建华、李小兰等 200 多名优秀足球人才。1985 年 8 月至 1995 年 9 月，梅县由县教育局、县体委、强民体育会三家联办体育职业学校——强民中学，迈出汇聚社会力量、实行社会办学、经营足球产业的十年探索之路。进入 2013 年后，梅县深厚的足球底蕴，"足球之乡"这张亮丽的名片引来了在广东耕耘多年的富力集团的青睐。2013 年，富力集团投巨资在梅县雁洋兴建起富力切尔西足球学校，为"足球之乡"增添瑰丽美色。同时，梅县铁汉生态足球队经过赛事的顽强拼搏，终于在 2017 年从乙级的佼佼者中跻身中国中甲联赛的队伍，"足球之乡"梅县，实至名归。梅县曾在 1987 年被国家体委评为全国首批"全国体育先进县"。在改革开放 40 周年来临之际，金秋 10 月，梅县迎来了万众期待的"客商银行·2018 世界客都梅州马拉松赛"在梅县区人民体育场开跑的盛典。此项赛事汇集了来自全球 10 个国家和地区、中国 29 个省（区、市）的 1.3 万多名选手参加。赛事的成功举办，成为向全社会展示梅州和梅县改革开放 40 年成果的最佳窗口，是梅县（区）继 2018 年 9 月 23 日成为首届农民"丰收节"全国分会场、广东主会场后迎来的又一次盛事。

三、华侨、港澳台同胞对祖国及家乡的贡献

据 2000 年不完全统计，梅县"三胞"、华人和华裔有 60 多万人，遍布世界五大洲 50 多个国家和地区。50 年代，"华侨之乡"的称号便是国家及社会各界对梅县的共识。身居海外的梅县广大华侨、港澳台同胞始终心系祖国，华人华裔情系桑梓，时刻不忘为祖国的独立富强、繁荣昌盛以及家乡的建设作贡献。

改革开放春风吹拂梅县大地，极大地激发了全县华侨、港澳台同胞投资、捐资支持家乡各项事业建设的热情。

以投资兴办实业为例，据不完全统计，从 1979 年起至 2000 年，梅县旅外侨胞投资和支持亲属在全县办起工商企业、农业企业 8209 个，投入资金 5.6 亿元。① 最应载入史册的是广大华侨"三胞"捐资兴办社会各项公益事业的善举。

1979 年起，梅县广大华侨、港澳台同胞跟随祖国改革开放的大潮，一扫十年"文化大革命"带给他们心中的顾忌与阴霾，对

---

① 数据出自梅县区侨务局。

家乡建设发展一如既往地倾注满腔热情，在以全国人大原常委、香港中华总商会原会长、香港金利来集团有限公司董事局主席曾宪梓博士为首的华侨、港澳台同胞贤达的带动下，40年来，源源不断捐助梅县、梅州各地的建设和发展，捐建的项目、捐赠的领域涵盖文化教育、卫生体育、道路桥梁及其他公益事业。跟随曾宪梓博士的脚步，热心梅县家乡桑梓建设事业的梅县籍华侨、港澳台同胞（名字不分先后）有古欣媄、肖法刚、熊德龙、余国春、陈梅冰、钟奇可、梁亮胜、邹锡昌、李有权、叶华能、李世锦、黄华、罗桂祥等（恕不能一一列举），他们捐资建设的项目包括有全县几百间中小学和梅州最高学府嘉应大学（现改名为广东嘉应学院）的校舍、图书馆、运动场、礼堂；以及沿梅江流域，特别是梅州城区十多座跨江大桥、贯穿全县境内的县、镇（乡）村的水泥道路；还有乡镇级卫生院、县级医院（县妇幼保健院、人民医院）、黄塘医院等各个领域的公益建设事业。据不完全统计，在1979年至2018年这40年间，梅县华侨、港澳台同胞对家乡捐赠建设家乡各项公益事业的善款达11亿多元。① 身在"华侨之乡"的梅县的广大民众深受其益，将永远铭记这些爱国爱乡的贤人、名士的义举与善举。

---

① 数据出自梅县区侨务局。

基础设施建设成效显著

改革开放 40 年间，历届县委县政府带领全县人民，群策群力，抢抓机遇，开拓创新，沿着党中央制定的以经济建设为中心的路线指引，经过努力拼搏，全县在交通、电力（能源）、通信（电讯）、水利、新城（镇）建设等领域，以及关乎民生大计的各项基础建设工程等方面，取得了显著的成效。

一、交通建设实现跨越式发展

40 年前和改革开放初期的梅县，偏远落后，交通闭塞，为了加快改变全县交通道路建设步伐，实现"路通财通"，帮助全县农民将耕山种果的产品尽快向外输出变成商品，在市委提出"希望在山、希望在路、希望在外"发展战略的引领下，梅县从 1991 年起，抓住上级交通部门对 205、206 国道改造的良好机遇，在全县迅速掀起公路建设热潮；继而在 1999 年广东省委号召在全省农村开展"三通"（村村通路、通电话、通电视）工程中再次掀起高潮。梅县倾尽全力，依期在全县范围内实现村村通公路，并在 2010 年实现全部村道水泥硬底化。经过全县各级上下同心多年的努力，如今梅县境内道路宽敞平坦、纵横交错，以 205、206 国道和济广、梅河等 6 条九段高速公路为主骨架，以四通八达的省道和"四好农村路"为网线，构建起市（区）"1 小时生活圈"和县（区）域"2 小时交通圈"，为梅县（区）经济社会的发展提供了强有力支撑。全县所有乡镇、大部分村在 2016 年使用上新能源动力的公交车，与城市居住人群一样分享改革开放带给人民的红利。据统计，至 2017 年，全县公路通车总里程 3055 公里，是 1979 年 601 公里的 5.08 倍。交通道路建设的巨大成就，扭转了梅县山区区位落后的负面因素，进入新世纪后，吸引了发达地区的产业转移到梅县，扶大高新区、畲江高新区、白渡工业园区等园区的建设，就是一个典型的例证。

二、电力、能源建设迈大步

1978 年以前，梅县电力建设在 35 千伏以下状态下运行，随着全县改革开放步伐的加快，特别是乡镇企业中水泥厂等用电大户的不断涌现，还有农村电气化的普及，人民生活水平的提高，原有供电系统已远远不能适应工农业发展和人民群众的需求。梅县从 20 世纪 80 年代初开始便不懈努力，使全县的电网不断扩大，发（水力、火力）供电能力迅速提高，电压等级由 35 千伏增至 110 千伏，并在梅县城北新田建成 220 千伏变电站，运行后，通过 220 千伏梅枫线、梅汕线与粤东电网和广东省电网联成一体。与省电网联网，对确保电力供应，促进全县工农业生产，丰富人民群众的生活起着极为重要的作用。

40 年间，全县为适应时代发展的需要，充分发挥全县水力资源充沛的资源优势，通过政府、企业及个人投资，综合发展水电能源建设。特别是在 1996—2000 年"九五"期间，国家提出实施农村水电初级电气化，梅县据此作出了《进一步加快水利水电建设的决定》，出台"新电新价"政策，兴起建设小水电的高潮，国家、集体、企业和个人纷纷投资办电，是梅县小水电站建设史上发展最快的五年。1979 年以前全县建成的小水电站仅有 76 宗，装机容量 2.19 万千瓦，在此基础上，相继在松源河、石窟河、梅江河沿途建成鸡卵滩、诰上、横坊、湖维、瓜洲、坝头、梅南、单竹窝、蓬辣滩、丙村等一批装机容量上万千瓦的较大型水电站。用两组数据对全县水电建设发展作个简单说明：1996—2000 年"九五"期间，全县投入水利水电建设资金 7.77 亿元，2000 年，全县水电站增至 155 宗，装机容量 9.37 万千瓦，比 1979 年增加 7.18 万千瓦，比增 3.28 倍；发电量从 5726 万千瓦时增至 18641 万千瓦时。

县委县政府在大力倡导，扶持全县水电建设的同时，也在不同时期对火力发电的建设给予大力支持。40 年间，梅县境内先后建有火力发电厂 5 家，即梅西发电厂、梅县发电厂、丙村发电厂、梅县程江发电厂、丙村荷树园发电厂。梅县、丙村、梅西 3 间小型发电厂因机组老化、效率低燃耗大、成本高，分别于 1981、1983、1998 年停止生产。厂址位于程江镇的梅县发电厂，总装机 35 万千瓦，属大型火电厂，因梅州城市发展规划及城市扩容提质需要，于 2010 年前停产后迁至大埔。由上市公司宝新能源于 2003 年在梅县、丙村兴建两期装机容量 87 万千瓦，利用煤矸石、劣质煤为燃料的新能源荷树园发电厂是现今梅县境内唯一的火力发电厂。

在改革开放之初，梅县电网与粤东电网、广东电网联成一体后，广大农村供用电基本得到保证，但是由于地域分散，当时的西阳、白宫、梅南、长沙、水车、径义、畲江、松源、松东、隆文、桃尧、白渡、松口等镇的边远山区不少村落仍未通电，为实现"村村通"（电）目标，由县政府财政和电力部门共同出资，以群众相助的方式攻克村村通电的难点。至 1988 年，梅县已全部解决了"无电村"，村级通电率 100%，农户通电率 99.8%。但当时由于受资金、技术限制，全县的农村电网技术含量还很低，供电可靠率低，安全隐患多，严重制约农村经济的发展，远远不能满足全县人民群众日益增长的物质和文化生活要求。从 1997 年 5 月广东省政府在茂名召开"农村用电和电价管理现场会",提出加强农电管理、整顿农村电网、降低农村电价、减轻农民负担的要求起,县委县政府认真落实茂名会议精神,经研究后提出"三个一点",即政府出一点、电力部门出一点、群众乡贤出一点的办法解决农村电网改造资金,掀起一场农网改造的热潮。从 1998 年 7 月开始,梅县先后分别在畲江、水车、松源、石扇进行"农网"改造试点的基础上逐步在全县铺开,并对农网改造技术与质量标准不断提高、升级换代。经过多年努力,全县农村电网改造于 2010 年前全部高标准完成,农村电网改造升级换代,为全县招商引资办实业提供了重要条件,为畲江高新区、扶大高新区、白渡工业园区的发展和扩容提供了重要电力保障。40 年间梅县电力方面建设成就为全县经济的发展、民生的改善真正起到了电力是经济发展"先行官"的特殊作用与贡献。

在能源电力建设方面,作为重要工业原料的煤炭产业,曾是梅县在不同历史时期发挥过重要作用的一个支柱产业。梅县煤炭资源丰富,已探明能利用储量 1.25 亿吨,其中工业储量 6660 万吨,是广东省重点产煤县之一。煤矿行业是曾在梅县经济发展进程中扮演过重要角色并作出过较大贡献的行业。面对丰富的煤炭资源,在 1949 年梅县解放时,全县煤炭产量仅为 1.45 万吨,后来梅县煤矿开采得到迅速发展,在 1959 年全县(县属国营、社、队)各属煤炭总产量便达 69.29 万吨,占广东全省当年煤炭总产量 1/3。改革开放之初的 1979 年,全县产煤 72.85 万吨,在 1992 年全县产煤 113.2 万吨,跨进年产百万吨级产煤县行列后连续多年煤炭产量持续增长,直至 2006 年 5 月 31 日全省实行关闭煤炭生产矿井,全省全面彻底退出煤炭行业止。梅县的煤炭行业为全县经济发展作出了历史性贡献。

三、电信、移动电话、互联网发展步入快车道

梅县的电信（讯）事业发展，40 年来，经历了从有线到无线，从微波到光纤、光缆、互联网等现代科学技术的广泛运用，并将科学进步结晶造福梅县人民的历史阶段。1979 年以前，梅县还停留在磁石制式、手摇电话的模式。改革开放后，梅县邮电（信）敢于在梅县地区范围率先打破计划经济的发展模式，采取负债经营及多方融资的方法，不断加大投资增强通信（讯）能力。从 1979 年开始，将磁石制式交换机改为纵横自动式交换机，市内电话由手摇式话机改为拨号自动电话单机。1987 年开通至香港的自动拨号电话，将梅县自动电话接入广州程控交换设备，城、区的长途电话程控用户可直拨国内已进入长途自动网的 400 多个大中城市。是年，还开通梅县—汕头 1800 路微波电路，并开通市内小型程控电话。

进入 90 年代以后，特别是 1993 年以后，梅县电信（讯）迎来了一个新的历史发展时期。1993 年，梅县开通移动电话，开启梅县进入移动通信的新纪元。随着改革步伐的不断加快，伴随着新开办移动电话和无线寻呼业务这些电信技术进入梅县城乡的脚步，1994 年对乡镇电信（讯）主要抓好机线配套工程和小程控改为数字程控设备工程建设，全县 26 个镇在当年全部实现程控电话和图文传真，开通雁洋、松口移动电话基地站。1995 年，全县电话号码由 6 位升至 7 位，实现全市城乡电话一体化，开通数字数据网，并进行扩容；同年，分组交换、国际计算机互联网、多媒体通信视聆通、公众电视台电话会议系统开通；同时，建成本地传输网。1998 年，开通梅县第一条信息高速公路（SDH 设备），完成 DON 系统软件的升级。至 2000 年，梅县电话机交换容量 11 万线，长途光缆 800 多公里，开通 114 自动查号台、112 市话障碍

自动受理和测试系统，开通 180 查询投诉系统，建成梅县自动寻呼系统、自动声讯台，建成县区光纤系统。至 1995 年，全县明线和载波基本淘汰，交换和传输实现自动化、程控化、数字化，至1998 年末，中继全部换成使用光缆及微波。2000 年，完成全县农话接入网光缆建设工程，提前完成广东省"村村通"电话工程。进入新世纪后，互联网已普及全县城乡，手机、电脑等移动通信、互联网这些载体已成为全县百姓人人拥有的日常工作生活的工具与必备品，也是帮助全县农村发展、农业增收、农民致富的最得力助手。

40 年来，梅县电信的快速发展得益于改革开放的好时代。随着改革开放的不断深化与发展，梅县已步入新世纪、"互联网＋"美好发展新时代。处在这一伟大时代的科技发展最前沿的梅县电信（讯）部门，定将为梅县经济社会的发展再发力。

以新县城建设为重点　城乡统筹同步发展

一、梅县新（县）城建设历程简述

梅县县城向称梅城。1979 年后，梅县加强城市建设，将城区规划面积扩大为 9.3 平方公里。从 1980 年开始建设江南新市区，同时对老城区进行改造。至 1987 年，建成区面积 8.2 平方公里、聚集人口 11.62 万人的地区级中等城市。

1983 年 6 月，梅县与梅州市（县级）合并，定名梅州市，7 月 4 日正式合署办公，9 月 28 日改称梅县市，县委、县人民政府机关设梅城江南一路。1988 年 1 月，梅县市撤销，分设梅县、梅江区后，梅城划归梅江区，梅县成为有县无城的县。县委、县政府和有关部门经反复调查论证，聘请上海同济大学、广东省规划设计院的专家共同规划，决定在县辖区内的程江、扶大两镇范围内建设新县城。新城控制区面积 40 平方公里，规划面积 25 平方公里，近期规划面积 12 平方公里。报经国务院批复和省市批准，新县城建设于 1993 年正式实施。经过 7 年时间的建设，县委、县政府及县直机关于 1999 年 9 月 28 日迁入新县城办公。新城从此成为梅县政治、经济、文化的中心。

二、以新县城建设为重点的全县基础建设取得的主要成效

（一）以国务院批复梅县新城建设的 1993 年起，历届县委县

政府的领导集体秉承尊重科学、尊重规划，坚持将一张蓝图绘到底，一届一届接力，围绕以新县城为重点展开基础设施和民生福利配套工程建设，经过 25 年不懈努力，特别是在党的十八大后，乘着中央对赣闽粤原中央苏区发展战略的政策落地、广东省关于城市扩容提质、加快城镇化进程等一系列措施出台的东风，梅县新城建设取得跨越式发展，将一座能展现并标志梅县走进新时代发展行列的现代化新城展示在世人面前。

广东省加快城市扩容提质各项政策措施出台，新城建设迎来了新一轮建设热潮，梅县主动对接梅州中心城区，提升修编梅县新城总体规划，完善交通路网、地下管网等城市基础设施，建成文体中心、曾宪梓体育场、中山大学粤东医院、外国语学校，以及直接连接梅县新城与江南新城的客都大桥等一批城市功能配套项目。注重产城融合发展，加快发展城市经济，引进富力、喜之郎、红星美凯龙、金利来、铁汉生态、棕榈股份、龙洲股份等一批知名企业投资城市建设，文化教育、医疗保健、汽车商贸、家居建材、电子商务、金融等产业迅速发展。同时，谋划 6.78 平方公里的葵岗和 14.2 平方公里的槐岗两个城市发展区，拉开城市发展构架。梅县新城规划区面积扩展至 40 平方公里；至 2017 年建成区面积已从 1999 年的 2.34 平方公里增至 20 平方公里，城区人口增至 18 万人。新城区到处呈现一派欣欣向荣、蒸蒸日上、充满新时代特色的景象。

（二）在加快梅县新城建设的同时，县委县政府还对全县城乡发展倾心尽力。40 年来，从 1983 年在丙村镇进行村镇规划试点工作，取得梅县村镇建设规划的第一张图起，便对全县乡镇开展规划与建设工作，1991 年开始对全县 24 个圩镇建设规划进行调整完善。从 90 年代末期广东省政府提出关于中心镇、中心村建设的规划及上级对中心镇、村建设的要求，省、市确定梅县的丙村、雁洋、畲坑、大坪、松源、松口六个中心镇的时候起，历届县委县政府便时刻将城乡统筹同步发展与新县城建设同等重视，不断加大对乡、村建设的领导力量和资金投入，让改革开放成果惠及全县城乡。在县委县政府重视下，率先于梅州市各县区全面完成乡镇规划编修及村庄整治规划，根据国家城镇化建设等要求，采取以城带乡、城乡互动，扎实推进城乡环境综合治理和美丽乡村建设。至 2017 年，全县已有 12 个村被列入中国传统古村落名录，松口镇被评为"中国历史文化名镇"，入选"中国华侨国际文化交流基地"；南口镇荣膺"中国最美历史文化小镇"；雁洋镇列入省新型城镇化"2511"试点和省级新农村示范片，被认定为首批中国特色小镇、中国十大美丽乡镇、中国第二个"国际慢城"；雁洋、松口、丙村在"十村联动"美丽乡村中成为全市新农村建设典型，雁洋长教村、南口侨乡村、松口大黄村等村被列为创建中国"美丽乡村"试点村。大黄村成为 2018 年 9 月 23 日首届"中国农民丰收节"全国六个分会场之一和广东省庆祝首届"中国农民丰收节"主会场。经过全县各级和全县人民多年的共

南口镇侨乡村新貌

同努力，全县各乡镇小城镇建设、新农村建设不断取得新成就，一个乡风文明、环境优美、人民安居乐业、幸福指数不断攀升的梅县大地也在奋进前行。

水车镇白沙村新貌

生态文明建设与民生福祉持续改善

一、以"水"为题，持续为民做好事

梅县从解放后便开始进行针对全县各条河流流域的为解决农田灌溉问题、变水害为"水利"的民生水利建设工程。经过改革开放前 30 年的努力，初步建起了一些像上官塘、石子岭等水利灌溉设施和黄石仑、鸡卵滩电站，以及程江堤、梅江堤、丙村堤、畲江堤部分沿江、河堤围建设等较为薄弱的水利基础设施。

改革开放后，梅县水利建设得到迅速的发展，随着改革的不断深入，特别是贯彻邓小平 1992 年南方视察讲话精神后，县委县政府领导的集体思想得到更进一步解放，于 1993 年用创新思维，作出《关于进一步加强水利水电建设的决定》，其中针对县域内梅江、石窟河、松源河等沿江、河两岸长期受洪水侵害以致严重阻碍工农业生产发展的情况，采取"政府搭台、企业唱戏""以地换堤""以水兴电、以电兴财、以财兴水"和开发效益建设并重等多种方针，把水利工程建设逐步推向市场，做好水毁工程的修复、现有工程的修复续建与配套，除险加固和堤围建设、小水电建设、水库移民、依法治水和电气化建设等工作。其中最成功的范例为"以地换堤"带来的成就。梅县境内的主要河流梅江和程江，沿江两岸多为冲积平原，有农田 5.17 万亩，易遭洪涝灾害。在 1993 年县政府出台《决定》后，由当时全国人大常委会

委员、香港金利来董事局主席曾宪梓博士首倡义举，带头捐资
380 万元资金以助梅城防洪堤建设。尔后，梅雁集团、宝丽华集
团、威华公司等一批实力强劲的企业投身到梅州城区防洪堤改造
与建设阵营。后来因防洪堤改造创造了梅州沿堤"一江两岸"城
市建设成果，梅州荣获国家"人居环境"一等奖等称号。至 2000
年，重点堤围加固改造的有程江河堤、长滩堤、莆蔚堤、梅江堤、
水车堤、梅南堤、丙村金盘堤和锦江堤、雁洋永沙堤、松口官坪
堤、畲江堤、城东堤、竹洋堤、金盘河堤等 40 多处河堤，这些河
堤的新建、改造、加固工程，按 50 年一遇洪水的标准设计，采取
堤路结合、防洪治涝与城市建设相结合的形式，捍卫堤围内 1800
公顷耕地及梅县新县城、程江镇、扶大镇及沿岸数十万居民生命
财产安全。据 2000 年统计，全县共有大小河堤 42 条，总长 105.5
公里，捍卫农田面积 3286.66 公顷、人口 45 万。

在采取"政府搭台、企业唱戏""以地换堤"的方针取得辉
煌成效的同时，梅县在 20 世纪 90 年代起，认真将省人大《关于
加强小型水库除险加固的议案》的工作落实，投入资金 8258 万元
（其中省级补助 124.5 万元、地方自筹 8133.5 万元），先后完成全
县 54 宗小型水库的除险加固工作；2000 年以后，继续投入巨资，
对全县所有水库进行除险加固，实现全县水利工程安全运行。此
期间，还先后兴（新）建雁洋添溪水库、隆文卢墩凹水库、畲江
长滩头水库、叶田水库等 22 座水库。有效灌溉面积增至 14000 多
公顷，比改革开放前的 11986 公顷增长 2000 多公顷，有效灌溉面
积也从 60.3% 增至 80.2%。随着城乡人民生活的改善，饮用水安
全逐渐成为民生问题的关注热点，县委县政府把全县饮水安全工
程当作每年为民办十件实事之一件。在上级的关心支持和全县人
民的共同努力下，梅县实现全县人民均饮上（大部分人使用上自
来水）符合标准的饮用水，2010 年经验收荣获"全省农村饮用水

安全工程建设省级示范县"称号。在县委"以水兴电、以电兴财、以财兴水"改革方针的引导下，梅雁集团、威华公司等投资主体先后投入巨资在沿梅江、程江、石窟河等流域建成集防洪、发电功能于一体的装机容量超万千瓦的近十座水电站，使沿江（河）两岸防洪能力进一步提高。全县以"水"为题的发展方针得到很好实施，为民办实事的成效在此得到最好体现。全县在水利方面建设的成绩曾在1990—1992年、1998—2000年两次连续三年被广东省"水利厅评为水利建设先进县一等奖"；1991年度被水利部授予"水利建设全国100个先进县"称号；1997年通过农村水电初级电气化建设达标验收，提前两年实现第三批农村水电初级电气化县的目标。

二、生态文明建设不断加强，绿色发展优势不断增强

　　林业是创建生态文明的一个重要载体，梅县虽是典型的"八山一水一分田"的山区县，与全省各山区县情况相似，但受到1958年"大跃进"时期对森林资源的重创及改革开放之初一度对林业管理体制变革的影响，存在大面积荒山的情况。1985年召开广东省第一次山区工作会议后，梅县各级上下一心，积极响应省委提出"十年绿化广东大地"的号召，加快造林绿化工作。1993年提前两年实现省委省政府提出"十年造林绿化达标"的目标，并在这十年中还成功探索出一条"林果结合，绿化荒山，综合开发"发展山区经济的路子。1998年，开展"林业第二次创业"，在保持山权不变的基础上，允许经营权可有偿转让，在林业生产经营中坚持"谁投资、谁所有、谁造林、谁得益"的原则，充分发动社会力量，多层次、多渠道筹资办林业，改变林业生产原来的以国家投资为主，转为以民营资本投资为主体，形成社会办林业、全民搞绿化的新局面。随着威华、梅雁、宝丽华、华银等企

业集团积极参与生态林和商品林的建设取得了硕果，和全县人民生活水平的提高、生活方式的进步，以及全县农村开展改烧煤气、天然气等一系列措施的顺利推行，全县（区）生态环境得到了优化。特别是在党的十八大将"生态文明"建设提上与"物质文明、精神文明、政治文明、社会文明"这"五个文明一起抓"的重要战略决策后，县委县政府致力保护生态，促进绿色低碳循环发展之路。五年累计淘汰落后产能407万吨，完成各项节能减排年度任务。积极配合创建国家环境保护模范城市工作，加强重点水源保护和污染减排设施建设，建成新城水质净化厂二期和畲江、雁洋、松源污水处理设施，城乡生活污水日处理能力达5.25万吨。加强环境监察和污染防治，全域环境质量保持良好，饮用和备用水源水质达标率100%。完成"一镇一站、一村一点"农村生活垃圾硬件设施建设，建立较为完善的农村生活垃圾收运处理体系，创建58个省卫生镇、村，创建国家卫生城市通过复审。完成碳汇造林35万亩，建成生态景观林带173公里，建成县级以上森林公园25个，绿化美化乡村136个，森林覆盖率达74.65%，实行最严格的耕地保护和节约用地制度，加快推进"三旧"改造，城乡发展空间不断拓展，生态绿色发展成果已惠及全县百姓并将造福子孙后代。

县级财政持续增长　全民幸福指数创新高

一、振兴县域经济，县级财政实力不断增强

梅县的财政收入主要靠工商税收入。1979 年后，随着全县经济的发展，人民生活水平的提高，工商各税逐年增多，财政收入也逐年增加。财政收入的增长，为县委县政府为民办实事增添了最为关键的动力。1979 年全县财政收入为 5195 万元，到 1986 年首次突破亿元大关为 11072 万元；进入新世纪后，充分发挥梅县的各方优势，乘着上级倡导大力发展县域经济的东风，梅县县级财政收入取得了突飞猛进的增长态势，继 1986 年突破亿元关口后，在 2000 年增至 35688 万元；再经过 15 年不懈努力，特别是党的十八大后在以习近平同志为核心的党中央的坚强领导下，县委县政府迎难而上，团结和带领全县（区）人民攻坚克难，紧扣振兴发展主线，主动适应经济发展新常态，统筹推进稳增长、促改革、调结构、惠民生各项工作，推动梅县（区）经济社会各项事业取得新成就。全县（区）经济综合实力跨越发展。2015 年全县（区）生产总值、人均生产总值分别实现 170.32 亿元、31633元，年均增长 10.5% 和 10.2%；公共预算财政收入 21.49 亿元、税收 31.48 亿元，年均增长 23.17% 和 17.88%；公共财政收入和本级税收总量均在粤东西北 12 个市 74 县（区）中排名第二，成为粤东西北 2015 年度"经济振兴指数"榜单唯一的公共财政总

量和增速两项指标均进入前十名的"双十强"县区，在 2015 年度粤东西北振兴发展评估考核中获梅州市排名第一；城镇和农村居民人均可支配收入分别为 25650 元和 14626 元，年均增长 11.7% 和 13.6%。

二、农民收入创新高，全民幸福指数不断提升

党的十一届三中全会拉开了改革开放的大幕，随着农村家庭联产承包责任制的实施，农业农村生产力得到了极大的解放。梅县人民沿着叶剑英委员长 1980 年视察梅州指明的"向山进军"的光明之路，吹响"向山进军"的号角，耕山致富，发挥资源优势，保障了菜篮子、米袋子，鼓起了农民的钱袋子。进入新时代，党的十八大提出加快发展现代化农业，党的十九大吹响了乡村振兴的号角。梅县（区）在生态优先、绿色发展的理念下，大力发展绿色生态农业，建基地，育龙头，树品牌，兴产业。全县（区）农业规模、产量、产值不断跃升，农业经济增速多年居全市第一。2017 年，梅县农业总产值 78.81 亿元（不含现梅江区），是 1978 年全县农业总产值 11850 万元（含现梅江区）的 66.5 倍；全县人均可支配收入已从改革开放前 1978 年的 228 元到 2017 年增至 24115 元，是改革开放前的 106 倍。

40 年岁月流光，伴随着美丽乡村建设，新农村连片示范建设步伐的加快，梅县（区）乡村处处山清水秀，村道路面干净整洁，客家民居错落有致，房前屋后绿树掩映、瓜果飘香，举目远眺，绿水青山，一望无边……全县（区）农村处处涌起发展现代农业的热潮，呈现出一派欣欣向荣的新农村景象。

县（区）委县（区）政府秉承"不忘初心、牢记使命"的共产党人神圣职责，团结带领全县人民在深化改革开放的金光大道上不断前行。随着人民群众的收入逐年提升，全县的社会保障、

民生福利、民生实事也得以顺利推进。全县（区）城乡居民、职工医疗保险和城乡居民养老保险实现全覆盖，社会保障制度得到有效普及，县（区）委县（区）政府持之以恒每年办好十件民生实事，把改革红利惠及全县民众，全县百姓幸福指数不断提升到新的高度。

第八节　新起点新征程　创新引领老区发展新局面

从 2018 年起至 2020 年，梅县（区）的发展目标定位是深入贯彻党的十九大精神，以习近平新时代中国特色社会主义思想为指引，全面实施"十三五"规划，奋力决胜全面建成小康社会，按照中央和省、市委的决策部署，坚持稳中求进工作总基调，坚持新发展理念，以推动高质量发展为目标，以供给侧结构性改革为主线，扭紧"集聚一个园区，发展两大产业，打好三大攻坚战，抓好四创联动，推进五城共建"发展抓手，全力促进经济社会持续健康发展，全力保障和改善社会民生，全力维护社会和谐稳定，在新起点上不断开创梅县发展新局面，努力打造产业创新引领区、客侨文化传承区、红色旅游示范区、乡村振兴先行区。到 2018 年年底，率先在全市完成全面建成小康社会的各项任务。到 2020 年，力争全区生产总值突破 280 亿元，人均 GDP 达到 5.2 万元，年均增长 10% 以上；财政收入年均增长 15% 以上，全社会固定资产投资年均增长 30% 以上；三次产业比为 15：40：45。居民人均可支配收入增速实现与经济增长基本同步。

梅县（区）共有相对贫困人口 7611 户 17079 人，其中省定贫困村 32 个，贫困户 1258 户 3342 人；分散贫困户 6353 户 13737 人（有劳动力 2452 户 7893 人，无劳动力 3901 户 5844 人）。2017 年以来梅县（区）共筹集各类帮扶资金 4.14 亿元（其中 2017 年共筹集各类帮扶资金 1.43 亿元，2018 年 2.71 亿元），实施帮扶项目 21183 个，光伏发电项目 24 个，引进和培育壮大龙头企业 11 家，组建农民专业合作社 67 个，发展乡村旅游项目 12 个，建立电子商务平台 11 个，帮助转移就业 283 人。2016 年实现脱贫 3815 户 5840 人，占全县（区）贫困人口 30.4%；2017 年实现脱贫 2315 户 6695 人，两年共实现脱贫 73%。2019 年力争全县（区）贫困户要全面实现脱贫目标。

一、大力优化营商环境，老区发展如虎添翼

梅县（区）严格执行省《关于清理规范一批行政事业性收费有关政策的通知》精神，取消或停止执行 8 项涉企行政事业性收费项目。建立了涉企、涉行政事业等收费目录清单，全面清理规范部门行政许可中介服务和涉企收费项目。全力加快行政审批改革力度，2012 年以来全县（区）共开展 7 次行政审批事项清理工作，取消审批事项 129 项（其中非行政许可事项 31 项），调整合并 106 项，与 2011 年底相比压减比例为 50%。大力优化业务办理流程，将建设项目环评报告书项目审批时限，由法定时限 60 个工作日压缩到 18 个工作日；建设项目环评报告表项目审批时限，由 30 个工作日压缩到 10 个工作日。全面实施县（区）领导挂点企业制度，加快构建新型"亲""清"政商关系。

同时，梅县（区）充分利用清理腾退出来的机关办公楼创办了电子商务产业园，引进 62 家电商企业进驻。出台了《梅县区关于加快农村电子商务发展的实施意见》，大力发展农村电商，全县（区）建成了 19 家镇级电商服务站、32 个精准扶贫村电商服务点，进一步提高了农民的"触电"意识，拓宽了农产品销售渠道，为助农增收致富产生明显成效。2017 年全县（区）电商交易额实现 31.2 亿元。

二、交通巨变，梅县老区苏区人民圆了高铁梦

2018 年至 2020 年，梅县（区）全面规划加快统筹推进高铁、高速公路、县乡公路等 14 大项的交通运输基础设施项目建设。要在全面完成梅汕高铁、梅平高速、梅大高速、梅畲快线征拆任务，并确保项目无障碍施工的基础上，全面加快白渡梅州坑工业园道路、S223 出省快速通道等重点交通项目建设，规划建设双龙高铁、瑞梅铁路和长深高速公路葵岗互通立交工程等一批对外快速联通和西部快线等一批对内畅通交通基础设施。

2018 年梅县（区）投入 33 亿元，全力配合推进梅汕、双龙高铁和梅平、东环高速公路建设，着力加快葵岗高速出口和东部、西部快速路建设。梅畲快线于 2018 年建成通车，梅汕高铁建设也在 2019 年如期建成通车，让老区人民真正实现梦圆高铁。同时，加快完成改造国道 206 线径义段及县道 969 线高铁至城区进城大道、县道 020 线等一批县乡公路，加快推进梅南九龙、南口麓湖山旅游公路及丙村大桥等工程建设，加快启动新梅南大桥建设。大力推动全县（区）"四好农村路"建设，让梅县老区苏区人民更加快捷方便出行，必将更好促进老区苏区优质、绿色、生态、环保的农副产品快速输往全国各地。

三、贯彻落实党的十九大精神，实现梅县老区苏区振兴发展

（一）党建"领航"，汇聚振兴发展力量。不断加强和改善党对"三农"工作的领导，为乡村振兴提供坚强有力的政治保障。首先是严格落实乡村振兴战略的领导责任。充分发挥党的领导的政治优势，全面实行县（区）、镇、村三级书记抓落实工作机制，当好乡村振兴的"一线总指挥"。其次是充分发挥支部战斗堡垒作用。坚持把党组织建在脱贫攻坚的前沿阵地，充分发挥村"两

委"班子、驻村扶贫工作队和驻村"第一书记"在抓党建、帮增收、促发展中的重要作用。注重扶贫与扶志、扶智相结合，积极运用农村党员干部现代远程教育系统、党支部学习会等形式，开展脱贫技能和致富本领培训。再次是加强"三农"工作队伍建设。大力推行"党支部＋专业合作社＋龙头企业＋贫困户"帮扶模式，形成"支部带动、党员带富"的良好格局，辐射带动群众创业致富。

（二）产业"支撑"，加快农业转型升级。以建设现代农业示范区为引领，创建国家农产品质量安全县为抓手，培育壮大现有的金柚、水稻、茶叶、畜牧水产四大主导产业及农业休闲旅游、农产品加工、绿色物流三大关联产业，推动一、二、三产业融合发展，加快农业转型升级。

首先是出台系列扶持政策。近年来，我县（区）先后出台了《梅县区现代农业示范区"政银保"合作农业贷款实施办法》《梅县区企业融资（助保贷）扶持实施办法（试行）》《梅县区企业贷款贴息扶持实施办法（试行）》《梅县区企业上市（新三板）扶持实施办法》《梅县区扶持企业上规模（限额）奖励办法》等一系列政策措施，扶持经营主体做强做大，有效激发了企业发展的内生动力，涌现了一批实力较强、产业较大的加工类企业。如广东梅州市富柚生物科技有限公司、梅州市客迁食品有限公司、广东李金柚科技有限公司、梅州市珍宝金柚实业有限公司、梅州市惠兴种养专业合作社等。现全县有省级农业龙头企业23家、市级企业42家、县（区）级企业161家，农民专业合作社985家、家庭农场1092家，有效促进了农产品销售，直接带动了农户增收，有力推动了农业向二、三产业拓展融合。

其次是积极发展精致高效农业。在积极推行农业标准化生产，不断做大做强金柚、水稻、畜牧水产、茶叶等主导产业的基础上，充分利用我县（区）是"中国长寿之乡"山清水秀、自然环境优美等特点，水、温、气候、土壤等优良农业生产条件，有近1000平方公里的富硒土壤的优势，打响农产品富硒、长寿品牌，发展特色产业基地，南药、名贵树种等新兴产业稳步发展，引种葡萄、火龙果、杨梅等一批特色水果。同时，以创建国家农产品质量安全县为契机，大力抓好品牌建设，现全县（区）农业品牌初具规模，效应明显。全县（区）已拥有"三品"认证农产品113个，其中无公害42个、绿色食品21个、有机食品50个，广东省农业名牌产品14个。

再次是大力发展旅游休闲农业。充分依托独特秀美的山水资源和厚重的客家文化优势，以梅州建设梅江韩江绿色健康文化旅游产业带为契机，以"农业＋旅游＋休闲"等形式，在原有5A休闲农业旅游景区雁南飞、4A休闲农业旅游景区雁鸣湖的基础上，大力打造现代休闲农业和乡村旅游示范点。

最后是积极发展小镇经济。充分借鉴江浙一带特色小镇建设、产业融合发展、生态富民强市等方面的先进经验，加快传统中心镇、专业镇和特色镇的转型升级，初步谋划打造雁洋文化旅游小城镇，松口、南口历史文化小镇，南寿峰南药小镇和雁洋足球小镇。同时，依托客家特有的古镇古村、古民居、柚园、茶园、美食等资源优势，鼓励引导企业主体与村集体合作经营村庄，以"文化＋民宿""景区＋民宿""农庄＋游购"等模式，大力推动特色民宿建设，实现乡村旅游与客家文化、景区景点、特色农业有机结合。

（三）规划先行，建设全域美丽乡村。以美丽乡村、幸福村居、省级新农村连线连片示范点建设为切入口，坚持32个省定贫困村优先、乡贤支持和群众积极参与的村优先，高起点推进新农村建设各项工作。一是坚持规划引领。围绕"一年有亮点、两年见成效、三年成示范"的目标任务，以精品示范、串点成线、整体推进的思路，聘请专业设计团队，从生态、文化、资源等方面对全县（区）城乡发展进行定位，以水系、路网、产业为纽带，制订"12425"的总体规划。全县（区）突出 1 条美丽乡村主题游览路线（雁洋省级社会主义新农村示范片精品线），2 条乡村景观轴线（沿梅江和沿国省道），4 大美丽乡村组团（雁洋—松口组团、侨乡—槐岗组团、龙岗—白沙组团，梅西—石坑组团），25个精品示范村，打造"山水梅县·客韵乡村"的全域美丽乡村。二是突出示范带动。利用雁洋镇叶剑英纪念园、梅南九龙嶂革命根据地等为载体的红色文化、宗教文化、绿色休闲、历史民俗等丰富的旅游资源和梅江韩江绿色健康文化旅游产业带建设，打造省级新农村示范片，建设配套设施完善、生态和谐、宜居宜游的新农村建设示范村，以此辐射带动 84 个县（区）级美丽乡村示范点建设；以四组团的"景观窗口"为重点打造高速路出口景观工程，提升梅县（区）的窗口形象。

（四）守住绿水青山，打造金山银山。守住了绿水青山，才能将绿水青山变成金山银山。梅县（区）以严守生态底线，坚持节约优先、保护优先，切实转变发展方式，保护好宁静、和谐、美丽的自然环境，以优良的生态支撑经济更快、更有质量发展。首先是坚决打好污染防治攻坚战。坚持源头防治，着力解决水、大气、土壤污染等突出环境问题。深入落实"河长制"，加快推进重点流域水污染整治，加强河道采砂管理，强化饮用水源保护；全面深化治污减排，加大对城区扬尘、工业企业废气、餐饮油烟等综合整治，大力实施农业方面源头污染治理，加快推进病死畜禽无害化处理厂建设，确保主要污染物排放总量大幅减少。加强农村生活垃圾和生活污水治理，实现全区污水处理设施全覆盖。严格环境执法监管，坚决制止和惩处破坏环境的行为。其次是加大生态保护力度。全力配合推进国家环保模范城市、国家森林城市和国家生态文明先行示范区建设，强化生态环境治理。深入开展大规模国土绿化行动，实施好生态保护修复工程，抓好崩岗、滑坡和矿山地质环境恢复治理，探索培育一批专门从事生态保护修复的专业化企业。加强林业重点生态工程建设和森林资源管护，推进自然保护区、森林公园、湿地公园等森林资源的建设和保护。加快实施中小河流治理工程，完善地质灾害"群测群防"体系。加强耕地保护工作，确保耕地保护目标落到实处。坚持以绿色为标尺，严格环保准入。再次是推进绿色低碳发展。全力推进资源全面节约和循环高效利用，大力发展绿色制造和环保产业，推进清洁生产，推动生产方式绿色化。推进工业节能降耗，实施节水行动，加强建筑节能工作，降低能耗、物耗。开展创建节约型机关、绿色学校、绿色社区、绿色家庭等行动，加强绿道等公共慢行系统建设，倡导绿色低碳生活方式。加强生态文明宣传教育，切实增强全民环保意识。

（五）以"12345"的思路，加快振兴发展步伐。2017 年以来，梅县（区）提出了以"集聚一个园区，发展两大产业，打好三大攻坚战，抓好四创联动，推进五城共建"的"12345"的发展思路，加快振兴发展步伐，实现"全力争当粤东西北振兴发展和'一区两带六组团'建设排头兵"的发展目标。

"集聚一个园区"，即在梅兴华丰产业集聚带的整体规划框架下，以畲江产业园、水车产业园和城东白渡产业园"三园合一"思路，规划建设首期25.5平方公里的梅县产业集聚区，打造经济发展新引擎和经济增长极。

"发展两大产业"，即是大力培育电子信息、生物制药、新能源、新材料等"绿色新兴产业"；大力发展健康养生、现代农业、乡村旅游等"生态富民产业"，努力做到生产、生活、生态"三生"互动发展、融合发展。

"打好三大攻坚战",即全力打赢打好防范化解金融风险、精准脱贫、污染防治攻坚战。

"抓好四创联动",即以全市创建全国文明城市、国家环境保护模范城市、国家森林城市、全域旅游示范市为契机,狠抓各项工作落实,力争到 2020 年全面实现"四创联动"目标,在全县(区)打造"文明之城、环保之城、生态之城、旅游之城"。

"推动五城共建",即在加快新城扩容提质的基础上,借力梅汕高铁建设、梅县电厂搬迁,围绕国际慢城提升和畲江产业园区的服务配套,分步推进葵岗高铁新城、槐岗生态文化新城、雁洋国际慢城和畲江工业新城建设,形成"五城共建"融合发展新格局,全面提升新型城镇化水平。

附　录

附录一 革命遗址

一、松口中山公园

松口中山公园位于梅县松口镇西北端牛角塘晒布岗上，建于1933年，建筑占地面积4000平方米，保护范围面积20000平方米。此公园系梅县社会各界人士为纪念孙中山来梅视察所建。

松口中山公园

1918年5月，孙中山在潮州视察援闽粤军时，专程到梅县松口视察和探望爱国华侨同盟会会员谢逸桥、谢良牧。到松口公学发表演说，阐述革命道理，分析国内外形势，号召大家关心国家大事，打倒帝国主义，铲除军阀，为建立民主共和、振兴中华而斗争。

二、中共梅县第一个党组织梅县支部成立旧址——南门八角亭

南门八角亭位于梅州市江北老城义化路南端，原老南门外，清乾隆十一年（1746年）为州官王者辅倡建，清道光二十九年（1849年）重修，1983年重建。因亭有八角，故俗称八角亭。

1925 年 12 月张维、洪剑雄在当时设在八角亭内的新学生社办事处介绍陈劲军、李仁华成为梅县第一批党员，同时在此地成立中共梅县第一个党组织梅县支部。是梅县党组织早期活动地点。南门八角亭是梅州市文物保护单位。

八角亭

三、五一二工人武装暴动建立的梅县人民政府

此地位于梅州市江北老城区仲元路 51 号（现梅江区政府新址）。1927 年 4 月，梅县党团地委合并组成武装斗争委员会，统一领导全县暴动。5 月 12 日，组织梅县工人、进步学生、商人和农民群众武装暴动获得成功，建立了梅县人民政府，并颁布政纲，提出工人实行 8 小时工作制，男女平等，废除苛捐杂税等政治主张。

五一二暴动建立的梅县人民政府旧址

四、中共梅县第一个农村党组织松源党支部旧址——桥下街

桥下街位于梅县松源镇桥背村。1926 年 6 月，经中共梅县（特别支部）批准，在松源桥背村桥下街率先成立梅县农村第一个党组织——中共松源党支部，刘雪明是书记，赖一能负责组织，陈剑吾负责宣传，开创了梅县农村区乡党建之先河。

桥下街

五、松东广东工农革命军（东路）第八团团部旧址——青龙寺

青龙寺位于梅县松口镇中井村。1928 年冬，广东工农革命军（东路）第八团在松东青龙寺成立。青龙寺曾是土地革命时期松东苏维埃政府所在地。

青龙寺

六、梅南广东工农革命军（东路）第十团团部旧址——九龙嶂九里岃黄屋

位于梅县梅南镇九龙村九里岃。1927年10月，以郑天保为团长的广东工农革命军（东路）第十团团部设于此。1928年2月，更名为广东工农红军第十团。亦是"五县暴委""七县联委"所在地。

九里岃黄屋

七、中共松江区委机关、桥市村苏维埃等旧址——松茂楼

松茂楼位于梅县松源镇桥市村正家园，是中共松江区委机关驻地，桥市村苏维埃驻地，桥市村农民协会会址，中共松江区委书记赖一能故居。

松茂楼

1928 年 4 月，成立松江区委，赖一能任松江区委书记。同年 6 月，赖一能率松江区赤卫队 100 多人，参加了福建闽西特委组织的上杭农民武装暴动，25 日早到达蛟洋乡口的老塘下圩，胜利攻克敌堡垒，暴动历时 3 天。

松江区委在松茂楼还策划了桃源、红葵坑、宝坑、隆文等地的打土豪运动。赖一能还率队参加了松口、丙村、西阳、梅城等多地的武装暴动。1929 年朱德、朱云卿等率红四军出击东江，入粤首站进驻松源。松江区委机关在松茂楼多次秘密召开专题筹备会议，为迎接红四军，开展筹粮筹款、后勤保障、伤员安置、药物采购、宣传联络、向导迎送等协调分工。红军撤离松源后，松江区委率松江区赤卫队，在化联、白玉、隆文等地深山，历时十多天阻击松口方面国民党追兵。1946 年后松茂楼是中共地下党游击队的重要活动据点之一。

八、松江区桃源革命武装暴动旧址——双眼祠

梅县桃尧镇桃源村地处闽粤两省边陲，与永定县峰市互邻。1928 年成立了桃源乡苏维埃政府，府址设在双眼祠。1928 年秋，

双眼祠

在中共松江区委书记赖一能等领导下，在双眼祠组织发动了百多人参加的桃源乡的农民武装暴动。

九、横坊庚午惨案遗址——横坊磨坊

松源横坊磨坊遗址

横坊磨坊位于松源镇横坊村。1930 年春，松江区赤卫队总队长雷鸣远将原设在松源新圩松江区赤卫队总队与设在寺边桐子排东升楼的松源苏维埃政府，均迁到横坊村磨坊设驻。驻松源国民党顽固派，纠集反动民团团丁三四百人，于同年 5 月 14 日（农历四月十六日）、6 月 11 日（农历五月十五日），两次血洗横坊村松江区赤卫队总队的驻地。在敌人先后两次疯狂的烧杀抢的暴行中，横坊村 15 名群众无辜被杀，5 人受伤；被焚烧房屋 60 多间、祠堂 4 座、磨坊 1 座、学校 1 座，财物抢劫一空，数十户百姓无家可归。

十、珠玉村红军医院旧址——继述楼

继述楼位于梅县松源镇宝坑珠玉村。1929 年 10 月朱德等率

红四军出击东江在梅县松源集结时，留下一批红军伤病员在松源宝坑堡珠玉村继述堂里治疗（梅县解放后珠玉村划归梅县桃尧镇管辖）。1930年4月，中共松江区委代书记许益辉和赤卫队财粮委员吴杨生同志到珠玉村探望红军伤病员，被一位反革命家属告密。福建永定峰市国民党民团陈荣光勾结国民党梅县松口水上警察百多人，星夜包围珠玉村。许益辉率保卫医院的松江区第五赤卫队队员、红军伤病员共同顽强抗敌，战斗非常惨烈，红军伤病员被打散，多数同志光荣牺牲。许益辉、吴杨生与部分红军伤病员和赤卫队等同志突围，后到达桃尧塔子李村（益金楼），又被民团陈荣光部追兵包围，许益辉、吴杨生等掩护队员突围，两人不幸被俘。后在永定峰市惨遭敌人残酷杀害。

继述堂

十一、宝坑赤卫队、苏维埃武装暴动旧址——珍公祠

珍公祠位于梅县松源镇宝坑村。1928年8月，松江区委按梅县县委关于为推动退租、抗租运动的开展，要尽快组织农民暴动的指示。区委组织宝坑、隆文、桃源等处赤卫队、苏维埃政府、农会举行农民武装暴动，攻打反动乡公所、地主、土豪劣绅等。区委在宝坑珍公祠堂（宝坑赤卫队地址）积极作暴动准备，秘密通知外出党员干部回村参加。农历七月十五日，赖一能、黄日斌、

珍公祠

黄联义、黄其香等与卢金发领导的大畲赤卫队武装力量加入暴动队伍，在县委李哨、熊光、松江区委领导的指挥下，赤卫队和农会会员百余人举行宝坑七月半暴动。宝坑武装暴动，震惊国民党顽固派。七月十八日，国民党军派出一连兵力包围宝坑村，村中100多名群众被抓，分别关押在宝坑德公祠堂、珍公祠堂。后来，绝大部分群众获保释，黄耀来、黄振棠、黄德昌等农会会员和赤卫队员被押往松口、梅县，同年冬黄耀来在梅城惨遭敌杀害。

十二、隆文农民武装暴动旧址——三星楼

1928年秋冬，粤东北的中共松江区委在赖一能、黄日斌、苏树源、苏电等组织领导下，率松江区赤卫队先后进行两次暴动，攻打隆文伪乡政府驻地（即今隆文桥边的三星楼）。

第一次暴动，松江区委组织了100多名赤卫队员于黎明前发起进攻，由于组织不善，敌人防守严密，结果赤卫队员攻了一阵后退出暴动，只在隆文街上贴了许多标语后撤回。

同年11月27日夜，再次策划实施了第二次暴动，松江区委

在珠玉坑九经书室经过研究，通过总结经验，做了周密的部署，采取三面包围、内外夹攻的办法。胜利攻克了隆文伪乡政府，且没收了一批土豪物资，于天亮前结束战斗，震动了闽粤周边的反动派。

隆文桥边的三星楼（原伪乡政府驻地）

十三、雁洋三乡中和歼敌旧址——中和学校

中和学校位于梅县雁洋镇三乡中和村。1947 年 10 月 28 日凌晨至次日，刘永生指挥粤东支队一中队、二中队和梅埔边游击队及民兵，围点打援，突袭驻守在三乡中和学校号称梅县最强的保警第一中队。这一仗，粤东支队等毙敌副中队长以下 12 人，俘虏50 多人，缴枪 60 多支，子弹 2000 多发。

中和学校

十四、梅县石坑梅西区苏维埃政府旧址——温氏东皋公祠

温氏东皋公祠位于梅县石坑镇澄中村。1930 年建成，占地面积 750 平方米。

1929 年 10 月红四军来梅，推动了红色政权的建立。1930 年 1 月，梅西区苏维埃政府成立，主席卢竹轩，下辖均和、澄坑、琴江、龙凤、崇化、七珠、石赖、湖洋背、瑶上等 9 个乡苏维埃政府，地址设在澄坑温氏东皋公祠。

温氏东皋公祠

十五、红四军入粤第一捷战旧址——松源五星桥

1929 年 10 月 19 日早上，朱德率红四军出击东江入粤，由一纵队司令林彪率 2000 多名将士为先锋，入粤首战松源，在五星桥周边消灭了国民党陈维远部一个营，取得了红军入粤首战胜利，史称松源五星桥捷战。松源五星桥是梅县区不可移动文物。

松源五星桥

十六、陈毅传达中央"九月来信"的红四军军部驻地旧址——同怀别墅

同怀别墅位于梅县松源镇金星村寺边，建于 1920 年，建筑占地面积 6600 平方米，是 1929 年 10 月 19—24 日期间朱德率红四军出击东江广东首站军部驻地。同月 22 日，陈毅从上海返程时在广东东江特委派驻红四军前委代表罗欣然的陪同下，来到梅县松源的红四军军部驻地同怀别墅，当夜在军部召开红四军前委扩大会议，传达了党中央对红四军的指示"九月来信"。会议上肯定

了毛泽东"工农武装割据"思想，确立了毛泽东在红四军前委的领导地位。松源同怀别墅是梅县区不可移动文物。

松源同怀别墅

十七、朱德率红四军入粤首站松源红色旧址群（20 多处）

1929 年 10 月 19 日，朱德、朱云卿率红四军 6000 多名将士出击东江，驻扎在松源前后六天，红四军将士分驻在松源寺边村的红色旧址群有天后宫、福琳庄、厚得堂、继崇堂、继绳堂、庆余

1929 年朱德和朱云卿主力红军驻地旧址。

楼、墙背、蔡屋、存爱堂、敦本楼、质裕楼、文祠、槐荫堂、树槐堂、六吉堂、紫荣堂、植怀堂、志成堂、志得堂、东升楼、同怀别墅等二十余座大屋；部分红军小分队分驻松源周边的新南、青塘、径口、彩山、五星、横坊、桥背、宝坑等处。现还保存了许多当年这些红色旧址群中红军写下的革命标语。松源红色旧址群（20 多处）是梅县区不可移动文物。

十八、梅南水尾村东江工农红军总指挥部，红军干部学校旧址——星拱楼

星拱楼位于梅县梅南镇水尾村。1929 年 6 月中共东江第一次代表大会后，根据中央军委和广东省委指示，为了加强武装斗争的领导，中共东江特委于 10 月在梅县梅南水尾村星拱楼成立了东江红军总指挥部，东江特委常委、军委书记古大存任总指挥。梅南水尾村星拱楼是梅州市文物保护单位。

星拱楼

十九、梅县苏维埃政府旧址——梅南顺里松山排罗屋

松山排罗屋位于梅县梅南镇顺里村。在这里，分别于 1929 年

春、1929 年冬、1930 年春先后成立梅县农民协会、梅县革命委员会、梅县苏维埃政府。

顺里松山排罗屋

二十、水车小桑红军四十六团攻打官塘之战指挥部、红军医院旧址

旧址位于梅县水车镇小桑坑尾村。小桑境内的坑尾、小桑、

水车小桑红军医院旧址

新湖、双湖四村，是九龙嶂革命根据地的外围屏障和前哨阵地。在迎接红四军来梅时期设有被服厂、红军医院等功能的根据地后勤保障设施与基地，是九龙嶂坚固的堡垒区域。现仍保留有如红军四十六团指挥部、丰梅县委会议、小桑乡苏维埃政府、红军医院、被服厂、炸药厂等革命旧址、遗址 30 多处。

二十一、梅县苏区通往中央苏区的多条秘密交通线

土地革命战争时期，中共福建武平县委派出陈仲平到梅县松源，巩固梅县苏区向中央苏区输送紧缺物资及人员到中央苏区参战的多条秘密红色交通线。

粤闽交界松源耸魁塔

松源通往中央苏区红色交通线一览，水路如下：

上海、香港、汕头→松口→官坪→仙溪→桃尧诰上→显潮→麻坝→珠玉坑→松源三门井→车上坪→渡船桥→坳下港。

部分旱路如下：

松源坳下港→桥下街→赖屋→湾溪→福建永定洪山半径→洪山→永定→长汀→瑞金。

松源坳下港→铁坑→双树门→桃尧横径→桃源→福建峰市→永定→上杭→长汀→瑞金。

松源坳下港→杨阁→荷玉→桃尧黄沙→横径→桃源→上村→福建峰市→永定→龙岩→长汀→瑞金。

松源坳下港→桥下街→赖屋→五星→虾公畲→福建田梓→沙步→中都→稔田→上杭→长汀→瑞金。

松源坳下港→桥下街→赖屋→五星→金星→天落堂→豪猪窝→福建沙步→中都→上杭→长汀→瑞金。

松源寺边→新南→园潭→蕉岭石寨→水涨田→福建象洞→武平→长汀→江西瑞金。

松源新南→蕉岭步上→三泰→绿禾畲→福建将军地→岩前→武平→江西筠门岭→会昌→瑞金。

松源桥下街→桥背→横坊→彩山→径口→黄坑→蕉岭南礤→皇佑→广福→福建岩前→武平→江西筠门岭→会昌→瑞金。

二十二、中共闽西南潮梅特委第六次执委扩大会议旧址、王维旧居——蛟花堂

蛟花堂位于梅县松源新南村田心，建于清末，建筑占地面积2500平方米，是王进秀、王维的旧居。

1939年11月11—17日，在蛟花堂，召开了中共闽西南潮梅特委第六次执委扩大会议，参会有方方、谢育才、魏金水、刘永生、李碧山、陈卜人、伍洪祥、苏惠、王维、谢南石、方朗、林

蛟花堂

胡鳅、曾应之、吴作球、马发贤、马士纯、王辉、何浚、黄会斋、黄芸、杜桐、张光、郭潜、姚铎共24人。会期历时7天。选举产生出参加中国共产党七大的代表7名：叶剑英、边章伍、方方、苏惠、伍洪祥、王维、谢南石。在解放战争时期，蛟花堂曾是中共松源区委机关驻地，梅蕉杭武县委机关驻地，韩纵第一支队驻地，还是游击队的秘密财粮武器弹药仓库，闽粤赣边粤东支队、闽粤赣边纵队、独七大队、边区各游击队、武工队等的秘密联络站、接头户、堡垒户、边区间传递交换情报的重要交通站。不少党组织领导同志长期隐蔽在蛟花堂开展革命工作，十多年间，曾接待过闽粤赣边中共党组织各级领导干部、人员几百人次。王维的母亲刘五妹、大哥王进秀、大嫂李招云及王进秀儿子王浩才和蛟花堂宗亲积极投身革命工作，做好后勤保障、传递情报、转运伤病员、输送武器弹药等工作。刘五妹、李招云两次被抓坐牢，遭受敌人残酷迫害，坚贞不屈。蛟花堂是中共闽粤赣边区党组织的重要革命活动中心之一。松源王维旧居——蛟花堂是梅县区不可移动文物。

二十三、桃尧中共南委机关驻地旧址——庆裕楼

庆裕楼位于梅县桃尧镇桃源村。1942 年 6 月上旬，隐蔽在大埔的中共南委机关，遭到叛徒和国民党特务机关的破坏，南委负责人方方先后转移到永定峰市汀江边等地。6 月初永定县委副书记张春汉掩护方方和中共南委机关同志、电台等转移到自己老家桃尧桃源村庆裕楼设驻。方方等继续秘密领导南方各地党组织的革命工作。10 月南委书记方方在福建省永定县峰市高寨背遭一伙土匪武装绑架，后经地下党组织多方筹资营救获释。方方与南委机关由王立朝、张春汉护送再次转移回到桃源庆裕楼。同年 11 月后王立朝、谢毕真、朱毅宏、蔡伯诚等沿途掩护他们，分段护送他们转移至潮汕。桃尧桃源村庆裕楼是梅县区不可移动文物。

庆裕楼

二十四、松口中共梅县临工委等机关旧址——陈晋发五金店

陈晋发五金店位于梅县松口镇和平东路 21 号，建于民国时

期。混砖结构的小楼房，建筑占地面积约60平方米。

1937年1月中共潮汕工委书记李碧山到松口，开始恢复梅县党组织。陈晋发五金店是那一时期的中共梅县松口支部、梅县临工委、梅县县工委，也是梅县抗日救国会总部、梅县抗日救国义勇军大队部等机关驻地。

陈晋发五金店

二十五、王立朝故居——燕诒楼

燕诒楼位于松源镇新南满田村，是抗日战争时期中共松源区委机关驻地。解放战争时期，燕诒楼一直是闽粤赣边著名的红色堡垒户，曾长期接待众多闽粤赣边地下党领导和战友，并有不少同志隐藏在燕诒楼开展革命工作。王立朝、王立俊均系燕诒楼的革命前辈，其革命母亲丘阿云与王立俊妻子何云芳及全家积极投身革命。十多年来冒着生命危险，为地下党做了许多传递情报、采购物资、转运伤病员等工作。丘阿云、何云芳两次被抓坐牢，遭受敌人残酷迫害，坚贞不屈。1949年3月8日，闽粤赣边率先

燕诒楼

在松源成立松源区人民民主政府，王立俊任松源区区长。在王立俊、王立朝兄弟的带动下，燕诒楼家族积极投身革命的有 20 多人。

二十六、隆文李仁华烈士故居——绳继堂

李仁华故居绳继堂，位于梅县区隆文镇村东。约建于明清时期，为二堂二杆一横二层的土木客家建筑，占地 2000 多平方米。李仁华是中共梅县党组织在 1925 年 12 月成立中共梅县党支部时第一批加入共产党的人员之一。后曾任中共梅县特支、共青团特支宣传委员等职，是 1927 年 5 月 12 日组织发起梅县工人武装暴动的"斗委"领导人之一。1935 年李仁华在广州不幸被捕，遭敌杀害，时年 29 岁。

绳继堂

二十七、桃尧张民达烈士故居——逸庐

张民达故居，屋名逸庐，位于梅县桃尧镇螺江村。

张民达故居建于 1925 年，占地面积 693 平方米，建筑面积

1386平方米，砖混结构，楼高两层，楼宇风格为近代西洋式建筑。

1978年11月，梅县人民政府定为文物保护单位，1980年由省民政厅拨款修复，并对外开放。

逸庐

二十八、石扇肖向荣将军故居

肖向荣故居，位于梅县石扇镇新东村，建于清乾隆二十二年（1757），坐西向东，为三堂四横一围屋式，占地面积约3550平方

肖向荣故居

米。悬山顶、夯筑、灰瓦面、土木石结构，左、右外横屋为硬山顶二层建筑。上堂回廊减柱造，厅堂梁架简约，庭院宽敞。石扇肖向荣故屋是梅州市文物保护单位。

二十九、大坪卢伟良故居

卢伟良故居，位于梅县大坪镇坪中村草塘唇，建筑面积 500 平方米，土木结构，灰瓦面。

卢伟良故居

三十、黄琪翔将军故居——仪园

仪园

黄琪翔故居仪园坐落在梅县水车镇先锋村，建于民国时期，是一座中西结合的民居建筑，平面布局为纵向中轴对称。建筑分为前后两大部分，前为南洋建筑风格的楼房，后为客家传统民居建筑，风格独特。

三十一、松口梁锡祜烈士故居

梁锡祜故居

梁锡祜故居，位于梅县松口镇仙溪山口村（大坜村下梁）。

三十二、松源陈氏家族一门十杰故居——迪光楼

松源红色苏区案背村迪光楼陈氏家族一门十杰，其中陈莲秀、李东明、何淑、陈新丰、董俊、陈练生、陈文、陈增琰等八位老红军，享受部、省、厅、处级干部待遇。

迪光楼

三十三、梅南轩坑红军渡口与红军码头遗址

在梅南镇新塘圩河对面有一个400多亩的大坝叫轩坑坝。坝的中央有一条由荷泗流出注入梅江的小河，小河将大坝一分为二，梅江河上游段属上坝，下游段属下坝。下坝中间面临梅江河岸有一条"一"字形的农民街，临街河岸有一个"Y"字形码头，即为轩坑渡口的红军码头。在梅长大桥建成以前，轩坑渡口是轩坑三个村（澄坑、过龙、荷泗）等梅江河两岸村落数千人的交通要道，来往行人络绎不绝，车水马龙，热闹非凡。

1929年10月下旬，朱德率红四军出击东江由福建经松源首战并集结后于10月25日下午突袭攻克梅县城，随即接管梅县政权，张贴布告，安抚居民，宣传革命思想。第二天下午，朱德军长在梅城孔庙作演讲后，因敌人增援部队回攻梅城，为保存实力，遂率部队撤出梅城，由程江经大沙横岗村后兵分澄坑和轩坑龙运窝两路人马共计6000多人至轩坑渡口会合。当时轩坑渡口只有一条不大的渡船，几千红军过渡很困难，梅县县委委员李思绮率轩坑赤卫队与红四军警卫员商量，经朱军长同意后，决定由赤卫队员和熟悉环境的群众先行试水的深浅，排成行列打桩系绳子做标识，引导在浅水处涉水过江。时届深秋，河水虽较浅，但最深处齐腰，红军将士冒着寒冷摸着绳索渡过梅江河。朱德军长指挥伤员、女同志等分批走到唯一的一条船上，由村民帮助残病员和女兵渡江。至当晚 11 点左右，全部红军安全渡过梅江河。过江后红军在滂溪、龙岗、耕郑、上村、下村一带住宿。第二天，红军大部分进入九龙嶂，在九龙嶂下的顺里、南坑、马图休整和广

上图船只是 1997 年梅长大桥建成以前沿河两岸的民众过河的主要交通工具——渡船

泛开展土地革命运动的各种宣传活动。10 月 31 日，朱德军长率红四军沿原路过轩坑渡口反攻梅城，在第二次攻打梅城后，向平远赣南方向转移。

朱德率红四军两次经过轩坑，后人为纪念这一史实，将轩坑渡口的码头称为红军码头。

三十四、隆文梅州村战斗旧址——梅州畲纸厂

1948 年 8 月 16 日，梅州地委领导陈仲平、独七大队政委谢毕真、政治处主任王志安等及松源武工队、隆文武工队，在消灭了隆文自卫队后不久，集体把部队开到外围活动。隆文武工队在一个伸手不见五指的半夜，冒着暴雨，转移到隆文梅州畲的一间纸厂宿营。次日天将亮，武工队队长李振龙首先起来，收拾栏杆上的雨伞，放眼一看，眼前出现看不到头的敌人，正在向纸厂约

100 米的大路上前进。敌兵身影在天色朦胧中晃动，方向是朝着静水庵，情况危急，李振龙马上叫醒全队战友，准备战斗。经商议决定武工队从纸厂右边往山上撤，朱毅宏、李志光俩副队长带头，李振龙率几位战友打掩护。

梅州畲纸厂遗址

不料，武工队员们跑步刚通过纸厂门坪，就被左面山坡下的敌人发现和追击拦截。敌人用密集的火力向武工队猛射，山坑烂屋边也有敌人埋伏，武工队冒着敌人的枪林弹雨，冲过敌人火力网，掩护大部分同志进入了山坡密林。就在这时，在队长李振龙身边掩护战友撤退的李剑光（凤云）、汤春来不幸中弹牺牲。

三十五、隆文红色革命学校旧址——惕训小学

惕训小学，位于隆文镇岗尚村。在 1938 年至 1942 年 6 月，惕训小学曾是抗战时期中共松源区委在隆文开展党活动的中心。这期间，陈振厚、陈秉铨、王宝钦等中共党员曾先后在该校以教书为掩护开展党的各项工作，当年此间学校全部教师（从校长至炊事员）均为中共党员，是梅县中心县委、松源区委领导有如陈仲平、谢毕真等领导曾多次集结部署、领导梅蕉杭武边抗日及发展党组织、建设党员队伍的联络基地。1942 年 6 月南委事件后，时任梅县副特派员的谢毕真在该校对王立朝、陈振厚、陈秉铨、谢伦瓒、王兼锡、王志安、郭雪芳、廖秋声、朱毅宏、李振龙、钟化雨等中共党员骨干，传达中共潮梅特派员林美南关于"坚决撤退暴露的干部""支部暂时停止活动""每个党员实行勤业、勤学、勤交友（三勤）任务"的指示，使南委事件对梅县党组织的

惕训小学

损害降到最低，发挥了联络基地的最高功效。

解放战争时期，特别是 1946 年后隆文武工队在李振龙、朱毅宏的领导下，按照梅蕉杭武边县委指示，展开"建点布线、点线结合"的工作，此时的惕训学校成为至苏田—半溪—檀江—梅州村—大坑尾—高思—蕉岭，至村头—园步—宝坑—松源，至岩前—坑尾—五星桥—松口等 8 条交通线枢纽，以供韩纵一支队及隆文武工队和后来独七大队等中共地下党武装队伍在采取军事行动时，保证沿线有安全的据点，有粮食物资的供应和情报的及时输送。

解放战争期间，通过由惕训小学为基地持续十多年革命思想的灌输，隆文一大批青年纷纷投身到为民族求解放，建立新中国的队伍中。1946 年至 1949 年，从惕训学校、大坑尾（李桂云家）、灶炉坑等联络点、交通站输送到边纵、独七大队、隆文武工队等地委、县委各部队的隆文有志青年计有李燕华、李运友、李坤光、李乐平、李宝大、李宁安、李杰、冯育兴、李士康、李俊华、李仁和、李志达（又名卓兴）、李银江、李松生（烈士）、黄塘基、李芸生、李保文、廖玉秀（女）、李新顺、李迪章、朱伯芳、朱仁德、李建、李石、陈发英（女）、陈干英（女）、黄伟寇、李辉光、李禄祥、李明、赖新（又名均祥）、赖继聪、赖茂大、朱发祥等数十人之多。

　　基于惕训学校的光荣革命历史，曾是梅县抗日和解放战争时期的党和武装部队主要领导人陈仲平、王立朝、谢毕真等革命老前辈都恭称惕训学校为"红色革命学校"。在新时期发扬革命传统，牢记党的历史、传承红色基因的时代背景下，如何将惕训学校的红色资源加以保护、利用和传承，正引起梅县各级的高度重视。

附录二 革命文物

一、红军邮政袋

土地革命时期梅县苏区布质红军邮政袋（梅县博物馆藏）

二、土地革命时期梅县苏区赤卫队员穿过的粗布大衣

闽粤赣边革命纪念馆藏，土地革命时期梅县苏区赤卫队
员穿过的粗布衣内系小苎麻绳的大衣。

三、土地革命时期苏区土地使用证

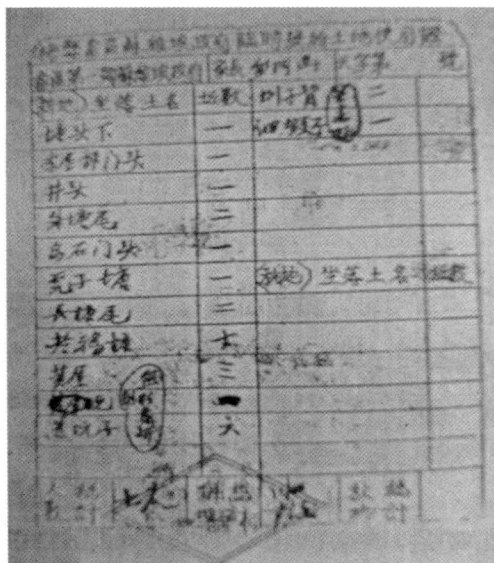

土地革命时期，梅县（含梅江区）使用过的土地证（原件存中央档案馆）。

四、梅县苏区的中国共产党党徽

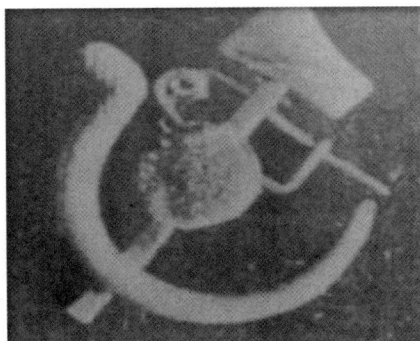

土地革命时期梅县苏区木质中国共产党党徽（梅县博物馆藏）

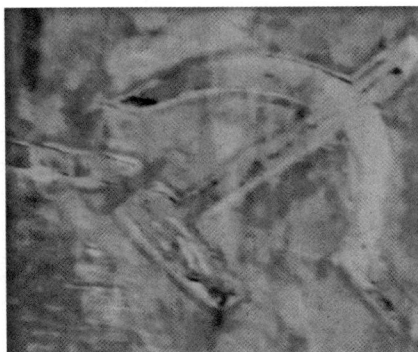

松源金星东升楼同怀别墅内画在墙体上的红军标语中的党徽

五、抗日战争时期中的松源下乡抗日自卫队印章、梅县自卫团布质胸章、梅县自卫团信封①

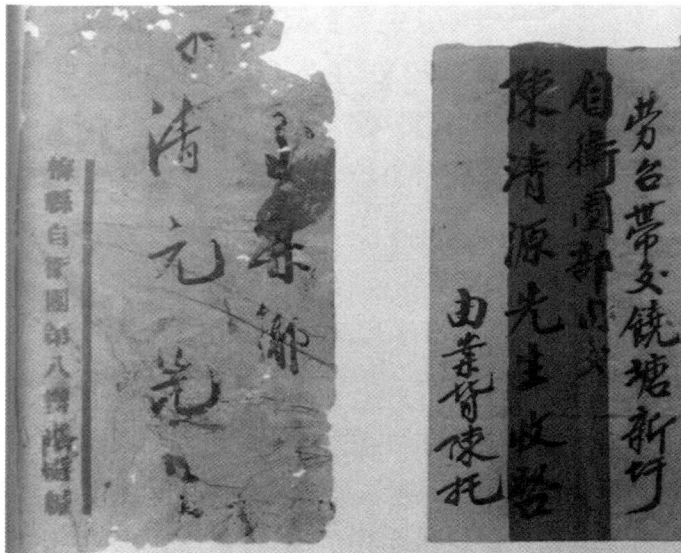

梅县自卫团信封

梅县松源下乡抗日自卫队印章

梅县抗日自卫团布质胸章

---

① 均为松源陈清源老革命珍藏的抗日战争时期的历史文物原件。

290

六、中央人民政府南方革命老根据地访问团访问梅县革命老区向军烈属代表颁发的纪念章

1951 年中央人民政府南方革命老根据地访问团访问梅县松东革命老区给老赤卫队员张茂祥颁发的纪念章

附录三 **纪念场馆**

梅县老区苏区在中国革命的各个时期，为中华人民共和国的建立曾涌现出大批可歌可泣的革命志士。改革开放后，为传承红色革命基因，为青少年提供爱国主义教育场所，梅县各级政府和社会各界热心人士先后在梅南、雁洋、松源、三乡、水车等地筹建了多座红色革命纪念馆、红色革命历史展览馆、红色革命文史馆等。

梅县全县在册可查的烈士共有 1127 名。梅县解放后，梅县县委、县政府为了缅怀革命先烈，让先烈们的革命精神永远传承，始于 1951 年 8 月 20 日由中央人民政府南方革命老根据地访问团，为梅县梅南区长沙乡建立的革命烈士纪念碑落成揭幕起，几十年来，先后在梅州市区剑英公园山顶，建成由徐向前元帅题字的梅县革命烈士纪念碑、梅县梅南九龙嶂红军烈士纪念碑、松源革命烈士纪念碑、松源五星村——红四军无名烈士纪念碑、梅县南口革命烈士纪念碑、畲坑、梅西、梅西松江崇、丙村、隆文、松东三井、梅南片（长沙）、石坑、石扇、城东潮塘、西阳、白宫、瑶东、油坊、城东谢田、三乡黄坳 21 座（集体）纪念碑，以及邓仲元、陈敬岳、饶辅庭、蒲风、丘仁祥、沈焕威、卢金发 7 座革命烈士纪念碑（亭）。上述纪念碑分布在全县东南西北各处，折射出梅县在中国革命各个时期，为新中国的建立而舍生取义、前仆后继、英勇献身的一个个先烈们鲜活的群像，是先烈们留下永垂青史的历史见证。

一、纪念场馆

（一）雁洋叶剑英纪念园

2007 年 5 月 13 日新建成的叶剑英纪念园门前的叶帅铜像

叶剑英纪念园位于梅县雁洋镇雁上村。2005 年 5 月 5 日，纪念园在原叶剑英元帅故居和纪念馆的基础上进行整合与扩建，于 2007 年 5 月 13 日建成并正式开放。扩建后的叶剑英纪念园由叶剑英故居、叶家宗祠、叶剑英纪念馆和各种广场、石刻、亭台、果园、植物园、观景台、农家乐园、客家风情街系列景观组成。建筑占地面积 11000 平方米，保护范围面积 32 万平方米。

叶剑英故居建于清代，是客家单门楼式两杠平房，共有 15 间，是叶剑英出生和童年、少年时期生活学习的地方。叶剑英纪念馆与叶剑英故居相连，于 1989 年建成。纪念园分展览区和办公区，展览区设 4 个展厅，展览厅内展示陈列物品 754 件，在对叶剑英的生平进行客观、真实介绍的同时，着重表现叶剑英在几个

叶剑英纪念园全貌

革命危难时所作的伟大贡献，向世人展现叶剑英伟大光辉的一生。

叶剑英纪念园是全国爱国主义教育示范基地、全国红色旅游经典景区。其中叶帅故居于 1987 年被列为省级文物保护单位，2001 年被评为全国重点文物保护单位、全国爱国主义教育示范基地。

（二）三乡人文革命历史展览馆

三乡人文革命历史展览馆，位于梅县雁洋镇三乡，占地面积约 150 多平方米。为纪念三乡人民在中国各个革命斗争时期曾作出贡献的革命人物及革命烈士和曾为三乡的社会主义建设作出过杰出贡献的村民而筹建。

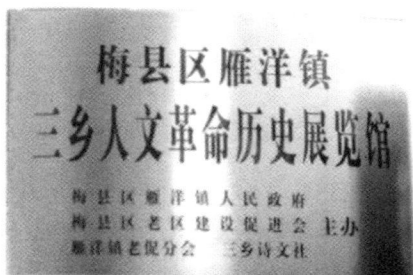

（三）梅南九龙嶂革命斗争纪念馆

2014 年建成的九龙嶂革命斗争纪念馆，位于梅县梅南镇九龙村。该馆展出的史料，全面地展示了九龙嶂革命根据地的斗争历史。经广东省精神文明建设委员会、中共广东省委宣传部命名为梅州市梅县区九龙嶂革命斗争纪念馆。

九龙嶂革命斗争纪念馆

（四）畲江邹韬奋纪念馆

该纪念馆位于梅县畲江畲坑圩镇老桥头。1941 年，日本帝国主义发动了太平洋战争，香港沦陷，留港 200 多名抗日文化战士，处境非常危急。中共华南党组织根据中共中央的紧急指示，立即集中力量组织营救，由东江纵队接应护送，将邹韬奋等大批文化名人转到大后方去。根据华南党组织的指示和

邹韬奋纪念馆

部署，陈启昌（大革命时期中共梅县党组织团的主要领导人，当时系我党开办的韶关侨兴商行经理身份）和郑展（中共党员、梅县人）把邹韬奋接回其老家畲江江头村隐蔽。当年还有数十位文化精英和革命人士都曾在此隐蔽，著名的文化界人士柳亚子先生在此隐蔽期间，曾为主人新建屋宇题写屋名"作庐"。南委事件后邹韬奋安全转移到苏北解放区。1990 年秋由多方人士倡议，为纪念中国近代历史上杰出的新闻记者、政论家和出版家、伟大的爱国者邹韬奋先生在梅县畲江的那段岁月，梅县县委、县政府在梅县畲江桥头建成邹韬奋纪念馆，馆高三层，建筑面积 1380 平方米。

（五）梅县水车革命文史纪念馆

梅县水车革命文史纪念馆位于梅县区水车镇小桑，是利用原有的小学校舍修整而成，2018 年 5 月完成布展，设有展览室 6 间。主要展出土地革命战争时期，在九龙嶂革命根据地创立的史

梅县水车革命文史纪念馆

实和古大存、郑天保、伍晋南、胡一声、赖淦、杨玉祥等革命前辈的史料。

（六）梅县区闽粤赣边革命纪念馆

梅县区闽粤赣边革命纪念馆设在闽粤边陲的梅县区松源镇新南村田心蛟花堂，占地 2500 多平方米。该处是抗日战争时期中共松源区委机关旧址、中共闽西南潮梅特委第六次执委扩大会议会址、中共杭武蕉梅边县委机关旧址、韩纵一支队驻地旧址、中共地下党交通站、联络站、财粮仓库、堡垒户旧址、中共七大代表王维老红军旧居。

梅县区闽粤赣边革命纪念馆

2015 年开馆以来，梅县区闽粤赣边革命纪念馆展出了来自全国各地曾在松源区域战斗或隐蔽过的老革命和牺牲的烈士及 200 多位闽粤赣边的老革命、堡垒户、接头户与交通员等人的革命史料、珍贵的历史图片、革命文物，还有老革命的手稿和字画等。

是粤东北革命老区一座重要且有影响力的爱国主义革命传统教育的基地。

二、梅县区辖内革命烈士纪念碑（部分）

（一）梅县革命烈士纪念碑

1991 年 5 月，此纪念碑由中共梅县委员会、梅县人民政府，为纪念梅县人民优秀儿女在我国各个革命时期里为国家独立、人民的解放毅然投身革命，舍身报国，英勇牺牲的革命烈士而建。徐向前元帅为梅县革命烈士纪念碑题字。纪念碑坐落于梅州市江南剑英公园内山顶（已迁至南口）。

（二）九龙嶂红军烈士纪念碑

此纪念碑位于梅县梅南镇水尾村，为纪念土地革命战争时期在九龙嶂革命根据地牺牲的烈士 1200 多名（其中留存有姓名可考的红军烈士 302 人，及无姓名可考的赤卫队员、革命群众）。中共梅县县委、县政府、梅南镇政府于 2015 年秋兴建。

（三）畲江革命烈士纪念碑

此纪念碑位于畲江镇红星村畲江公园，占地 750 平方米，保护范围面积 1500 平方米，2002 年 1 月建成。1926 年畲江各村先后建立党组织和人民政权，开展了武装斗争。1928 年举行了影响深远的畲江暴动。在各时期的革命斗争到中华人民共和国成立，先烈们献出了宝贵生命，为继承先烈遗志和崇高革命情操，激励后人特建此碑。纪念碑上刻有大革命时期至社会主义革命时期和建设时期牺牲的畲江当地烈士名单。

（四）松源革命烈士纪念碑

此纪念碑位于梅县松源镇乌泥坑。松源是具有光荣传统的革命老苏区，此纪念碑是为纪念从大革命至解放战争的各个时期，为中国人民革命胜利而牺牲的雷鸣远、陈卜人等60多名松源先烈而建。纪念碑原位于梅县松源中学西北侧，1957年建成，占地60多平方米。1996年迁移到松源乌坭坑，烈士纪念碑占地60多平方米，保护范围面积800平方米。周边有四座绿瓦八角亭。

（五）隆文革命烈士纪念碑

此纪念碑位于隆文镇圩镇。占地100平方米，1961年1月建成。解放战争期间，闽粤赣边纵一支队、独七大队，于1948年在隆文成立隆文武工队。武工队在梅州畲执行任务中，先后有李剑光（李凤云）、汤春来两位同志光荣牺牲。因而特建隆文革命烈士纪念碑以此缅怀先烈，激励教育后人。

（六）松东三井革命烈士纪念碑

此纪念碑位于松口镇中井村岽头自窝，紧挨青龙寺。占地50

平方米，1992 年 1 月建成。为纪念松东乡（现松口镇松东片）在各个革命斗争时期光荣牺牲的革命烈士，为继承先烈遗志，激励后人奋进，特建松东三井革命烈士纪念碑一座。

（七）南口镇革命烈士纪念碑

南口镇革命烈士纪念碑位于南口镇圩镇岗上。占地 450 平方米，围墙内保护面积 15000 平方米，1960 年 10 月建成。为纪念南口镇 1925 年以来，为中国人民解放事业而牺牲的陈益昌（陈光）、陈丽华等 263 名革命英烈而建。2005 年梅县县委、县政府对纪念碑进行了重新维修。

（八）梅西革命烈士纪念碑

梅西革命烈士纪念碑位于梅西镇车子排村。1958 年 1 月建成，占地 350 平方米。为纪念在各个革命时期以来，为中国人民解放事业而牺牲的梅西人民英烈。

（九）石扇革命烈士纪念碑

石扇革命烈士纪念碑位于石扇镇中和村文章祠。2005 年 4 月重建，占地 800 平方米。为纪念在各个革命时期以来，为中国人民解放事业而牺牲的 89 名石扇革命英烈。

（十） 丙村革命烈士纪念碑

丙村革命烈士纪念碑位于丙村镇丙村公园内，靠近镇政府和丙村中学、丙村中心小学，1951 年 11 月建成。

在各个革命战争时期，丙村人民为了争取民主和自由，奔向革命的斗争事业，不惜抛头颅，洒热血，建立了丰功伟绩。1951年 8 月古大存所率的中央人民政府南方革命老根据地访问团粤东分团第二分队到丙村访问革命老区人民时，提议建造烈士纪念碑，悼念各个时期牺牲的烈士，教育后代。1951 年 11 月，建成了丙村革命烈士纪念碑。

丙村革命烈士纪念碑

附录四 革命人物和事迹

一、革命人物（部分，排名不分先后）

从辛亥革命—土地革命—抗日战争—解放战争，在梅县这块红色热土上，曾涌现出叶剑英、肖向荣、古大存、李碧山本籍与外籍无数杰出的革命先驱，他（她）们光辉灿烂的革命史迹，映红了梅县原中央苏区、革命老区这片天地。因编纂老区发展史文字总量要求所限，以致很多革命人物史料无法在这一一表述。

叶剑英

叶剑英（1897—1986），名宜伟，字沧白。广东省梅县雁洋镇雁上村人。叶剑英元帅是久经考验的共产主义忠诚战士。伟大的无产阶级革命家、军事家，中华人民共和国的开国元帅、中国人民解放军的创建人，是中国共产党、中华人民共和国和中国人民解放军的卓越领导人。从追随孙中山从事革命活动起，到参加土地革命、抗日战争、解放战争，直到参加社会主义革命和建设，在半个多世纪的革命生涯中，叶剑英元帅为党、为人民、为无产阶级革命事业建立了不可磨灭的历史功勋。①

---

① 参考《辞海》"叶剑英"条和叶剑英纪念园内生平简介。

肖向荣

肖向荣（1910—1976），广东省梅县石扇镇新东村人。1926年加入共青团，1927年转入中国共产党。任共青团梅县地方委员会秘书、中共东江特委秘书长、闽粤赣省委秘书长、永定县委书记、中国工农红军总政治部宣传干事、秘书长兼军委直属队总支书记、红一军团政治部秘书长、统战部部长、宣传部部长、军委总政治部统战部部长、参加了长征。抗日战争时期任八路军115师政治部宣传部部长、军委总政治部秘书长、宣传部部长等职。解放战争时期，任东北民主联军政治部宣传部部长、第四野战军政治部宣传部部长、第十五兵团政治部主任。中华人民共和国成立后，曾任中国人民解放军第十五兵团政治部主任兼广东军区政治部主任、兵团政治委员、华南军区副政治委员兼政治部主任、中南军区政治部第一副主任、中央军委办公厅主任、国防部办公室主任、中央军委副秘书长、国防科委副政治委员兼政治部主任。1955年被授予中将军衔。1976年3月23日在北京逝世，享年66岁。

古大存

古大存（1897—1966），广东省五华县人。早年就读于广东公立法政专门学校。1924年加入共产党。参加第一、二次东征，参与创建东江革命根据地和东江红军，是东江革命根据地的主要创建者之一。先后担任中共东江特委委员、常委、军委书记、东江苏维埃政府副委员长、东江红军总指挥、中国工农红军第十一军军长兼代政委。抗日战争期间，任广东省委常委兼统战部部长。中共七大南方代表团团长兼党支部书记，于1940年12月16日率部抵达延安，任中央党校第一部学生党支部书记、部主任。1945

年出席中共七大，当选为中央候补委员。抗战胜利后，先后任晋察冀中央局委员兼党校校长、中共中央西满分局常委兼秘书长、土改工作团团长、东北局委员兼组织部副部长、东北行政委员会交通部部长等职。中华人民共和国成立后，先后任中共中央华南分局委员、常委、统战部部长、副书记，中南军政委员会委员，中共广东省委书记处副书记、书记，广东省人民政府副主席、副省长兼民政厅长，全国人大常委会委员、广东省政法委员会和老根据地建设委员会主任、广东省政协副主席等职。1966 年病逝。享年 69 岁。

方　方

方方（1904—1971），广东省普宁市洪阳镇人。1924 年参加广东农民运动讲习所。1925 年 5 月加入共青团。1926 年参加共产党。参加过保卫孙中山大元帅府的战斗。1930 年方方进入闽西苏区，1934 年留福建苏区，带领红军坚持三年游击战。抗日战争时期，任闽粤赣边区省委常委兼组织部长、省委书记（后改称闽西南潮梅特委书记）。1939 年 4 月，闽西南潮梅特委机关从闽西迁到梅县雁洋、梅城三角地等处设驻点。1939 年 11 月上旬，在梅县松源新南村田心（蛟花堂）堡垒户王进秀、王维家里，主持召开中共闽西南潮梅特委第六次执委扩大会议，被选为中共七大代表。1940 年 10 月起，先后任中共南方工作委员会书记、中共中央香港分局书记、中共中央华南分局书记等职。中华人民共和国成立后，任华南分局第三书记，中央统战部副部长，国家华侨委党组书记、副主任，全国侨联副主席，国家接待和安置归侨委员会委员兼办公室主任等职。1971 年 9 月去世，享年 67 岁。

卢伟良

卢伟良（1910—1988），广东省梅县大坪镇中村人。1928 年加入中国共产党，1928 年至 1936 年先后任共青团梅县县委书记、共青团东江特委常委、中共广东省委交通员、梅州大埔交通站站长等职。1932 年 3 月加入中国工农红军后，任红军总部二局参谋、中华苏维埃共和国国家保卫局总队部参谋长。长征期间，任中国工农红军第三军团保卫局侦察员、红军总司令部一局参谋。红军到达陕北后，任延安至上海的交通员，延安抗日军政大学第一大队政治指导员、分党委书记。抗日战争时期，历任新四军东南局交通站站长、广东人民抗日游击队第三大队政训员、增（城）从（化）番（禺）独立大队大队长兼政治委员、广东人民抗日游击总队第五大队及东江纵队第五大队政治委员、东江纵队第一支队支队长、东江纵队江南指挥部指挥员、东江纵队东进指挥部指挥员等职。解放战争时期，任山东渤海军区参谋处长，后参加中央党校学习。中华人民共和国成立后，历任广东省兴梅地区行政公署专员、地委常委，华南国防公路修建总指挥部干部部副部长兼处长，广东省人民检察院副检察长、检察委员会委员，广东省第三届政协委员、第四届政协常委等职。1988 年逝世，享年 78 岁。

王　维

王维（1918—2019），原名王耀秀，广东省梅县松源镇新南村田心人。1932 年在松源六甲联立中学就读期间，经陈仲平指引接受共产主义思想的启蒙，开始走上革命道路。1937 年参加梅县中国抗日救亡义勇军，任松源抗日救亡义勇军中队长。1937 年 2 月，加入共产党，先后任中共梅县松源乡党支部书记、松源区委书记。1939 年 1 月，松源区委被闽粤赣边省委第五次执委扩大会上评为闽粤赣边唯一的先进区委。1938 年 8 月起，任中共梅县中心县委组织部部长，1939 年 5 月任梅县中心县委书记。1939 年 11

月，在梅县松源新南村田心（蛟花堂）召开的中共闽西南潮梅特委第六次执委扩大会议上，被选为中共七大代表。1939 年 11 月起辗转奔赴延安，参加中共七大会议。1946 年 6 月，回到闽粤赣边区传达中国共产党第七次全国代表会议精神。1946 年 7 月起，任中共梅县中心县委宣传部部长、闽粤边工委副特派员、闽粤赣边工委常委组织部部长、闽粤赣边党委常委组织部部长。中华人民共和国成立后，先后任中共兴梅地委书记兼兴梅军分区政委、粤东区委宣传部部长、副书记，广东省水利厅厅长、中共广东省委候补委员、农村工作部副部长兼华南化工学院党委副书记兼副院长、广东省农业厅厅长、广东省知青办副主任、广东省农垦总局副书记兼副局长、广东省第六届人大常委会副主任兼党组成员、第一届广东省老区建设促进会常务副会长等职。2001 年 8 月离休。2015 年 8 月 28 日，中共中央组织部（2015）403 号文中规定，范希贤、王维同志享受省长级待遇。2019 年 6 月在广州逝世，享年 102 岁。

张引士

张引士（1890—1937），原名张挺生，广东省梅县区桃尧桃源村人。1905 年在印尼槟城加入孙中山同盟会。1907 年孙中山派遣他与同盟会许雪秋、陈芸生等骨干秘密回国，先后参加了黄岗起义、云南河口起义、黄花岗起义。在黄花岗战斗中，张引士、张云逸、王兴中等人，是在此役中极少数的幸存者。民国期间，孙中山派遣张引士等一批同盟会骨干到日本学军事。张引士日本学习归来后参加黄埔军校筹建，任军校校务委员。1937 年 2 月，辞世于广州，享年 47 岁。

王兴中

王兴中（1890—1951），广东省梅县区松源镇金星村树德堂人。广东法科大学毕业。曾任增城、龙门、从化安抚使，广东四军统领兼龙门县知事。中央直辖粤桂联军第四军第九独立旅旅长。追随孙中山革命，加入了中国同盟会。1911 年 4 月 27 日，参加了黄花岗起义。王兴中、张引士、张云逸等，是在此役中极少数的幸存者。1911 年 10 月 30 日，王兴中成功领导组织了深圳新安（宝安）起义。1937 年 9 月，松源区委党组织领导下成立"松源各界抗日后援会"，王兴中出任委员。1938 年春任"松源民众抗日自卫团"主任。1951 年 4 月因病在家逝世，享年 61 岁。

黄琪翔

黄琪翔（1898—1970），广东省梅县水车镇茶山村人。1914 年他被保送到保定陆军军官学校第六期炮兵科学习，曾任该校分队长，曾留学德国。1922 年大革命时期回广东追随孙中山，历任粤军团长、师长、第四军军长。1924 年加入中国国民党。1926 年 6 月，任国民革命军第四军十二师三十六团团长。1927 年 4 月，任国民革命军第四军"铁军"军长。抗日战争时期，曾历任第五战区副司令长官、第六战区副司令长官、中国远征军副司令长官等职。曾指挥部队参与了淞沪会战、枣宜会战、滇西缅北战役等重大战役。抗战胜利后，任驻德国军事代表团团长。1948 年赴香港脱离国民党，参加爱国民主运动。1949 年出席中国人民政治协商会议第一届全体会议。中华人民共和国成立后，历任中南军政委员会委员兼司法部部长，国防委员会委员，国家体委副主任，第一、二、三届全国政协常委，中国农工民主党副主席等职。1970 年 12 月 10 日病逝于北京，终年 72 岁。

张　文

张文（1887—1960），广东省梅县区三乡小都村人。韩山师范学校毕业。后应征入伍，被选送至广东讲武堂学习，结业后，考进设在保定的军咨府军官学校（民国后改为陆军大学）深造。曾先后任同盟会保定支部军事部长、国民革命军总部参事，旋任李济深驻韶关第八路军总指挥部副参谋长、北路军总指挥部参谋长、福建人民政府参谋团参谋长。抗战时期，先后任第四、第七战区顾问以及粤闽边区游击总部参谋长、桂林行营参议之职。抗战胜利后，先后任中国国民党革命委员会中央常委和中国民主同盟广东省支部负责人、全国政协第一次全体委员会议常委。中华人民共和国成立后，历任中国民主同盟中央委员、广东省政协副主席、中国民主同盟广东省委主委、广东省人民政府委员、广东省副省长。1960 年在广州病逝，享年 74 岁。

赖一能

赖一能（1905—1980），原名赖增旺，广东省梅县松源镇桥市村人。1926 年 6 月加入共产党，同月任中共松源支部组织委员、书记。1928 年 4 月，任中共松江区委书记。1927 年率工农参加松口、丙村、西阳、梅城的工农武装暴动。1928 年 6 月，率松江区赤卫队 100 多人参加福建上杭蛟洋农民武装暴动，1929 年夏为迎接朱德等率领 6000 多红军出击东江进驻松源，率红四军进驻松源做了大量工作。1930 年春，派往大埔埔北（永定）区委工作。1931 年因病往汕头、香港医治而与组织失去联系。1946 年后继续为革命工作。1949 年参加接收松口的解放工作。1950 年起，先后任松源乡副乡长、松源第二中心小学校长、松源区小学校长、松源中学校务委员。1980 年 8 月病逝，享年 76 岁。

黄日斌

　　黄日斌（1903—1981），曾用名黄耀寰、黄日彬、黄跃寰、黄耀环，广东省梅县松源宝坑村人。1923 年梅县师范学校毕业。1927 年加入共产党，任宝坑党支部书记、松江区委委员。1929 年调梅县县委机关，先后任县委秘书、委员和常委兼畲江区委书记、丰梅县委常委兼松江区委书记等职。1931 年离梅到泰国曼谷，先后在曼谷崇实学校、华侨中学、南洋中学等华侨学校任教。1933 年参加华侨共产党，1936 年任侨党中央委员，1937 年任侨党中央常委兼曼谷市委书记和"抗联"负责人之一、泰国曼谷"暹罗华侨教育协会"常务委员。并在老挝万象寮都等地领导华侨抗日救亡工作。1950 年回国治病，1952 年任北京华侨补习学校校长。1953 年后曾在中央侨务委员会先后任科长、处长和专员、老挝使馆二等秘书和党组负责人、广东省归侨联合会副秘书长等职。1981 年 12 月于广州逝世，享年 78 岁。

叶明章

　　叶明章（1907—1991），广东省梅县（现梅江区）长沙镇罗衣村人，1927 年 8 月加入共产党。1929 年任梅县县委常委兼梅西区苏维埃政府军委主席，后担任县委书记。1947 年 6 月，参加梅南游击队第九武工队。后任梅兴边县委委员。中华人民共和国成立后，任梅县县委委员、常委，兴梅地区农委书记，兴梅地区检察分署副署长。1954 年任华南公路工程指挥部副科长，广东省邮电局副、正科长。1956—1967 年 11 月，任广东省人民检察院办公室副主任。1991 年 7 月 12 日因病逝世，享年 85 岁。

胡一声

胡一声（1905—1990），广东省梅县梅南镇罗田上村人。1926年在广州中山大学就读期间加入共产党。他受中共广东区委委派与郑天保回到家乡，共同参与创办梅南中学，建立了中共梅南中学党支部。1927年秋，与郑天保等人在梅南九龙嶂凹头成立广东工农革命军（东路）第十团，开展武装斗争。后遭国民党通缉，避走南洋。1940年10月，回到香港。次年12月，香港沦陷，参与了革命爱国民主人士大营救。1943年起，任中国民主同盟东南总支部宣传部长。抗战胜利后，被选为民盟广东省委第一届主任委员。后受中共南方分局委派，在新、马建立民盟组织，被选为民盟马来亚支部常委兼新加坡分部主席。1948年6月，回到香港，主持"香港南方论坛社"工作。次年参加第一届全国人民政治协商会议筹备工作，并被选为第一届全国政协委员，后历任第二、五、六届全国政协委员。还参与民盟的组织领导工作，多次被选为民盟中央参议委员会常委。1983年离休。1990年3月19日，在广州病逝，享年86岁。

伍晋南

伍晋南（1909—1999），广东省梅州市兴宁县（市）人。1926年加入共青团，1927年参加农民运动。1928年在梅南中学经廖祝华、熊光介绍加入共产党。1928年秋任梅南区白沙乡党支部书记。1928年10月，任梅南区委书记。1929年9月任梅县附城工委书记。1931年起，历任红军独立三师青年科科长、组织科科长，红一方面军第三军团政治部部长，参加了二万五千里长征。1936年后任陕北红二十八军政治部主任、八路军120师716团政治部主任、第四纵队政治部主任。中华人民共和国成立后，曾先后在广东省任广东省北江地委书记兼北江军分区政委、粤北区党委书记兼粤北军分区政委、粤中区党委书记兼粤中军分区政委。1954 年夏至 1975 年冬，历任广西省委副书记，广西省委书记处书记，广西壮族自治区第一、二、三届党委书记处书记兼任广西壮族自治区监察委员会书记、自治区党校校长。伍晋南是党的七大代表，第一、第三届全国人大代表。1999 年 3 月 23 日因病逝世。

陈启昌

陈启昌（1908—1969），原名陈劲军。广东省梅县畲坑江头村人。1926 年 7 月东山中学毕业。读书期间，积极参加学生运动，是 1925 年 12 月中共梅县党支部成立时发展的第一批党员。曾任中共梅县特别支部、梅县支部组织委员、团特支书记、团地委、县委书记与武装斗争委员会领导成员。1941 年参加香港营救 200 多名各界抗日救亡爱国志士，接送转移到大后方工作。1942 年 9 月，还安全护送转移邹韬奋到苏北。中华人民共和国成立后，先后任兴梅专署财政科长、兴梅地委统战部副部长、梅城镇镇长、华南农垦总局计划处长、中国科学院广州哲学社会科学研究所研究员等职。1969 年 4 月，在英德"五七"干校病逝，享年 61 岁。

郑天保

郑天保（1902—1971），曾用名郑晋、郑兴，广东省梅县梅南镇耕郑村人。1926 年 10 月，在广州大学加入共产党。1927 年秋与胡一声等率领梅南农民武装进入九龙嶂，创建广东工农革命军东路第十团，任团长。1928 年任广东潮州中共东江军委书记。1929 年任上海市中共沪西区委宣传干部。1940 年奉党的指示往南洋开展侨领工作。1948 年在香港做统战工作。1949 年起，先后任广东东江人民委员会委员，广东省政府行政处处长，海南岛橡胶考察团团长，华南垦殖局广州办事处主任，广东省人民委员会办公厅副主任，广东省人民委员会二办副主任，政协广东省第一、二、三届委员会秘书长，中国致公党中央常委兼秘书长，致公党广东省主委，是第一、二、三届全国人大代表。1971 年 2 月，在广州逝世，享年 69 岁。

张春汉

张春汉（1918—1981），广东省梅县区桃尧镇桃源庆裕楼人。1935 年在梅县松源六甲联立中学毕业。读书期间接受陈仲平对其进行党的启蒙教育。1936 年春与王维在松源径口上达、园岭小学任教，11 月在松源参加了王维组织成立的中华抗日救国会。1937 年 2 月加入共产党，6 月任松源区宣传部长，11 月参加龙岩新四军二支队训练班，后任闽粤赣省委青年部干事、闽西永定县宣传部部长、永定县委副书记、闽西地委委员。是 1942 年 6 月南委事件后参与保卫"南委"书记方方和南委机关（设驻桃源村庆裕楼其家中）安全的主要组织者之一。1943 年奉命到延安。1944 年 9 月，在延安中央党校二部学习。1945 年 8 月，任热河省隆化县委书记。1948 年 10 月任冀热察区党委青年训练班主任、张家口市区委书记。1949 年 2 月随军南下。中华人民共和国成立后，曾任蚌埠市委副书记、安徽省革委会政工组长兼安徽日报社党委第一书记、安徽省委宣传部副部长、省委委员等职。1980 年 9 月到中央党校学习。1981 年 9 月，在安徽合肥逝世，终年 63 岁。

梁集祥

梁集祥（1915—）又名梁超鹏，广东省梅县松口镇人。1935 年参加抗日救亡运动。1936 年参加梅县救国会。1937 年 3 月加入共产党。同月他与王维、陈卜人、陈晓凡等人在雁洋南福村陈卜人家开会秘密成立了梅县中国抗日义勇军。1938 年冬任中共梅县中心县委青年部长。1939 年任梅县组织部长，9 月调杭、永、岩、连、宁县委任宣传部长。1941 年任闽西特委委员。1942 年 6 月（南委事件）后，疏散到长汀县立初级中学任教。1945 年 9 月调回闽粤赣中心县委任副特派员、副书记。中华人民共和国成立后历任兴梅地委、粤东区党委宣传部部长、汕头地委第二书记、汕头地区和梅县地区行署专员、广东省教育厅党组书记兼厅长。1983 年任广东省人大常委教科文卫委员会副主任。1986 年离休。

王进秀

　　王进秀（1911—1993），广东省梅县松源新南田心村人。1937 年参加革命。1938 年加入共产党，同年任田心村支部书记。他家曾是抗日战争时期中共松源区委机关驻地，是 1939 年为期 7 天的中共闽西南潮梅特委第六次执委扩大会议召开所在地，是中共杭武蕉梅边县委机关驻地，韩纵一支队驻地，中共闽粤赣边地下党的交通站、联络站、堡垒户。1941 年王进秀任松源区委宣传委员、副特派员。1943 年与 1946 年两次疏散到寻邬县开展党的工作。1947 年应召返回松源参加武工队，任边纵游击队财粮长等职。解放战争期间，在白色恐怖血雨腥风的岁月中，王进秀家从不间断地秘密接待中共闽粤赣党组织的人员如方方、刘永生、李碧山、陈仲平、梁集祥、谢毕真、张伯赞、张子芳等诸多领导和战友几百人次（且不少是长期曾隐蔽在蛟花堂开展艰苦的革命工作）。王进秀、王维的母亲刘五妹与王进秀妻子李招云（中共党员）及儿子王浩才等全家，冒着生命危险，长期积极做好党和部队的后勤供给保障、站岗放哨、传递情报、转运伤病员、输送武器弹药等任务。中华人民共和国成立后，从 1949 年起，王进秀先后任松源区副区长、梅县贸易公司经理、盐业公司经理、纺织品公司经理、侨特公司经理、松口医院院长等职。1993 年 4 月因病逝世，享年 83 岁。

王汕平

王汕平（1926—1991），马来亚出生，祖籍广东省梅州市梅县区松源镇新南村田心人。在抗战后期太平洋战争爆发时，积极在马来西亚宣传抗日，动员华人华侨捐款捐物，支援祖国抗战，参加马共领导的抗日游击队。解放战争时期回到祖国，曾参加中国人民解放军闽粤赣边纵队潮汕第四期干校学习。广州解放后，王汕平被调到广州工作，历任广东省侨委会宣教处宣教科代理副科长、侨报记者管理组组长、致公党广东省委宣传处副秘书长、致公党省委机关主委、致公党广东省委第四届委员会委员、第五届委员会常委等职。1991 年 5 月，在广州逝世，享年 66 岁。

王立朝

王立朝（1922—2001），广东省梅县松源镇新南村满田燕诒楼人。1936 年 12 月参加革命。1937 年 9 月参加共产党，先后担任中共松源支部书记，区委组织部长，韩江纵队第五支队、第一支队、第二支队政治委员，梅蕉武埔县工委和梅蕉杭武县委书记，闽粤赣中心县委委员，梅埔地委特务队政治委员，梅埔地委委员，粤东支队副政治委员兼政治部主任，粤东地委委员、副书记，闽粤赣边纵队第一支队副政治委员、代司令员，梅州地委副书记。中华人民共和国成立后，曾任广东省军区政治部副主任、湖南省军区政治部副主任、湖南省军区副政治委员等职。1955 年 9 月被授予上校军衔，1963 年 6 月授予大校军衔。1970 年起享受副军级待遇。1983 年 6 月离休。2001 年 8 月 11 日在广州逝世，享年 79 岁。

王志安

王志安（1918—1988），广东省梅县松源镇横坊村官田人。1937 年春参加抗日救国义勇军小队。1937 年 8 月加入共产党。1939 年任中共宝坑村支部副书记。1940 年任武平象洞区委组织委员。1941 年任梅县丙村区委书记。1946 年 2 月，任杭武蕉梅边县委委员、县委书记。1948 年 2 月，任杭武蕉梅边独七大队政治处主任。1948 年冬任杭武蕉梅边县委书记兼独七大队政委。1949 年 4 月，任蕉岭县军管会主任。1949 年 7 月，任梅县人民政府县长。1952 年任梅县土改队长。1953 年任梅县供销合作总社主任。1954 年调任广东省供销合作总社等处工作。1982 年离休。1988 年 10 月 18 日，在广州逝世，享年 70 岁。

黄清宇

黄清宇（1913—1998），原名恩全，广东梅县松源镇宝坑村人。在日本留学回国后，于 1937 年 10 月加入共产党。曾任梅县松源梅蕉六甲联立中学校长。1942 年南委事件后，离开故乡，成功打入国民党军队高层内部，从事谍报工作。1946 年在南京联勤总部总司令黄镇球部下任上校机要秘书。特别是 1946 年在中共中央代表团于南京国共两党谈判期间，黄清宇、王静娥夫妇俩是中共地下党，为中共南京代表团输送了大量国民党军队的重要高级别军事情报，情报被送达中央延安。他俩为中国人民的解放事业和中华人民共和国的成立，作出了特殊的重大贡献。1949 年后，历任韶关地区人民银行行长等职。1994 年离休。1998 年 2 月 17 日，在广州离世，享年 85 岁。

王静娥

王静娥（1918—2007），女，广东省梅县松源镇金星寺边村（存爱堂）人。1937 年 2 月参加革命，1937 年 10 月加入共产党。历任松源区妇女部长、妇女支部书记、松源中心小学教师。1946—1949 年长期从事中共党的地下工作，打入国民党内部，协助担任南京联勤总司令部上校机要秘书的丈夫黄清宇同志做军事情报工作，长达数年为中共中央获取了大量重要的国民党高级军事情报。特别是在 1946 年中共中央代表团于南京国共谈判期间，协助丈夫黄清宇，为中共中央代表团获得了大量的重要高级机密军事情报。中华人民共和国成立后，历任广东省畜产公司干部、韶关地区财政局干部、韶关市财政局干部。1986 年 10 月离休。2007 年 4 月在广州逝世，享年 89 岁。

何康全

何康全（1919—1953），又名何雪梅，广东省梅州市梅县区松源五星瑶福村人。1937 年 11 月参加抗日救国义勇军。1938 年加入共产党，积极参与中共松源区委领导下的各项抗日救亡运动和党的工作。1942 年南委事件后，松源区委特派员张伯赞（张英）在湾溪村陈屋国民小学教书，何康全在湾溪村尚智学校教书，他们以教书隐蔽单线联系。1943 年特派员张伯赞调离松源后，何康全与王逸辉、王锦华等先后被党组织派往到粤北。后何康全经当地党组织安排，奉命打入曲江县国民党警察局任消防队队长，随后带队起义。中华人民共和国成立后，任曲江县公安局副局长兼治安股长等职。于 1953 年逝世。

张孤梅

张孤梅（1910—1969），原名琪元，张文之弟弟。广东省梅县区三乡小都村人。1933 年加入共青团，1938 年参加新四军，1939 年转入共产党。历任新四军教导总队教员兼队长、一支队特务营教导员，新四军联合抗日义勇军政治部主任、一师一旅三团政委、一旅教导队政委，苏中军区泰兴独立团副政委兼政治处主任、政委，泰州县委书记兼县独立团、县警卫团政委，苏浙军区第四纵队十一支队政委，华东第一纵队一旅二团政委，一旅政治部副主任，一师政治部主任、副政委，七兵团政治部宣传部部长，杭州市军管会文教部部长，中国人民解放军 23 军 69 师政委兼代师长，中国人民解放军 23 军政治部副主任、代主任。1952 年参加中国人民志愿军入朝作战，任志愿军 23 军政治部代主任、主任。荣获朝鲜民主主义人民共和国二级自由独立勋章。回国后，任解放军政治学院训练部副部长。创办福州大学，并任福州大学党委书记兼副校长。1955 年授衔为解放军大校。被授予二级独立自由勋章、一级解放勋章。1969 年 1 月在福州逝世，享年59 岁。

刘永生

刘永生（1904—1984），人称刘老货。福建省上杭县稔田乡严坑村人。曾任闽粤赣边区游击总队长，中国人民解放军闽粤赣边区纵队司令员等职。他的革命足迹遍及梅县大地，是解放战争期间梅县贯彻执行"先粤东后闽西南"成为主战场时期的主要决策者与军事最高指挥官。中华人民共和国成立后，历任第三野战军第 10 兵团兼福建省军区副司令员，福州军区副司令员兼福建省军区司令员，福建省委常委、省监察委员会主任，福建省副省长兼省人大常委会副主任。是第一至五届全国代表大会代表。1955 年授予少将军衔。1984 年 1 月因病逝世，享年 80 岁。

李碧山

李碧山（1912—1981），曾用名李班、李平、李英。越南隆安省芹德县隆和乡人。1927 年加入越南人民抗法斗争革命同志会。1931 年加入越南共产党。1933 年春被法国殖民当局逮捕并驱逐出境。后流落到汕头大原牙科医院当杂工，结识了来大原医院治牙的梅县松源梅蕉六甲中学老师王建良，相互了解有共同政治面目，便要求王帮他到中央苏区干革命，王同意帮助，当王出院时便一同来到松源并居住王家一个多月。王建良向松源党支部陈仲平书记汇报，经陈仲平同志请示上级武平县委陈灿华的批准。1934 年春节后陈仲平、王建良、王文湘护送李碧山经松源通过中央苏区红色交通线来到武平象洞，并由武南游击队护送李碧山、王建良、王文湘一行到达中央苏区瑞金，李碧山进入中央党校学习。后在中华全国总工会工作且转为中共党员，并出席第二次全国苏维埃代表大会。中央红军长征后，李碧山留在苏区，后辗转至汕头市参加抗日救亡活动。1936 年任中共韩江工委书记，后受中共南方临时工作委员会（简称南临工委）指派，于 1937 年 1 月到梅县恢复、重建梅州地区党的组织。从 1937 年 1 月起至 1946 年 7 月长达 10 年期间，李碧山是梅州地区党组织的实际领导人，曾多次在关键时期行使梅州地区党组织的最高决策者、领导者职能，是梅州党组织历史上不能忘却的关键人物之一。抗日战争时期，先后任中共闽粤赣省委委员、宣传部部长，中共梅县中心县委书记、中共潮汕中心县委书记、中共闽西南潮梅特委青年部长、中共闽南特委组织部长。1939 年 11 月上旬参加了中共闽西南潮梅特委（原闽粤赣边省委）第六次执委扩大会议，后任中共南方工作委员会联络员。1945 年春奉命接替林美南再度出任梅州党的领导后，迅速恢复梅州党组织活动，组建抗日游击队韩江纵队，任中共闽粤赣边特派员。1946 年任中共闽粤赣中心县委书记。1946 年 7 月经中共中央批准回越南工作，曾任越南政府外贸部长等职。1981 年 9 月在越南胡志明市逝世，享年 69 岁。

陈仲平

陈仲平（1913—1993），福建省武平县象洞乡岗背人。1929 年参加革命。1930 年加入共产党，任象洞区委宣传部部长。中共武平县委为打通、巩固梅县—松口—松源—江西瑞金和闽西的中央苏区红色交通线，1931 年委派陈仲平到松源梅蕉六甲联立中学以读书为掩护，秘密开展党的工作与活动。1932 年陈仲平以梅蕉六甲中学教师、学生为主体，先后发展了王建良、王华（王芝祥）、王宝钦、王春风、王文湘、王兴书、练金万、炊事员陈清源（陈阿寿）8 人加入中国共产党，并成立了中共梅县松源党支部。后该支部属武平县委领导的党的基层组织，由陈仲平任书记。此后，在陈仲平领导下，松源党支部向中央苏区输送了大量的食盐、药品等急需紧缺物资和输送人员参加红军队伍。1934 年红军主力长征后，武平县委被敌打散，松源党支部继续坚持活动，积极组织社会各界群众投身抗日救亡运动，为后来的革命斗争培育和存聚了大批有生力量。1937 年 1 月底，李碧山到松口与陈仲平接上组织关系，2 月恢复中共梅县党组织和松源党支部。同月，陈仲平在松源将多年来存聚的革命种子如王维、王立俊、王谦锡、张春汉、陈秉铨、陈振厚、陈连亨、王逸辉、王立朝、王志安、温怀浩、王星、王静娥、黄清宇等 20 多名进步青年先后吸收为中共党员，改选松源支部，书记是王维，组织委员是王立俊，宣传委员是张春汉。陈仲平同志后历任松口党支部书记、漳州中心县委青年部长、梅州地委副书记兼梅县军管会副主任、梅县县长等职，1949 年调回闽西组建龙岩地委和在龙岩专署任第一任专员。1951 年 9 月调中央马列学院学习，毕业后任该校教研室副主任。1979 年冬任中央党校哲学教研室副主任。1982 年离休。1993 年 2 月 7 日在北京逝世，享年 80 岁。

陈仲平与李碧山一样，是重建中共梅县党组织的功臣，为粤东地区的解放事业与革命建设作出了特殊贡献。

谢毕真

谢毕真（1916—2019），曾用名谢昆华，福建省龙岩市武平县象洞乡光彩村人。1937 年 2 月参加象洞乡"中华抗日义勇军"，同年 10 月加入共产党，曾任武平象洞区委书记。1940 年 6 月任梅县松源区组织委员。1940 年 8 月任松源区委书记。1940 年冬任梅县县委组织部部长、副特派员。1942 年南委事件后，时任梅县副特派员的谢毕真担任方方与潮梅特派员林美南的交通员，为保全梅县党组织和"南方工委"及方方的安全作出过特殊贡献。是 1945 年春李碧山恢复梅州党组织活动的得力助手。1946 年任梅蕉武边县委组织部部长。1947 年 5 月任杭武蕉梅县委书记兼粤东支队独七大队政委。解放战争期间，率队活动在闽粤边区各地的蕉岭、梅县、大埔、永定、上杭、武平游击区艰苦战斗。中华人民共和国成立后，历任梅州地委宣传部部长兼人民报社社长，福建省农业厅副厅长，福建省出版事业管理局（新闻出版局）副局长、党组成员等职。1983 年离休，离休后任闽粤赣边区党史编审领导小组副组长兼边区党史办主任。其间，他倾注了 17 年心血的《中共闽粤赣边区史》等革命史著得以顺利问世。2019 年 12 月 12 日逝世，享年 104 岁。

1999 年、2010 年胡锦涛，2014 年习近平总书记分别到闽西龙岩视察工作时，谢毕真曾先后多次受到中央领导的接见。

二、革命英烈（部分，排名不分先后）

据不完全统计，梅县现有册可查烈士共有 1127 名（1911—1990.12.31，含今梅江区）。其中民主革命和第一、二次国内革命战争时期 655 名、抗日战争时期 32 名、解放战争时期 231 名、中华人民共和国成立后 209 名。详见《梅县革命烈士英名录》《老区情怀》（第 193—206 页）[①] 均有列。

朱云卿

朱云卿（1907—1931），广东梅县（今梅江区）人。1924 年从印尼回国投考广州黄埔军校。1925 年参加中国共产党。土地革命战争时期，历任红四军参谋长、红一方面军总参谋长兼红一军团参谋长等职。参与指挥中央苏区第一、二次反"围剿"战役，1931 年在吉安东固被国民党特务杀害。时年 24 岁。

梁锡祜

梁锡祜（1902—1941），广东梅县松口镇仙溪山口村人。1922 年入读松口公学。1924 年考入黄埔军校第一期毕业。在校期间，加入青年团，后转为共产党员。1925 年参加过两次东征。1927 年12 月 11 日，梁锡祜参加了广州武装起义。起义失败后辗转到香

---

① 烈士相关信息皆出自：中共梅县县委编：《梅县革命烈士英名录》，梅州市城西印刷有限公司印刷，2005 年 6 月第一版，准印证：［2005］梅准印字第 016 号，相关信息均出自梅县民政局；梅县老区建设促进会编：《老区情怀》，2011 年 12 月第 1 版第 1 次印刷，准印证：［2011］梅印准字第 091 号。

港，后到韶关加入朱德率领的南昌起义部队。1929 年 10 月，朱德率红四军进军东江，两次攻打梅城后撤回闽西，留下梁锡祜、谭汉卿等 150 名政工参谋人员和伤病员支援东江红军，12 月任中共兴宁县委副书记、东江苏维埃政府执行委员会委员。1930 年任中国工农红军第十一军参谋长。1931 年 4 月，任中共蕉平寻县委书记、中共寻乌县委书记、中国工农红军第二十二军政治委员。1934 年 10 月，随中央红军参加二万五千里长征，到达陕北延安。抗日战争爆发后，担任新四军教导总队负责人，为新四军各部培训了大批干部。1941 年 1 月在皖南事变中壮烈牺牲，时年 39 岁。

杨雪如

杨雪如（1897—1932），又名杨雪爽、杨弘、杨亦泉。广东省梅县东区下市角杨屋（今梅江区）人。1921 年到上海大学半工半读，同年加入共产党。1925 年受党组织派遣回梅县家乡活动，任桂里学校副校长。后在国民政府梅县教育局任督学，他利用督学的身份到各地乡村小学巡视工作的机会，秘密发展中共党组织。1925 年多次到松源巡视，并于 1926 年 6 月建立起松源党支部，开创梅县农村党建之先河。杨雪如曾是 1927 年梅县五一二革命暴动的领导人之一，后奉命与李仁华等赴武汉向中央汇报，6 月底奉命回兴梅工作。同年冬任梅县县委组织部部长。1928 年中共梅县县委改组后调到东江特委，任特委委员。1931 年受组织派回梅县检查工作，被叛徒出卖不幸被捕。1932 年初被敌人枪杀于梅城北门岗而光荣牺牲，年仅 35 岁。

杨广存

杨广存（1901—1928），梅县城西区（今梅江区）人。1914 年起先后在县立第一高小、梅州中学、北京大学就读。1923 年在北大加入共产党，1926 年参加了北京学生群众发起的向北京临时政府拒绝英、美等八国最后通牒的请愿斗争，是月回到梅县，是年冬任中共梅县区特别支部宣传干事。1927 年 1 月，梅县区特支升格为部委员会，他任部委员会宣传部部长，后受命到平远发展中共党组织，在平远中学建立中共党支部并兼任支部书记。1927 年 5 月，回到梅县参加五一二武装暴动，为暴动领导人之一。暴动失败后，随队伍撤至农村。9 月初随八一南昌起义部队到汕头，后经香港至广州，参加 12 月 21 日广州起义。后又至香港，在省委宣传科工作。1928 年 4 月，奉命回梅县县委，29 日在扎田被捕，5 月 5 日在梅城东较场遭杀害，时年仅 28 岁。

温生才

温生才（1870—1911），字练生，梅县丙村镇井塘村人。1870 年出生于贫苦家庭，幼失怙。1907 年加入同盟会。1911 年 4 月 8 日，温生才手持五响快枪，向广州将军孚琦发射，中其太阳穴、脑门、颈项、身部各一枪，孚琦当场毙命。温生才在离去途中被巡警逮捕，15 日被押赴刑场，遇害后葬于广州黄花岗。梅县人民为纪念温生才烈士，把梅城的一条街命名为生才路，把丙村镇井塘村小学命名为生才小学。

饶辅庭

饶辅庭（1879—1911），名可权，字竞夫，广东省梅县区松口镇石盘桥村人。1911 年 3 月携妻赴广州，策划广州黄花岗起义，并被推举管理粮饷，掩护秘密革命机关。革命党人多次在其居处商议要事，逐渐受到清吏注意。4 月 27 日起义发动，在攻打督署之际遭到逮捕，清吏审讯数次，施以酷刑逼供，他始终坚不吐实，且责以大义。5 月 6 日英勇就义，为黄花岗七十二烈士之一。梅县人民为纪念他，将梅城中华路至程江桥头一条街，命名为辅庭路。

陈敬岳

陈敬岳（1870—1911），字接祥，广东省梅县丙村镇横石人。1903年赴海外遍历南洋各岛。嗣后加入中和堂，继又参加中国同盟会，积极从事反清革命活动。1911年4月参加广州黄花岗起义，广州起义失败后，陈敬岳回到香港，加入支那暗杀团，几次欲相机行事，未成。后返回广州，与林冠慈合力暗杀清朝广东水师提督李准，以扫除革命障碍。8月13日，暗杀团得知李准将由水师公所进城后，林冠慈与陈敬岳两人伺水师提督李准从广州南门外的水师公所（在今北京南路）入城途中，投掷炸弹，炸伤李准，林冠慈当场中弹牺牲，陈敬岳行至育贤坊时，被巡警逮捕。1911年11月7日，英勇就义。牺牲后安葬于广州黄花岗，为了纪念他，国民政府在其故乡横石建立了陈敬岳烈士纪念表（碑），正面原刻为国民政府总统蒋介石题款"陈烈士敬岳纪念表"。

邓仲元

邓仲元（1886—1922），原名邓士元，别名邓铿。广东梅县丙村镇白沙坪村人。7岁随父居惠阳淡水。1905年入读广东将弁学堂，次年任将弁学堂步兵科助教、公立陆政学堂教习，并秘密加入同盟会。1907年，他任广东新军学兵营排长，代理左队队官。1909年任黄埔陆军小学堂学长。曾任广东军政府陆军司司长、粤军总参谋长兼粤军第一师师长，参加过广州黄花岗起义、光复惠州、讨伐袁世凯、驱除龙济光、统一广东等战役，1922年被暗枪杀于广州白云路广九车站。烈士年仅36岁。孙中山以大总统名义追赠其为陆军上将，为他亲书墓碣。梅县人民为纪念他，将梅城东门路、西门路改名为仲元路、仲元西路。1986 年 1 月在丙村银场白沙坪建仲元纪念亭，立粤军上将邓仲元烈士纪念碑，供人民瞻仰。

周　增

周增（1892—1911），字能益，广东省梅县松口蟹形周屋人。15 岁时弃学从商。1908 年加入中国同盟会。1911 年辛亥广州起义前夕，谢良牧向统筹部认集敢死志士 30 多人，组成先锋队（敢死队），周增为敢死队员，随队赴广州。3 月 29 日晨，因起义事泄，清吏大肆搜捕革命党人，有中国同盟会会员前往天香街告知事泄消息，嘱暂避，周增因屋中多贮枪支弹药，力主坚壁严守。未几，清兵果至，周增持刀，与黄克强部 8 人拼力拒敌，血刃清兵数人，终因寡不敌众，力竭被擒。周增被捕后，在狱中坚贞不屈，审讯时，义正词严，痛斥清朝之腐败，夏历 4 月初与饶辅庭一起在广州东较场英勇就义，年仅 19 岁。梅县人民为纪念他，将梅城的一段路（原人民医院门诊部背后）命名为周增路。

张民达

张民达（1885—1925），广东梅县桃尧镇石螺岗人。马来西亚归国华侨，是民主主义革命时期杰出将领。辛亥革命前，张民达通过邓泽如介绍结识孙中山，后加入同盟会，在南洋联络华侨积极筹饷支持革命。1920 年后在粤军中历任营长、团长、旅长、师长等职，多次参加孙中山领导指挥的重大战役，身经百战，所向披靡。1925 年 4 月 25 日，张民达从蕉岭返汕头商议平乱，不幸在潮州覆舟殉难，时年 40 岁。翌年 8 月，国民政府追赠其为陆军上将。1953 年，中央人民政府追认张民达为烈士。张民达烈士故居是梅县文物保护单位和桃尧镇爱国主义教育基地。

李仁华

李仁华（1906—1935），曾用名李仁清，广东省梅县隆文镇村东绳继堂人。1921 年起先后考入启文中学、梅县广益中学、梅县学艺中学，是学艺中学学生会主席和创办人之一。在读书期间，积极参与革命活动。1924 年 1 月在学艺中学时参与反帝反封建的斗争。在 1925 年梅县成立新学生社梅县分社时被推选为委员，是 1925 年 12 月成立梅县党支部的第一批入党的人员。入党后，先后首任梅县支部宣传委员、共青团梅县特支宣传委员。1926 年 8 月在成立的共青团梅县地方委员会（辖梅县、五华、蕉岭、平远、江西省寻邬、福建省武平）任宣传部部长等职，是梅县大革命时期党、团组织主要领导人之一，梅县五一二工人武装暴动"斗委"领导成员。暴动成功后，5 月底"斗委"派李仁华与陈劲军、古柏、杨雪如等人北上武汉向党中央联系请示，回梅后先后在梅县县委和共青团东江特委工作。1935 年在广州不幸被捕，同年壮烈牺牲，时年 29 岁。

蒲风（黄日华）

蒲风（1911—1942），原名黄日华，曾用名黄浦芳、黄飘霞。广东梅县隆文坑美村人。1925 年考进梅城学艺中学。1927 年加入了共青团。1932 年任中国诗歌会总务干事。1934 年他东渡日本。1935 年在日本自费印《六月流火》等，其中《铁流》一书是最早歌颂红军二万五千里长征的诗歌集，曾受到郭沫若等人的好评。1936 年，蒲风从日本回到家乡梅县，将中国诗坛梅县分社扩大为中国诗坛岭东分社，出版了《中国诗坛》"岭东刊"。1938 年加入共产党，同年参加了抗日军队，受中共党组织派遣，到国民党陆军 154 师 922 团任上尉书记。1940 年秋，其夫妻由中共党组织安排到皖南，在新四军军部做文艺宣传工作。1942 年 8 月 13 日因病逝世于安徽天长县，年仅 31 岁。中华人民共和国成立后，被追认为革命烈士。其英名刻在皖南新四军烈士纪念碑上。

林一青

林一青（1900—1928），原名萌安，又名敏四。广东梅县西阳镇白宫阁公岭村（今梅江区）人。是早期中共梅县县委领导人之一。其先后在西阳中学、东山中学和上海南洋中学读书。曾赴香港经商，后返回梅州。1926 年，在立本小学任校长，聘请进步人士任教，开办妇女夜校，宣传妇女解放，破除封建迷信。是年暑假，参加中共梅州特别支部举办的教师培训班，学习期间加入共产党。1927 年任中共梅县县委委员。为支援革命斗争，他先后三次变卖自家水田，作为党的活动经费，购买枪支弹药。积极参与和领导了梅城五一二工人武装暴动，在成立的梅县人民政府中任政府委员。暴动成功后，转入西阳、白宫、明山、三乡一带山区，坚持开展革命斗争。1928 年 12 月 18 日，林一青不幸被敌抓捕。22 日凌晨，在梅城东较场被敌杀害，英勇就义，年仅 29 岁。

郑子重

郑子重（？—1943），曾用名郑任民，广东梅县松源镇采山村新楼下人。1926 年加入共产党。曾参加松源及松江区土地革命和各地的农民武装暴动。1929 年春参加松江区赤卫队总队，任二分队党代表。1931 冬奔赴闽西上杭、永定苏区，在张鼎丞部下，公开以风水地理先生身份为掩护，改名为郑任民、老余子，从事走村串户联络、担任交通员等革命工作。1937 年春受闽西党军政委员会张鼎丞派遣，与吴国桢、赖义斋等四人从闽西回到松源。发展了郑从政（中华人民共和国成立后任福建省公安厅厅长）、郑克新（郑荣英）、郑荣康、郑荣荫、郑德明、王振先（永定人，后任韩纵一支队队长）等 10 多位优秀青年加入共产党并输送到闽西参加红军游击队。1943 年冬，郑子重、王振先、陈仲平等中共党组织领导人在福建永定县下洋上川村一间学校开会时，遭敌人包围，在战斗中王振先、陈仲平等冲出重围，郑子重掩护战友不幸负伤而牺牲。

廖祝华

廖祝华（1903—1932），又名廖白，字愤生。广东梅县水车镇小立村人。1903 年出生在福建省漳州。少年在家乡小立学校、梅南龙文公学（梅南中学）、梅州中学就读。1924 年考进广东大学（中山大学）。1926 年 9 月加入共产党。1927 年初奉命回梅南中学任教，任中共梅南中学党支部书记。1928 年春任梅南区委书记。同年 10 月，任梅县县委书记。1929 年春成立梅县农民协会，兼任县农民协会主席。1930 年初，调东江特委工作，不久调任中共广州市委执行委员职务。1931 年九一八事变后，参加了由宋庆龄、杨杏佛领导的反帝大同盟活动。1932 年 6 月，廖祝华由香港回广州执行任务时，因叛徒出卖，不幸被捕入狱。于 1932 年秋，在广州黄花岗刑场被敌秘密杀害，年仅 29 岁。

许益辉

许益辉（1903—1930），福建省永定县峰市黄岗坪人。曾在广州农民运动讲习所学习。后回闽粤边永定峰市等地领导农民运动。1926 年加入共产党。1929 年 3 月，任中共松江区委副书记。同年冬整编松江区赤卫队总队，任区赤卫队总队第五分队队长兼党代表。1930 年 4 月许益辉代理松江区委书记。同月许益辉和赤卫队财粮委员吴杨生，去探望红四军留在松源珠玉村（继述堂）

治疗的红军伤病员时，被坏人告密，遭永定峰市国民党民团陈荣光勾结国民党梅县松口水上警察100多人，星夜包围珠玉村，许益辉率松江区保卫红军医院的第五分队赤卫队员、红军伤病员共同顽强抗敌，红军伤病员被打散，不少同志光荣牺牲，许益辉与部分红军伤员突围，到达桃溪塔子里村（益金楼），又被民团陈荣光部追兵包围，许益辉与吴杨生等掩护队员突围，未能走脱，藏在益金楼夹墙中，又遭坏人告密，敌兵纵火烟熏益金楼，许益辉、吴杨生被俘，并押往福建永定峰市。在峰市街三角坪等地，敌人对许益辉进行了蜘蛛挂壁、竹尖钉十指等残忍手法对其严刑毒打，也无法迫出口供，最后敌人用凶残的手段将许益辉杀害，并挂其首示众多天。共产党人许益辉壮烈牺牲时年仅27岁。

卢竹轩

卢竹轩（1902—1933），广东梅县大坪镇中村人。1926年入中国共产党。曾任梅西区区委书记、苏维埃主席。是土地革命时期梅县西部主要领导人，曾在梅西片多次领导暴动，曾发展起2000多人的梅西联队（赤卫队）农民武装。1933年在率梅西游击队参与攻打国民党第三区银前乡公所时牺牲，时年31岁。

吴汉超

吴汉超（1905—1949），原名超莽，化名方哥。1905年出生于广东梅县梅西崇化布上村一个农民家庭。1914年就读本村布化小学。1923年考入梅县东山中学，在校受到新思潮的影响。1926年6月考入黄埔军校潮州分校第二期第三队学习。7月国民革命军举行北伐，吴汉超随队参加，历任连长、营长。抗日战争爆发后，因不满国民党当局的消极抗日，毅然辞去副团长职务回到家乡。1938年，吴汉超经李发英介绍加入了中国共产党。1940年，吴汉超在李发英等同志的帮助下将原崇文、布华学校改造合并为崇化学校并任校长，聘请共产党员和进步人士任教，开展抗日宣传活动，化解了当时严重的姓界斗争。1942 年 6 月南委事件后，吴汉超就地埋伏下来，同年秋出任国民党李坑乡乡长。1944 年春被国民党梅县当局通缉，撤退到龙川县老隆师范学校。1948 年梅兴平蕉边县委成立后，吴汉超由边县委书记黄戈平派人通知回到梅西游击区工作。1949 年 2 月被任命为独四大队副大队长，3 月 21 日在梅西车子排松岗崇战斗中牺牲，时年 44 岁。

陈卜人

陈卜人（1917—1945），原名晏丞，广东梅县雁洋镇南福人。1935 年在松口加入了进步组织（读书会）。1937 年 3 月与王维、梁集祥、陈晓凡等九人在雁洋南福村李展新家秘密成立了梅县抗日义勇军，是梅县抗日救亡运动领导人之一。1937 年 2 月加入共产党。1938 年任新四军第二支队驻瑞金办事处主任、中共闽西南潮梅特委秘书长。1939 年 11 月上旬参加了在梅县松源田心村（蛟花堂）召开的中共闽西南潮梅特委第六次执委扩大会议。1942 年任闽西特委宣传部部长。1945 年任闽西特委副书记，后任闽西南特委副书记兼王涛支队政治部任主任。1945 年 9 月 10 日（农历八月初五）在梅县松源田心村（鹞子顶）作战时壮烈牺牲，年仅 28 岁。

1945 年 10 月，中共闽粤赣边委曾将王涛支队二大队改名为卜人大队，以示纪念。

郑克新

郑克新（1916—1940），原名郑荣英，广东梅县松源彩山村衍庆楼人。1937 年加入共产党。1938 年在闽西参加新四军。1939 年 1 月任抗日支队新四军二支队三团指导员，随部队北上抗日。

1940 年 8 月 2 日，在江苏横山、博望地区遭国民党顽固派大量兵力围攻，郑克新率部与敌激战，在江苏当涂横山战斗中壮烈牺牲，年仅 24 岁。

黄　炎

黄炎（1895—1931），广东大埔人。中共党员。1913 年在新加坡侨校任教。1927 年回国，历任大埔县暴动委员会主任、中共梅县县委书记、东江苏维埃政府执行委员、中共闽粤赣特委西北分委负责人、中共丰（顺）梅（县）县委书记等职。参与和领导梅县、大埔、丰顺苏区的武装斗争，建立工农政权，开展土地革命。1931 年秋被叛徒杀害。

黎　果

黎果（1903—1934），丰顺县丰良镇栏子下村人。1926 年在同乡共产党员黎凤翔的动员下，参加农民运动。在 1927 年 4 月 20 日和 5 月 15 日，参加了丰顺农民自卫军两次攻打丰顺县城的暴动，失利后跟随黎凤翔等农军上九龙嶂柑子窝坚持斗争。同年冬加入共产党。1930 年任丰顺县委书记，领导丰梅红军游击队在九龙嶂至桐梓洋大山中与敌周旋。1930 年冬任丰梅县委书记，1931 年 5 月改任组织部部长，1931 年 10 月继任丰梅县委书记至 1934 年冬。1934 年 5 月，黎果奉古大存之命，率红军班长陈华带 8 人在丰汤公路南蛤龙岗地段伏击国民党军，当场击毙丰顺县长林彬等人，使国民党当局极度惊恐并拖住前往进剿中央苏区的广东国民党军队。随后敌人对红军革命队伍进行疯狂的“围剿”，古大存把红军队伍转到大南山活动。是年冬，黎果化装到平原地区为游击队采购寒衣，遭国民党军包围，在突围战斗中壮烈牺牲，时年仅 31 岁。

罗观招

罗观招（1912—1930），女，广东梅县水车镇小桑新湖村人。从小卖给小桑坪下洋田坑里的钟月灵家做童养媳，钟家是贫苦农民，住简易平房，后面还有一个茅草寮屋。土地革命在小桑发展时，洋田坑钟屋许多人都加入中国共产党、工农革命军十团、赤卫队等组织。至1930年初，罗观招、钟月灵和他嫂子杨银妹等都是中共党员。小桑建立了乡苏维埃政府，主席杨立华（杨银妹胞兄）经常在这偏僻的洋田坑里罗观招的屋后山寮中开会。敌团防得知后多次来抓人都落空，因为开会时罗观招夫妇都为他们放哨。1930年3月间，敌连长吴××得知乡苏维埃政府干部和红军又在那里开会，便火速前往抓人，但又落空。敌人抓住了罗观招、钟月灵夫妇，要他们供出苏维埃干部、红军和赤卫队人员的去向。罗观招二人被敌人严刑拷打，敌人把其2岁的儿子杀害了，二人也忍痛不透露干部们的行踪。黔驴技穷的敌人放火烧了洋田坑的钟屋，又用铁丝将其夫妇二人的手心穿起来，游村示众，一直牵到水车圩岗上将其二人一起枪杀。临刑前，罗观招带头高喊"打倒国民党""共产党万岁！"等口号。

1964年广东省华南歌舞团到梅县巡回演出期间，根据罗观招、钟月灵夫妇英烈的光辉事迹专题创作了《春来山茶满山红》曲目赞颂罗观招、钟月灵烈士夫妇。

（功勋留史册，英名传后人。百多年来，梅县众多英雄儿女，为国家独立、民族解放、人民幸福，毅然投身革命，舍身报国，据不完全统计，梅县全县有姓名可查的烈士便有1127名（含1990年前梅江区），因上级老促会对编纂革命老区发展史文字要求所限，梅县有很多对革命作出巨大贡献的老前辈，众多革命烈士的史料、简介未能在书中一一表述，本书编纂人员在此向革命前辈、革命先烈及他们的后人深表歉意。)

三、叶剑英任梅县县长轶事①

1925 年 3 月 21 日，叶剑英被广州留守大元帅府任命为梅县县长。叶剑英在梅县执政时间虽然不长，但他的清正为民事迹至今仍广为传颂。

拒贿金，除恶僧

梅县境内有许多寺庙。离梅城东北 140 里，靠近福建上杭来苏里地界，有一座王寿山。山上有个广福寺，与阴那山的灵光寺齐名。寺里有个恶僧，表面上晨钟暮鼓、慈悲为怀，暗地里欺压民众、敲诈勒索、强奸妇女，无恶不作。天长日久，附近的老百姓不堪其苦，就告状到县衙门。这和尚头广用银两，疏通官府，反将告状人逮捕问罪，自己落个逍遥法外，继续作恶多端，祸及梅县东北各地区，百姓恨之入骨。

王寿山附近的受害乡民听说东征军到了梅县，来了"革命县长"，就联名写了一张状子，派人到县政府投诉。叶剑英也早耳闻王寿山有个恶僧，见了状子火速派人调查。那个和尚头听说此事，故伎重演，派出心腹到县里上下打点，特意给叶剑英送来 300 块大洋，他满以为这次送的钱多，保证可以过关。叶剑英经过调查，找来那个送礼的寺庙管事，严厉地训斥道："你们的案子，政府正在审理。你回去告诉老和尚，要老实交代罪行，规规矩矩，皈依佛法。他用 300 块大洋是不能赎罪的。别说 300 块就

---

① 引自《梅州日报》2018 年 7 月 1 日第五版《叶剑英任梅县县长轶事》一文；又见范硕《"青天"执政——叶剑英出任梅县"革命县长"二三事》，出自梅县区党史研究室编：《梅县红色故事辑录》，梅县区新城印刷厂印制，内部发行，2018 年 9 月，第 1—5 页；中共梅县县委党史研究室编：《梅县党史》，梅县新城印刷厂印 2012 年内部发行，第 367—370 页。

是 30000 块大洋也休想打动我的心！"说罢将大洋悉数退回。

和尚头一计不成，又施一计。他打听到叶剑英的母亲是个虔诚的佛教徒，便托人找她求情。叶剑英知道后，向母亲讲了恶僧的罪行，母亲听了也很支持儿子。

叶剑英经过审理，证据确凿，觉得不杀不足以平民愤，于是将那个和尚头捉拿归案，召开公审大会，就地正法。众人无不拍手称快，土豪劣绅闻风丧胆。

微服查访

叶剑英在繁忙的政务之余，还协助粤军二师师长张民达清剿和防范逃窜闽赣边境的陈炯明叛军，同时深入底层，体察民情。有时微服出访，检查部队纪律，发现问题立即解决。

有一天，他漫步在街头，听到一老一少在小声争议："当兵的不讲理，把我卖的那担粮压价，我找'长官'去评理。""不要去了，他们给你一半钱就不错啦，从前的兵是抢粮，如今他们总算给了钱，当兵吃粮是常理。"

听到这里，叶剑英停下脚步，问清缘由，就同他们一起去找那个买粮的连队，将少给的钱要了回来。

就是这样，叶剑英担任县长期间，励精图治，除弊革新，尤其容不得旧军队欺压老百姓的恶劣作风。难能可贵，令人钦佩。

四、在梅县召开红四军前委扩大会议陈毅传达"九月来信"等相关史事[①]

1929 年 6 月 22 日，红四军党的七大在龙岩城召开。由于对

---

① 见刘树发著：《陈毅年谱》，上卷，人民出版社 1995 年，第 138 页。又见《当代中国人物传记》丛书编辑部编辑：《陈毅传》，当代中国出版社 1991 年，第 112—113 页。又可见于"中国共产党新闻"党史频道"萧克军谈四军'七大'"节目。

陈毅传达中央"九月来信"的旧址——松源同怀别墅

红四军的性质和党对红军的领导权（党指挥枪）问题，在红四军领导层中认识有偏差，最终毛泽东落选前委书记一职。会后，毛泽东曾暂别红四军到中共闽西特委所在地蛟洋等地去做地方工作和养病。

1929 年 10 月 22 日，红四军前委书记陈毅，从上海带回中共党史上著名的"九月来信"返程时，途经香港、汕头，至当时中

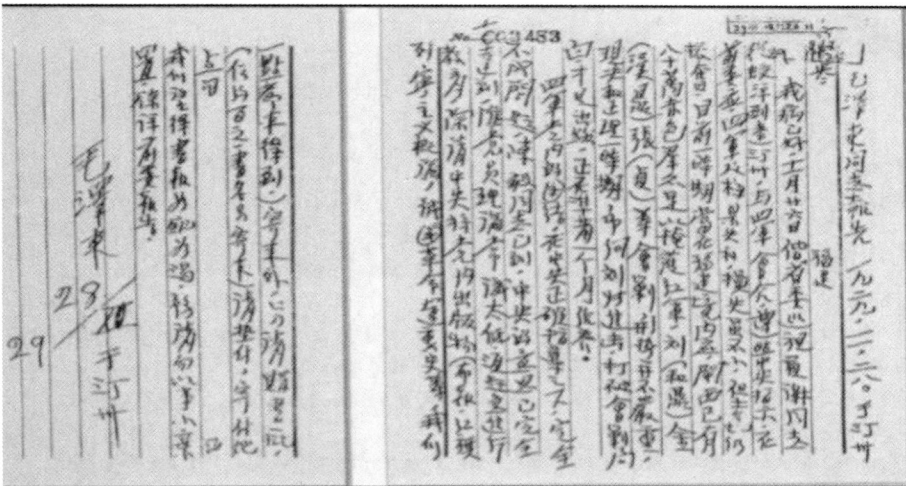

中央的"九月来信"扫描件

共东江特委所在地梅州丰顺。东江特委派罗欣然（东江特委军委委员）护送陈毅，来到松源同怀别墅与前委机关成员和朱德等见面。此时，朱德、朱云卿等率红四军出击东江的三个纵队共6000余将士已在松源集结，陈毅与朱德等红四军领导会面后首先询问毛泽东的近况，陈毅听了朱德的介绍后，说根据（按照）中央指示，要请毛泽东回来主持红四军前委工作，朱德表示完全赞同："我服从中央的指示，不过你欢迎他回来，他是否愿意回来，还很难说。"陈毅说："这个我负责，我相信，是可以把他请回来的。"

陈毅说，这次从（上海）中央回来就是为了纠正调和主义错误所造成的不良后果，他自己也要和同志们一起打倒"陈毅主义"，他当即向朱德详细介绍了在党中央的所见所闻。

22日当夜，在松源同怀别墅红四军军部召开前委扩大会议，陈毅传达中央"九月来信"。"九月来信"在总结红四军经验的基础上，着重指出"先有农村红军，后有城市政权，这是中国革命的特征，这是中国经济基础的产物"，肯定了毛泽东提出的"工农武装割据"和红军建设的基本原则。"九月来信"要求红四军维护朱德、毛泽东的领导，毛泽东"应仍为前委书记"。这次会议上肯定了毛泽东"工农武装割据"思想。在前委会议上，大家拥护中央"九月来信"，充分肯定了党对军队的领导制度。明确指出：红军由前委指挥，党的一切权力集中于前委指导机关，这是绝对不能动摇的原则。以前的会议思想路线争论已得到正确的解决，至此，红军领袖之间的隔阂和争论消除。统一明确了毛泽东倡导并在实践中推行的"党指挥枪"的正确方针。这是在梅县苏区重新明确毛泽东在红四军前委和苏维埃政权中的领导地位。

当天晚上的会议还决定请毛泽东回红四军前委主持工作。并开始筹备召开红四军党的第九次代表大会，以传达中央"九月来信"，改选红四军前委。

会后，陈毅派专人把中央"九月来信"送给在闽西的毛泽东，并附上自己一封信，请毛泽东回红四军前委主持工作。信中写道："从中央回来，于 22 日到军部。我俩之间的争论已得到正确的解决。七次大会我犯了错误，八次大会的插曲更是错误的。见信请即归队，我们派人来接。"陈毅在松源的几天时间里，接连写三封信，并请朱德和林彪也各写了一封信，说明 22 日晚在红四军前委传达中央"九月来信"后的情况，分三批次派红军通讯员快马，将信由松源送给在上杭县蛟洋养病的毛泽东。

红四军在松源休整了五天半，原计划经松口攻梅县、兴宁，因敌情变化，于 24 日凌晨从松源经蕉岭，25 日攻占梅县，26 日从梅城撤退到梅南、马图等地休整，31 日两次攻打梅县，战斗激烈，下午部队撤离战场，经梅西、平远、赣南返回闽西苏区。红四军出击东江，历时 13 天，虽未能按原计划实现战略任务，但对梅州各县革命运动起到极大的推动作用。

1929 年 12 月 28 日，红四军党的第九次代表大会在福建上杭县古田村召开。大会选举毛泽东、朱德、陈毅、罗荣桓、伍中豪、谭震林等 11 人为红四军前委委员，毛泽东当选为前委书记。至此，红四军党内的矛盾和争论，终于得到圆满解决，红四军在此基础上达到了空前团结，进入了一个新的发展时期。

综上所述，由陈毅在梅县传达中共中央"九月来信"的历史贡献，据中共党史相关资料及陈毅、萧克等历史见证人回忆的珍贵史料佐证，1929 年 10 月 22 日晚在松源镇金星寺边村同怀别墅由陈毅主持召开的红四军前委扩大会议，是从传达贯彻"九月来信"到古田会议召开过程中的一个重要节点。

附录五 文献资料

一、中共中央给红军第四军前委的指示信——中央"九月来信"

1929 年 10 月 22 日，陈毅从上海回到出击东江驻在梅县松源的红四军前委中，当晚召开前委扩大会议，传达中央"九月来

中共中央给红军第四军前委的指示信（1929 年 9 月 28 日）

信"。原文刊载于《周恩来选集》（上卷）。

二、叶剑英同志1951年8月1日给周总理的电报

电报录文如下：①

周总理：

　　关于组织南方老根据地访问团事，谨提出如下意见，请考虑：自广州公社一声炮响，海陆丰即在彭湃同志领导下树立起苏维埃红旗，并在粤东19个县约100万人口地区，展开了武装斗争，建立了苏维埃政府。多少革命志士和革命群众，或为苏维埃流尽最后一滴血；或因此而遭受国民党反动派的长期压迫摧残以致流离失所，家破人亡，更有部分地区坚持到抗日战争开始时期。且其后这些地区又成为我在华南发动及开展抗日游击战争和解放战争的主要基础。他们对革命的贡献很大，受反动派的摧残很惨而现在的生活也是很苦的，这些历史事实及其现状，都有特加宣传优抚和救济之必要。为此，我提议粤东亦以中央人民政府名义组织分团，并以古大存同志为团长前往慰问，以示中央对老根据地群众的关怀，并从而教育全省人民及干部，提高他们对广东党长期斗争历史的认识。内务部前次电示提组织粤东分团，谨将上述意见电请核示，以便克日出发访问。又粤北尚有部分地区是项英同志等坚持游击战争的地区，可否由该分团抽出一组前往访问，并请示遵。

叶剑英
8月1日

---

①　录自广东省档案馆存"叶剑英亲笔"电报。原文图片见文后。

叶剑英亲笔致周恩来电报

三、土地革命战争时期曾任中共梅县松江区委书记的赖一能于 1953 年写给林彪的信

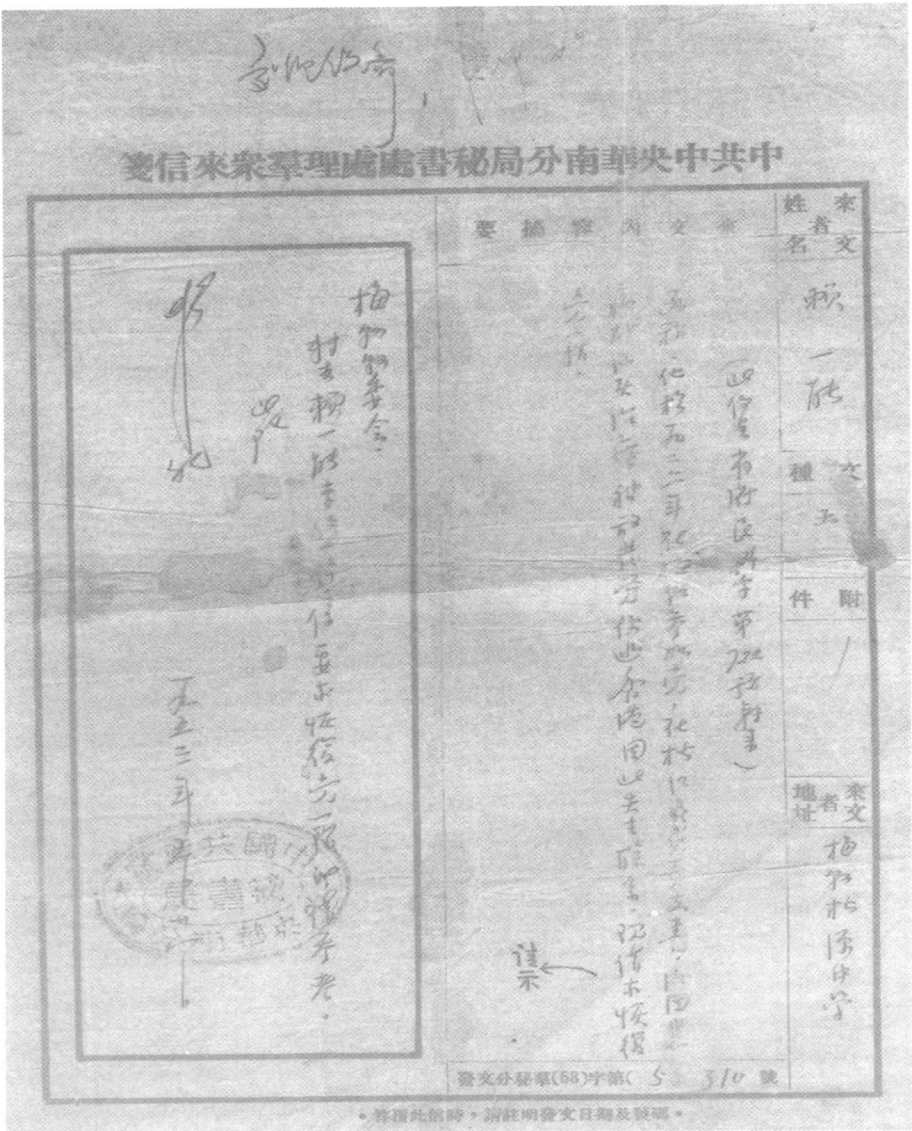

注：以上为土地革命战争时期，曾任松江区委书记的赖一能于1953年写给中南区军政委员会主席林彪的信，信中叙述其在土地革命战争期间，松江区如何配合红四军到松源及其个人在此期间领导中共松江区委，在梅县与松江范围及福建闽西苏区上杭蛟洋等地革命活动的历程，直至革命低潮时脱党的经历，他要求恢复其党籍的上访信件，后经中共中央华南分局秘书处以处理群众来信方式得到回复。信中反映的内容是梅县土地革命战争时期与闽西苏区斗争紧密相连的有力佐证。

四、中共中央党史研究室确认梅县为中央苏区范围的回复文件

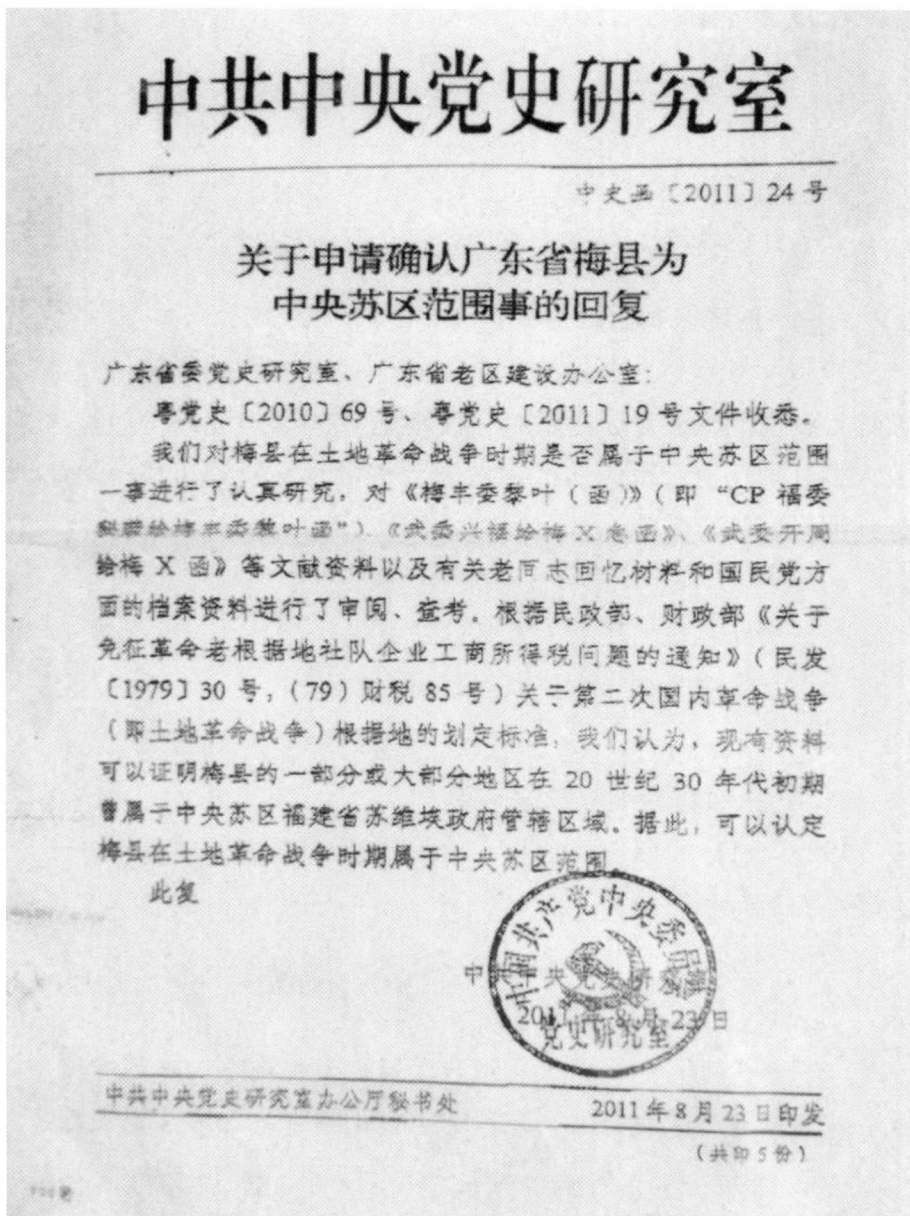

中共中央党史研究室

中史函〔2011〕24号

关于申请确认广东省梅县为中央苏区范围事的回复

广东省委党史研究室、广东省老区建设办公室：

粤党史〔2010〕69号、粤党史〔2011〕19号文件收悉。

我们对梅县在土地革命战争时期是否属于中央苏区范围一事进行了认真研究，对《梅丰委黎叶（函）》（即"CP福委裂灵给梅丰委黎叶函"）、《武委兴福给梅X急函》、《武委开周给梅X函》等文献资料以及有关老同志回忆材料和国民党方面的档案资料进行了审阅、查考。根据民政部、财政部《关于免征革命老根据地社队企业工商所得税问题的通知》（民发〔1979〕30号、（79）财税85号）关于第二次国内革命战争（即土地革命战争）根据地的划定标准，我们认为，现有资料可以证明梅县的一部分或大部分地区在20世纪30年代初期曾属于中央苏区福建省苏维埃政府管辖区域。据此，可以认定梅县在土地革命战争时期属于中央苏区范围。

此复

中共中央党史研究室办公厅秘书处　　　　2011年8月23日印发

（共印5份）

2011年8月23日，中共中央党史研究室确认广东省梅县为中央苏区范围的回复文件（复印件）。

附录六 红色歌谣歌曲

一、红色歌谣

（一）刑场讽刺山歌

1930 年松江区赤卫队文书吴应浩，在宝坑庵子隔执行任务时被捕，解送到松源乡公所关押，没泄露党的半点秘密。他被大批敌人押赴刑场执行枪毙前经过松源大木桥时，他雄赳赳气昂昂地奔赴刑场并放声歌唱：

> 脚踏桥板艳艳动，束多赖子来送终。
> 束多官员做孝子，死到阴间也光荣。

（二）杀敌首后编唱歌谣一首

1929 年 11 月 18 日，红四十六团等武装在取得夜袭官塘大捷之战中，敌营长张徐光被打死，县委宣传干部卜杏华编写了一首歌谣在梅县苏区内广为传唱，流传至今。歌谣原文：

> 月光光，白如霜；反动头子张徐光，烧杀工农到官塘。
> 红军夜袭打一仗，张匪身上中三枪，马上跌落箩来扛。
> 一扛扛到上黄塘，医生却说命不长，民国日报载端详，
> 呜呼哀哉见阎王。

二、红色歌曲

1947 年，闽粤赣边游击队取得了大麻出击、三乡歼敌等一连串胜利，在中共闽粤赣边常委朱曼平同志的倡议和领导下，由时任粤东地委宣传部部长梁集祥同志主笔、集体创作了《闽粤赣边人民解放军军歌》。1948 年 3 月 2 日，闽粤赣边游击队打下蕉岭后部队转移到梅县松源旱礤子村老山子的大坪休整期间，王立朝等同志在旱礤子村又创作了《中国人民解放军粤东支队战歌》，这两首歌在闽粤赣边区各部队和根据地的机关学校中广泛流传。

（一）《闽粤赣边人民解放军军歌》

军歌歌词如下①：

金沙暴动，工农起家，三年游击战，碧血鲜花。抗日烽火正猛烈，健儿们龙岩集结，慷慨上征途，转战江南江北。20 年艰苦斗争，风寒雨雪；千百次惊涛骇浪，天崩地裂；为民族，为人民，高举起毛泽东的旗帜。大麻出击，三乡歼敌，燃烧起战斗的火花；火花，火花，烧遍了闽粤赣边的原野；火花，火花，烧毁国民党的统治，烧毁蒋、宋、孔、陈四大家；火花，火花，烧吧！烧吧！以胜利的火花，迎接大军南下；以胜利的火花，解放全闽粤赣边区；以胜利的火花，建设新民主主义的新中华。

---

① 中共广东省委党史研究室编：《王立朝文集》，中共广东省委党史研究室 2002 年印制，第 57—58 页。

（二）《中国人民解放军粤东支队战歌》

战歌歌词如下[①]：

　　星光映着韩江，月色迷着铜鼓嶂，我们雄壮（的）粤东解放军，英勇领导人民来解放。我们扫荡梅、埔、丰；我们转战华、兴、平，进攻蕉岭城。你看：闽粤赣边广大人民上前方。你听：老百姓的呼声，慷慨而高昂，勇敢而坚强。

　　星光映着韩江，月色迷着铜鼓嶂，我们粤东人民解放军，英勇领导人民来解放，克服一切困难，打进敌人心脏，蒋匪帮的统治快灭亡，蒋匪帮的统治快灭亡。

　　（注：梅、埔、丰、华、兴、平即梅县、大埔、丰顺、五华、兴宁、平远）

　　（三）1964 年广东省华南歌舞团下乡演出队根据梅县水车镇小桑在土地革命战争期间的光荣斗争历史而创作的《小桑赞》。

---

① 中共广东省委党史研究室编：《王立朝文集》，中共广东省委党史研究室 2002 年印制，第 305 页。

小 桑 赞

黎煜明　词
陈祺雄　曲

1=B 2/4

```
3  3 5 | 3 5  3  3 - | 1. 1 2 | 3 2 i | 6 5 6 |
小  桑   啊      你 这 革 命 的 村 庄

0 i  6 i | 5  6 i | 2  i 3 | 2 - | 2 i 2 3 | 5  3 5 |
你 这 英 雄 的 人 民     人 们 都 在

6. 6 6 | i - | 0 2 3 5 | 6 5 3 | 2  i 3 | 5 - |
歌 唱 你 啊   歌 唱 你 革 命 的 故  乡

5  : | 5. 3 | 6 5 3 | 2  5 | i - | i 0 |
乡    革 命 的 故  乡

5 5 6 6 6 | i 5 6 | i. i 6 i | 2  i 2 | 0 3 2 3 | 5  3 5 |
一 九 二 七 年 大 革 命 赤 卫 队 员 闹 革 命 革 命 的 同 志

6  5 6 | 3 - | 0 i 2 3 | 5 - | 3. 5 | 6  2 3 |
遭 残 杀   热 血 洒 遍   全 小

5 - | 5 - | i. i i i | 2  i 6 | 5 - |
桑    春 雷 一 声 平 地 起

2  2 2 | i 2 | 3  i | 2 - | 3. 3 2 3 | 0 5 2 |
革 命 的 烈 火 小 桑 燃   土 豪 劣 绅 被 消

3  6 | i. 2 3 5 | 0 6 2 | 5. 3 | 2 i 6 | 5 - |
灭 嗨 红 旗 飘 处 现 太 阳   现 太 阳

5 - |
```

一九六四年四月二十三日广东省（华南歌舞团）
社会主义下乡演出队演唱

附录七 红军标语

在梅县境内的松源、梅南、梅西等地现仍保留下当年朱德率红四军来梅、土地革命时期留下的红军宣传标语有几百条之众。现摘录数条如下：

一、朱德红四军部分红军标语——松源福琳庄

松源福琳庄墙上的标语："打倒帝国主义,打倒土地阶级,打倒国民党政府是目前革命的三大任务。"(红军一团)

二、朱德红四军部分红军标语——松源继绳堂

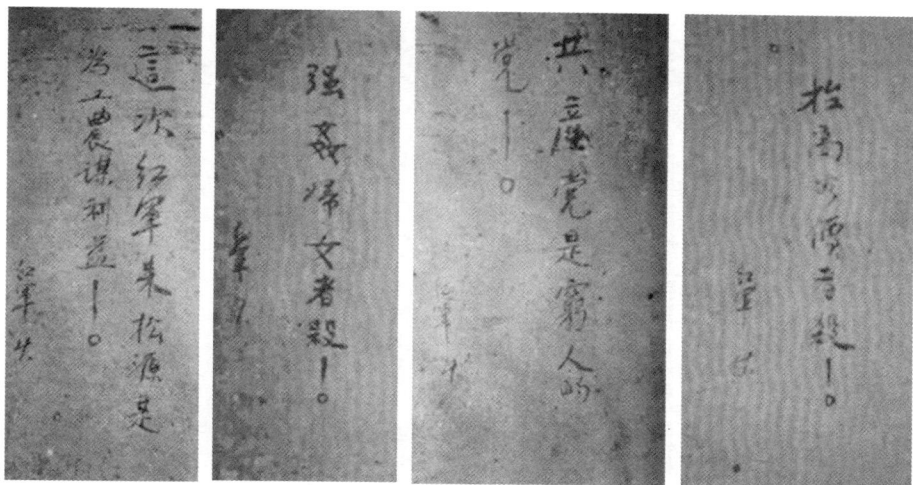

松源继绳堂墙上的标语："这次红军来松源是为工农谋利益！""强奸妇女者杀！""共产党是穷人的党。""抬高谷价者杀！"等8条。

三、朱德红四军司令部部分红军标语——松源同怀别墅

松源同怀别墅墙上的标语："推翻国民党政府（一九二九）。"

四、英文署名的红军标语——松源五星坪上村

"不完租、不完税、不完土豪的债"

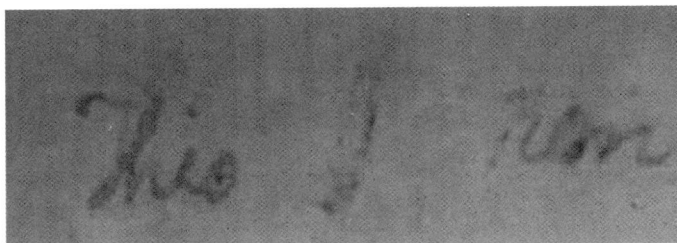

英文红军标语

五、红军标语库——梅南镇部分红军标语

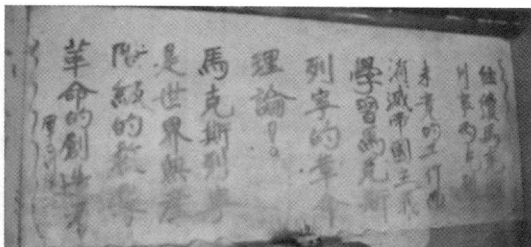

梅南顺里村来安楼楼内墙体保存有40条红军标语

墙体标语："继续马克思列宁两先烈未竟的工作消灭帝国主义，学习马克思列宁的革命理论！ 马克思列宁是世界无产阶级的救星，革命的创造者。 军事训练处"

六、红军十一军标语——梅南下村（瑞光庐）

梅南镇下村瑞光庐墙体部分标语之一："促成全省全国总暴动（红军十一军）。"

七、红军标语——梅南水尾村（星拱楼）

梅南水美村星拱楼的红军标语："士兵兄弟们：你要杀死反动官长，拖枪到红军来，解除你们的痛苦，才能得到快活。"

大事记（1925—1949）

一九二五年

三　月

20日　东征军建国粤军第二师师长张民达、参谋长叶剑英率部进入梅县境内畲坑、水车。23日，攻占梅县县城。张民达、叶剑英分别受命任梅州绥靖督办和梅县县长。

四　月

12日　叶剑英因赴珠海处理香洲兵变事去职离梅。叶剑英县长在任职期间，励精图治，曾多次到东山中学、学艺中学、丙镇中学等处作《苏联的革命和新经济政策》等演讲，积极支持和推动工农革命运动的发展。

12日　黄埔学生军政治部主任周恩来率本部和学生军由兴宁乘船抵达梅城。

15日　梅县各校师生及各界人士1000余人在东较场集会，庆祝东征胜利。周恩来发表演讲。

26日　周恩来由潮汕返梅，并出席梅县总商会东征祝捷大会，接受该会捐资10000大洋，会后同会长廖蔼贞等商会代表合照留念。

五　月

17 日　黄埔军校校长兼惠潮梅善后督办蒋介石由潮安经松口、丙村抵梅城。

十　月

中共广东区委书记陈延年，派大埔籍党员张维以新学生社特派员的公开身份来梅县开展工作。

十二月

月初　中共梅县支部在梅县城成立。事先，陈劲军、李仁华经洪剑雄、张维共同介绍加入中国共产党。会议由洪剑雄宣布中国共产党梅县支部正式成立，由张维任书记，陈劲军为组织委员，李仁华为宣传委员。

至本年底，梅县支部先后吸收了蓝胜青、刘裕光、胡明轩、古柏、杨维玉、杨新元等 10 多名党员。

一九二六年

一　月

梅县支部派蓝胜青回原籍兴宁县进行建党活动。2 月，成立中共兴宁党小组，负责人蓝胜青。

二　月

张婉华（省妇协执委，洪剑雄之妻）、邓颖超（中共广东区委委员，国民党广东省党部妇女部秘书长）以国民党广东省党部潮梅特派员身份先后来梅开展活动。

是月 党组织迅速发展，经广东区委批准支部升格为特别支部，由广东区委直接领导。张维任特支书记，陈劲军任组织委员，区委派贺遵道任特支宣传委员（后牺牲由杨广存继任）。

八 月

共产主义青年团梅县地区第一次代表大会在梅城召开，大会选举产生了共青团梅县地方委员会，以谢蔚然为书记，陈劲军为组织部长，李仁华为宣传部长，卢其新为学生部长，蓝柏章为妇女部长，肖向荣为秘书。梅县团地委下辖梅县、兴宁、蕉岭、平远、寻邬、武平等地团的组织。

一九二七年
一 月

1月 经广东区委批准，梅县特支升格为部委员会，广东区委派刘标粦为书记，张维为组织部长，吴健民为宣传部长，领导梅县、兴宁、五华、蕉岭、平远、寻邬、武平等县。

是月 中山大学学生、共产党员胡一声、郑天保奉广东区委领导人指示，在家乡梅南开展革命活动。他们以梅南中学为基地，成立了梅南中学支部，以廖祝华（廖白）为书记。

五 月

12日 在"斗委"的指挥下，梅县工人纠察队由胡明轩、黄龙广、朱舍我等人带领下举行武装暴行，暴动获得成功。同日和次日，松口、丙村、畲坑、西阳等圩镇也在当地党组织的领导下暴动，并获得成功。

13 日　由县总工会主持，梅县城各界在东较场集会，庆祝暴动成功。旋即又在县公署召开各界代表大会，成立梅县人民政府委员会，公推周静渊为主席，林一青、李铁民、朱仰能（以上均为共产党员）、钟贯鲁为委员，并布告安民。

月底　胡一声奉广东区委王逸常指示回梅南活动，不久，郑天保亦从广州回到梅南。他们在梅南中学收容和训练梅城被封闭学校转移来的革命学生。同时联络附近农会骨干，建立秘密武装队伍，准备武装斗争。

七　月

中共广东省委委派李桃弉、曾衡分别担任梅县党、团县委书记，负责整理暴动后的梅县党、团组织。

十　月

下旬　胡一声（蔡若愚）、郑天保（郑兴）率梅南农民武装 20 多人到梅丰边九龙嶂，与丰顺县张泰元、黎凤翔等领导的农民武装会合，经上级批准，成立广东工农革命军（东路）第十团（以下简称"十团"），郑天保为团长，胡一声为党代表，张泰元为副团长。并成立军事委员会，郑天保兼主席。十团成立后，即布告四方，远近农民自卫军闻讯后纷纷携枪带粮上山加入十团，队伍迅速发展到 200 多人。

十一月

28 日　由于团县委书记曾衡参与东山中学、学艺中学复校斗争活动而暴露，导致梅城团县委机关安定书室被敌破坏，团县委书记曾衡及工作人员温士奇、陈循昌等被捕，团组织恢复工作因此受挫。

十二月

月初　活动在九龙嶂的广东工农革命军（东路）第十团首次出击梅南官塘警察所，处决警长王彰文和当地恶霸钟亚应，群众闻之拍手称快。

是月　中共梅县委员会成立，书记李桃粦，组织部长杨雪如，宣传部长王之伦，职工部长朱子干，军事部长肖文岳，委员陈甦赤、黄国材、林一青。隶属后潮梅特委。

一九二八年

四　月

是月　中共松江区委在宝坑红葵坑成立，松江区参会代表24人选出书记赖一能，副书记苏树源、苏电，下辖宝坑、珠玉坑、桥背、松林下、石螺岗、隆文等支部。

月初（另有史料记载为3月28日）　发生县委内部枪杀宣传部部长王之伦事件。

29日　发生扎田事件。梅县党的秘密机关，县委扎田临时办事处扎田唐屋被敌破坏，杨广存、唐润元、林森端等县委干部被捕，许多党内文件、资料及党、团员花名册落入敌手。因此牵连被捕者30余人，一时白色恐怖弥漫梅城。5月22日，杨广存、唐润元、林森端被害于梅城。这是梅县建党以来第一批牺牲的党内同志。

五　月

梅县、兴宁、五华、丰顺、大埔的革命军和工农武装，因处境困难，陆续向梅丰边九龙嶂山区退却，后经古大存、郑天保牵头，成立了梅兴五丰埔五县暴动委员会，协调和指挥上述各县革命军和工农武装斗争，暴动委员会公推古大存为书记，郑天保、黎凤翔、刘光夏、罗欣然、黄炎为委员。并决定举行畲坑暴动，以打击敌人，集合同志，扩大政治影响，借此和上级取得联系。

六　月

上旬　古大存、郑天保等五县暴委指挥武装100多人，组织农民没收队近2000人，智袭畲坑民团，击溃敌人400余人，缴获武器物资一批，沉重地打击了敌人。畲坑暴动的消息传开，揭阳、潮安的工农武装负责人卢笃茂、张遇廉闻讯后来到九龙嶂。经协商，决定取消五县暴动委员会，成立包括揭阳、潮安和原梅、兴、五、丰、埔五县在内的七县联合委员会，作为党的领导机构，仍推古大存为书记，由郑天保负责宣传，由黎凤翔负责组织，其他各县代表为委员。

是月　省委通过报纸知悉了九龙嶂武装和畲坑暴动的情况，遂派出巡视员梁太慈来九龙嶂联系。

是月　由梅县松江区委书记赖一能率100多名赤卫队员，参加了闽西特委领导的上杭蛟洋农民武装暴动。

七　月

上旬　省委巡视员梁太慈来到梅县县委，在梅蕉边的羊古薮主持召开县委扩大会议，整顿和改组县委。会议批判和处分了原县委书记李桃舜、肖文岳，陈甦赤等县委领导人在王之伦事件中的错误做法。最后，决定李毓华为县委书记，朱子干为组织部部长，黄国材为宣传部部长，张昌英为委员兼秘书。

中旬　中共梅南区委成立，书记廖祝华；畲坑区委成立，书记钟文霞；西阳区委成立，书记温容清；梅西区委成立，书记卢竹轩。

九　月

在松江区委领导下，成立了松江区赤卫队，队长黄公仁，成员80多人，领导农民抗租税、打土豪，多次袭击松源、隆文、桃尧、三溪口等乡公所。队伍不断壮大，在王寿山、珠玉坑一带进行游击活动，还在珠玉坑开展过两次分田地试点。

十　月

是月　梅西区革命委员会和区赤卫队，在主席卢竹轩的领导下进行打土豪行动，在大坪枪毙了大土豪颜德荣和绑杀了到大坪催粮的粮差。同时，举行龙虎圩暴动，杀死龙虎警长洪石灵、梅西警长洪青敏。群众革命情绪极为高涨。

同月　县委书记李毓华脱离组织去南洋，县委调整书记为廖祝华，委员（分工未详）为熊光、朱子干、黄国材、林一青、李啸、黄龙广、李思绮。

十二月

18日　县委委员林一青等13人在西阳立本学校被国民党当局逮捕。

22日　林一青在梅城英勇就义，时年仅29岁。

一九二九年

二　月

春季　梅县农民代表大会在梅南顺里村召开，成立梅县农民协会，主席廖祝华（兼县委书记）。

六　月

中旬　闽西红四军前委派政治部主任陈毅来东江特委，商议红四军进军东江事宜。

是月　梅县革命委员会在梅南成立，主席是熊光。在此前后，县属梅南、梅西，梅北、梅东、西阳、畲坑、丙村等地区亦先后成立了革命委员会。

是月　中共附城区委成立，书记是伍晋南；中共白渡区委成立，书记不详。

十　月

19 日　红四军第一纵队由林彪、熊寿祺率领经蕉岭北礤、南礤步尚进入松源，在五星桥击溃驻敌陈维远部十三团一个营，毙敌营长、连长以下官兵 100 余人。这是红四军进入东江的首战告捷。

20 日　红四十六团在梅南长沙集中三四千群众武装示威，迎接红四军来梅。梅县县长雷国能逃跑。

20—21 日　红四军军长朱德率军部和第二、第三纵队（连同先期到达的第一纵队，共 6000 余人）先后集结松源。

22 日　红四军前委书记陈毅由上海经香港、汕头到达松源，带来中共中央 9 月 28 日给红四军前委的指示。是晚，召开前委扩大会议传达中央"九月来信"。

24 日　凌晨，红四军离开松源，取道蕉岭，相机夺取梅县。在离开松源时留下红军干部雷鸣远等及一批枪支给松江赤卫队。

25 日　晨，红四军从蕉岭出发经新铺、石扇、洋门进攻梅县城，击溃梅城守敌县基干大队。红四军进城后放出"犯人"200

多名，其中绝大部分是政治犯（其中有共产党员 10 多人）和无辜群众。当晚，朱德军长召集梅县党、团县委书记廖祝华、卢伟良等有关负责人开会，布置宣传、筹款、侦察等工作，并召集梅城工商各界人士开座谈会，筹款 2.04 万元。

26 日　东江革命委员会在梅城宣告成立，毛泽东、朱德、古大存、刘光夏、朱子干、陈魁亚、陈海云七人为主席团，并发布了由主席团七人联名签署的《东江革命委员会关于公布执行土地政纲的布告》。是日下午，东江革命委员会在梅城孔庙召开各界群众大会，朱德军长到会讲话。

30 日　红四军得知梅城守敌只有一个团的兵力，朱德军长在丰顺马图召开军事会议，决定反攻梅城。

31 日　晨，红四军由马图北洞、南坑等驻地出发复从轩坑过渡，经龙润窝、大沙、铁炉潭反攻梅城，激战约七个小时终未攻取。为避免被动，红四军主动撤出战斗，经城北、大坪、梅西向平远、寻邬转移。

十一月

10 日　畲坑、梅南区苏维埃政府先后成立，梅南苏维埃主席是庄洪兰，畲坑苏维埃主席是钟文霞。

是月　中共东江特委、东江革命委员会及东江红军军事政治学校等机关由丰顺迁来梅南水尾一带。

是月　东江西北七县（梅县、丰顺、大埔、兴宁、五华、平远、蕉岭）党部联合组成七县联席会议，任务是接受东江特委委托的工作，发动各县以"秋收"为中心的斗争。15 日，七联会即发出《致西北各县指示信》，要求以秋斗为中心，发动斗争，征集扩大红军和各级模范赤卫队，抓紧建立各级政权。

十二月

5日　梅南区苏维埃会议通过建立女红军连的议案，随后梅南女红军连成立，连长朱心（罗田径人），指导员王涛（湖南江城县人），全连战士50人。女红军连曾参加攻打畲坑之战，后分散编入红四十六团。

是月　县委书记廖祝华奉调东江特委，黄炎接任书记。委员（分工未详）有熊光、康健、叶明章、黄耀寰、李思绮、叶诗光、谢持等。

是年　梅县县委属下有梅南、丙村、畲坑、松江、西阳、白渡、梅西、附城、梅北等区委，共45个支部，400多名党员。

一九三〇年

二　月

是月　梅县工农兵代表大会在梅南顺里召开，到会代表200余人。大会宣布成立了梅县苏维埃政府（撤销梅县革命委员会），主席是熊光。

五　月

1—12日　东江工农兵代表大会在丰顺八乡山滩下庄屋坪召开，大会宣布成立东江苏维埃政府和中国工农红军第十一军，陈魁亚、古大存分别担任苏维埃政府委员长和红十一军军长。此次大会，梅县有数十名代表参加，其中黄炎、熊光、朱子干、叶焰骥被选为东江苏维埃政府执行委员，吕君伟、罗昭记为候补委员，黄炎、朱子干、叶焰骥为常委。

14 日　红四军再度从闽西进入东江地区，攻占平远县城，影响广泛，梅县军民群情振奋。

六　月

梅埔丰革命根据地的发展，引起了反动派的恐慌，调国民党军张达旅驻防梅县，会同新上任的县长江璇，千方百计加强地方警力，向苏区军民进行疯狂"进剿"。从 6 月至次年 2 月这八个多月的时间里，"进剿"苏区根据地达 61 次，疯狂屠杀干部、群众 2000 余人，抢劫粮食、物资，焚毁民房，难以计数。

十一月

闽粤赣边区第一次党代表会议在大南山大溪坝村召开，中共广东省委派李富春、邓发主持大会。根据中央的指示，会议决定撤销东江行动委员会，成立闽粤赣边区特委，以邓发为书记。同时决定在东江地区分别成立直属于闽粤赣特委的西南分委和西北分委，梅县隶属于西北分委。

十二月

梅县行动委员会撤销。同时根据西北分委的指示，梅县、丰顺两县党组织合并，组成丰梅县委，书记黎果，副书记叶明章，常委周翠英、古远、黄耀寰、饶集庭、陈耀。叶明章兼丰梅苏维埃主席。

一九三一年

春季　黎果、叶明章带领短枪队员先后袭击了平远长田、梅西龙虎圩、大坪、石扇、梅南水尾等地敌人，通过艰苦工作，梅南、梅西两地的工作有很大进展。

十　月

闽西苏区中共福建省委为了配合中央苏区工作，派武平象洞区委宣传部部长陈仲平到梅县松源的梅蕉六甲联立中学，以插班读书为掩护，加强梅县党的建设和开辟梅县东北部通往中央苏区的秘密交通线的工作。

一九三二年

春季　东江特委委员杨雪如在梅城西郊被敌跟踪围捕，不久被枪杀于梅城北门岗，时年35岁。杨雪如于20世纪20年代初在上海大学读书时加入中国共产党，是梅县较早的党员之一。

四　月

是月　陈仲平在松源梅蕉六甲联立中学与进步教师王建良组织了半公开的读书会——澎湃社，参加者有王春风、王宝钦、王芟祥、王立宪、王玉清等。

一九三三年

上半年　陈仲平在松源梅蕉六甲联立中学赤色学生会组织中，首先发展了王建良（教员）、王宝钦、王春风、王芟祥、练万金、陈亚寿（炊事员）入党，又在校外吸收了做鞋工人王文湘和农村青年王兴书等人入党，成立中共松源支部，书记是陈仲平，隶属中共武平县委。

一九三四年

一　月

是月　越南革命者斐公光（化名李英、李碧山）与共产党员王建良在汕头大原牙科医院相遇，在交谈中，彼此告知了政治面目。王建良便把他带到松源，与中共松源支部书记陈仲平取得联系，李碧山要求前往中央苏区。

二　月

是月　陈仲平经武平县委同意，选派党员王建良、王文湘与李碧山前往江西瑞金中央苏区。三人于月底安全到达后，均被安排进中央党校学习。后来，王建良、王文湘在苏区牺牲。李碧山在党校学习期间被吸收成为中国共产党党员，后被分配到中华全国总工会工作。红军长征时，李碧山留在地方，后又艰难辗转回到梅县、汕头。

五　月

是月　古大存、黎果带领武装队伍在丰汤公路的南哈龙岗地段伏击敌人，当场击毙国民党丰顺县县长林彬，并贴出布告吸引敌人。随后再派出武装，袭击梅南水尾团防，烧毁炮楼，袭击梅北银场圩乡公所等，协助中央苏区反"围剿"，拖住了国民党第二军军长李扬敬部前往江西"围剿"中央苏区的行动。

一九三五年

上半年　陈慰慈、林玉明、王勉、陈海萍、李显云等在松口组织成立青年读书会。读书会以陈慰慈从上海带回的 400 多册马列主义书刊和从上海新订购的《现世界》《大众生活》等抗日书刊为基本读物。陈慰慈等与松源陈仲平、王维，丙村李一村（李菊生）、谢影等进步分子建立了联系。

一九三六年

二　月

是月　中共松源支部书记陈仲平受聘到松口公立小学任教后，王维便成了松源抗日救亡运动主要的组织者之一。从此，松源和松口的抗日救亡运动便紧密联系在一起。

六　月

农工党广东省组织派陈晓凡、陈季夫等回梅开展抗日救亡工作，陈晓凡以中华民族解放行动委员会（第三党）的身份，从汕头回到梅县，发起组织梅县抗日救国会。全县抗日救国代表会议在雁洋南福村陈卜人家里召开，会议选举陈晓凡为主席，李显云为组织部部长、林汝舜为宣传部部长。代表会还制定了救国会的组织纲领和行动纲领。救国会领导机关设在松口，还负责编辑出版《救亡周报》。

一九三七年

一　月

是月　王立宪从汕头回松源路过松口，曾向陈仲平报告，潮汕有位（李碧山）中共党组织领导人。后经陈仲平的联系，中共潮汕工委书记李碧山受党组织（后称韩江工作委员会）派遣来到梅县松口开展工作。李碧山在松口找到陈仲平，首先恢复了陈仲平的组织联系，从而使中断了上级联系两年多的松源党支部重新找到了上级组织，结束了独立活动的状态。李碧山批准恢复了陈慰慈的党籍，并由陈仲平介绍发展了松口第一批党员王勉、李显云、林汝舜，成立了中共松口支部，书记是陈仲平。

是月　在李碧山的主持下，中华抗日义勇军梅县松口小队成立，队长是李显云，最初有 10 多个成员。这是党的秘密外围组织，有严密的组织纪律。之后，梅城、松源、雁洋、丙村、南口、象洞（福建省武平县属）等地在发展党组织的同时也组建了抗日义勇军组织。

二　月

是月　李碧山在梅县城首先恢复了王芰祥的组织关系后，又吸收了黎邦、黄芸入党，成立了中共梅城支部，书记是王芰祥。

是月　陈仲平在松源发展了王维、王立俊、张春汉、陈振厚、陈秉铨等人入党，并进行支部改选，王维任书记，王立俊任组织委员，张春汉任宣传委员。

是月　松口发展了第二批党员温碧珍、梁隆泰、张惠铺、温汝尧等，成立松口第二支部，李显云任支部书记。

三　月

由李碧山主持，全县抗日义勇军代表会议在雁洋松坪召开，参加者有李碧山、李显云、梁集祥、陈卜人、李文藻和李展新夫妇等 7 人，会议决定成立中华抗日义勇军梅县大队，大队长是李显云。大队部设在松口，受党组织直接领导。

五　月

根据中共潮汕工委的指示，中共梅县工作委员会在松口成立，书记王勉，组织部部长陈仲平，宣传部部长陈海萍，青年部部长李显云，保卫部部长林汝舜。机关设在松口。

六　月

中共松源区委成立，书记王维，组织委员王立俊，宣传委员张春汉。

十　月

中共韩江工委迁驻梅城，同时成立潮汕分委，领导成员调整为：书记李碧山，副书记兼组织部部长伍洪祥，宣传部部长李平（兼潮汕分委书记），青年部部长黄芸，妇女部部长温碧珍。

十一月

中共梅县城区委员会成立。书记是黎邦，组织委员是丘国华，宣传委员是王芨祥。

十二月

根据闽粤赣省委指示，撤销中共韩江工委，潮梅地区分别成立潮汕、梅县两个中心县委，由直属省委领导。梅县中心县委于本月在梅城成立，书记是李碧山，副书记是伍洪祥，组织部部长吴国桢（吴超群），宣传部部长黄芸，妇女部部长温碧珍，委员陈仲平等。梅县中心县委下辖梅县、大埔、兴宁、蕉岭、武平等地党组织。梅县中心县委成立后，原梅县工委即被撤销。各区委直属中心县委领导。

冬　中共丙村区委成立，书记是陈孟仁。

一九三八年

一　月

根据国共两党谈判协议，闽粤赣边红军游击队于本月正式改编为新四军第二支队。是月，梅县中心县委动员组织了近80名党员和进步青年到闽西参加新四军第二支队。此后至1939年上半年，先后输送了几批人员，共100多人。

二　月

20—22日　闽粤赣省委在龙岩龙泉召开第一次执委扩大会议，决定将闽粤赣省委改称为闽西南（潮梅）特委，方方为书记，谢育才为副书记兼组织部部长，李碧山为宣传部部长，范乐春为妇女部部长，伍洪祥为青年部部长。

三　月

初　李碧山调任特委工作，梅县中心县委由伍洪祥接任中心县委书记。

15日　16架日军飞机首次空袭梅县，目标是梅县古塘坪机场，死伤群众5人。此后，敌机不时骚扰，至1939年6月止，共空袭19次，来机130架次，投弹233枚，死伤群众40余人；而敌机被击落1架，自坠2架，6名跳伞飞行员被苏区军民击毙。

八　月

是月　梅县中心县委组织部部长吴国桢调往闽西工作，由松源区委书记王维接任该职。

下半年　中共梅蕉武中心区委成立，下辖象洞区委、松源5个总支和隆文总支，全区党员200余人。中心区委书记是王立俊，组织部部长王立朝，宣传部部长肖蔚然，统战部部长黄清宇，妇女部部长王静娥。

十　月

梅县中心县委成员调整：伍洪祥调回闽西，李碧山复任书记，王维仍为组织部部长，陈光（陈华）为宣传部部长。

一九三九年

一　月

21—25日　中共闽西南潮梅特委第五次执委扩大会议在福建龙岩白土后田村召开。在中共闽西南潮梅特委第五次执委扩大会议上，梅县松源区委被评为唯一的模范区委，南口支部被评为模范支部。

三　月

闽西南潮梅特委机关由闽西迁至梅县，方方、姚铎、陈卜人等特委领导人，先后分别在梅县城郊大浪口、泮坑、芹菜洋以及松口、雁洋等地隐居指挥，直至1940年夏才离开梅县迁至大埔。

五　月

梅县中心县委书记李碧山调闽西南潮梅特委工作，中心县委领导成员有所调整，王维接任书记，梁集祥任组织部部长兼青年、妇女部部长（后蔡元真），陈光任宣传部部长。

十一月

11—17 日　中共闽西南潮梅特委第六次执委扩大会议在梅县松源田心村上新屋、梅县中心县委书记王维同志家中召开，出席会议的有特委领导成员及闽西、闽南、潮汕、梅县四个中心县委代表共 24 人。会议的中心内容是贯彻中共中央指示，讨论荫蔽精干、蓄力待机的方针，准备应付突然事变，并选举出席党的第七次全国代表大会代表。会议最后选出叶剑英、边章伍（两人为中央指定参选代表）、方方、伍洪祥、苏惠、王维，谢南石 7 人为出席党的七大代表。

是月　撤销松源区委，成立梅蕉武边委，书记是王立俊。梅蕉武边委下辖象洞、隆文两个区委和松源一个总支部。

一九四〇年

六　月

是月　中共梅县中心县委将县、区一些已暴露或有暴露危险的领导干部撤离一线或作异地调换。潮汕中心县委干部马士纯、郑敦、王致远等先后调来梅县中心县委；梅县中心县委干部陈光、梁集祥、王玉珠等在此时亦先后调离梅县，其时梅县中心县委书记是马士纯（兼组织部长）。

是月　撤销中共梅蕉武边委，重建松源、象洞区委。松源区委书记是熊钦海，象洞区委书记是王芰祥。

一九四一年

二　月

潮汕中心县委干部马士纯因病离职治疗，王致远接任梅县县委书记（仍兼宣传部部长）。

九　月

根据潮梅特委指示，梅县县委改为特派员负责制，特派员王致远，副特派员谢毕真、陈德强。改设特派员制后，各级组织实行单线联系，个别接头，不开会，严格执行保密纪律，从而使党组织更加安全地巩固下来。

十　月

中共潮梅特派员林美南到梅县松源、象洞等地检查指导工作。

一九四二年

四　月

著名民主人士邹韬奋经广东党组织和东江纵队营救，从香港沦陷区经龙川转移到梅县畲坑江头村陈启昌家中隐蔽，陈启昌等奉中共香港党组织指示做安全掩护工作。（同年9月，邹韬奋离梅经韶关转移到苏北抗日根据地。）

六　月

6日　南委事件发生，中共中央南方工作委员会（简称"南委")副书记张文彬、宣传部部长涂振农被叛徒郭潜(原南委组织部部长)出卖,在大埔高陂被国民党特务逮捕,使南委属下党组织安全受到严重威胁。

中旬　潮梅党特派员林美南通知梅县党组织:停止组织活动三个月,党员不过组织生活,不互相联系。

是月　南委书记方方化名为商人陈瑞记,从大埔转移到梅县桃尧桃源村党员张春汉家,由张春汉等负责保护安全工作。9月,方方转移到福建峰市高寨背,由党员王立朝、张春汉等作掩护工作。

七　月

梅县党特派员王致远调离梅县,上级从潮汕调来曾冰接任该职。

八　月

南委书记方方与潮梅党特派员林美南在松源会晤,研究贯彻执行南方局的指示,做好南委事件的善后工作。

九　月

上旬　潮梅特委派去重庆向南方局汇报南委事件的张克回到潮梅特委,向林美南并通过林美南向方方传达了南方局周恩来的指示精神。

十一月

方方在福建省峰市高寨背被土匪误以富商绑架,后经王立朝、张春汉等与土匪谈判赎出,旋即转移至桃源村张春汉家。不久,先后由王立朝、朱毅宏、谢毕真、蔡伯诚等沿途掩护,转移至潮汕，1943 年 5 月再赴重庆。

一九四三年

一　月

潮梅党特派员林美南带领五六名潮汕党员在梅县城郊乌廖沙以种柑、种菜等为掩护隐蔽工作。林美南通过梅县党员杨微仪、谢禄秀、张韬、黄波、温再生、陈弘、宋梅通、梁碧华等在梅城和松口建立了联络点，与南委联络员李碧山和各县党的领导人保持着联系。这个活动据点一直坚持到 1949 年 7 月梅县解放后才最后撤离。

十二月

南委联络员李碧山与潮梅党特派员林美南在松口会晤，王立朝、谢毕真应召前往。

一九四四年

一　月

根据李碧山与林美南松口会晤的决定，谢毕真在松口以开设旧衣店为掩护，建立党的联络站，为逐步恢复党的组织活动作准备。

七　月

根据李碧山的指示，陈明、黎广可等人在江西筠门岭以酿酒为掩护，建立交通站，以便联系和指示梅县疏散隐蔽到江西南部各县的党员。

秋季　隐蔽在闽西南潮梅地区的党的负责人朱曼平、魏金水、林美南、李碧山等，经过多次密商酝酿，一致认为必须尽快恢复活动。为此，7月下旬，由林美南派原中共梅县学委书记吴坚前往东江纵队，向中共广东省临委书记、东江纵队政委尹林平汇报了上述意见和要求。

十二月

李碧山将原梅县副特派员陈德强（陈华）从寻乌调回梅县，与谢毕真一起恢复梅县党的组织。

一九四五年

二　月

李碧山派陈明为书记，组建中共梅埔丰边县工委（未设委员，由杨扬、黄戈平协助工作），负责领导梅埔丰边地区武装斗争和党的组织恢复工作。

三　月

6日　中共中央通过广东省临委转达正式批准闽粤赣边的潮汕、梅埔和闽西党组织，以武装斗争为中心恢复活动，并决定今后闽粤赣边党的工作由广东省临委暂时兼管。闽粤赣边区（包括梅县、兴宁、大埔、蕉岭、平远、永定、寻乌、上杭、武平）特派员是李碧山，闽西南特派员是朱曼平，潮汕特派员是林美南。

春季　李碧山派陈明和大埔县银江乡乡长张剑真到梅县三乡

拜访从外地回乡的著名民主人士张文，向他宣传我党统战政策，共商抗日大计。

五　月

中共梅县工委成立，书记陈明，组织部部长杨扬、宣传部部长黄戈平。

六　月

李碧山将领导机关和韩纵电台从福建省平和县长乐村，迁到梅县三乡小都黄泥坑。此后不久，闽粤赣边纵电台与东江纵队电台联通。抗战胜利前夕，又与党中央电台联通。从而，标志着闽粤赣边党组织在南委事件后中断了三年之久的、与党中央的直接联系恢复了，这对边区党的工作和武装斗争产生了巨大的影响。

九　月

11日　韩纵一支队和王涛支队二大队共同派出的小分队，前往松源一带活动时，在松源鹞子顶遭敌袭击，随队行动的闽西特委副书记陈卜人和陈盛、阿明三位同志不幸中弹牺牲。

是月　中共附城、梅西区委成立。附城区委书记是李克平，梅西区委书记是叶雪松。附城、梅西区委均隶属于梅县工委。这是梅县党恢复活动后最先成立的两个区级领导机构。

十　月

中共梅县工委改为特派员负责制，特派员陈明，副特派员黄戈平、杨扬。

十一月

中共闽粤赣中心县委在梅县三乡黄泥坑成立，书记李碧山。闽粤赣中心县委下辖梅县、兴宁、大埔、蕉岭、平远、永定、寻邬、上杭、武平等县党的组织。中心县委的成立，标志着梅埔地区党的领导机构的统一和健全。

一九四六年

二　月

20—29日　中共闽粤赣中心县委在铜鼓嶂沙窝里村，召开第一次执委扩大会。中心县委领导和梅县特派员、梅埔丰、梅蕉武埔边县委及各支队负责人参加了会议。最后会议成立了中共闽粤赣中心县委执委会，选举李碧山为书记、梁集祥为副书记。

四　月

中共梅埔丰边县工委转为正式县委，书记何勇为，组织部部长刘健，宣传部部长刘富文。

六　月

党的七大代表王维（1939年梅县中心县委书记），在延安参加党的第七次全国代表大会之后回到闽粤赣中心县委，传达了七大精神及中共广东省委的指示。

七 月

是月 闽粤赣中心县委在梅县三乡小都村大横坑召开扩大会，各县县委主要负责同志参加了会议。这次会议进行了整风学习和审查干部。

是月 经党中央批准，闽粤赣中心县委书记李碧山回其原籍越南工作，中心县委在三乡大横坑召开大会，欢送这位对粤东地区革命斗争作出重大贡献的国际共产主义战士。此后中心县委书记由张全福接任。

九 月

县特派员陈明奉上级命赴香港中央香港分局任政治交通员，由廖伟接任中共梅县特派员。

十一月

是月 撤销闽粤赣中心县委，成立梅埔地委，隶属中共闽粤边工作委员会。梅埔地委实行特派员负责制，特派员是张全福，副特派员是陈仲平、何献群。

是月 根据闽粤边区工委关于各级武装问题的决定，梅埔地委决定组建了梅埔地委特务队，队长程严，政委王立朝，副队长徐达。

一九四七年

五 月

是月 根据边工委决定，梅埔地委改称为粤东地委，书记张全福，组织部部长陈仲平，宣传部部长陈明。

中旬　闽粤赣边区人民解放军粤东支队成立，支队长刘永生，政委杨建昌，副支队队长程严、廖启忠、徐达，副政委兼政治处主任王立朝。

七 月

18日　闽粤赣边工委在大埔县严背斜召开执委扩大会，根据中央香港分局的指示精神，决定将边工委主力——粤东支队，扩编为闽粤赣边区人民解放军总队（对外仍称粤东支队），刘永生为总队长，魏金水为政委，朱曼平为副政委。

八 月

8日　粤东地委在大埔麻子坜召开第一次执委扩大会，边区工委朱曼平、刘永生、王维及支队领导到会指导，各县县委领导参加会议。

九 月

上旬　粤东地委派梅县特派员廖伟到梅兴丰华边开展工作，任务是建立游击根据地，组建边县委和边县武装。梅县特派员复由陈明接任。

十 月

28—30日　粤东支队在梅埔边县委和游击队的配合下，出击梅县三乡，经两天一夜顽强战斗，歼灭了盘踞在三乡中和学校内的敌梅县保警第一中队（中队长何源），击溃敌援兵梅县保警第二、第四中队。

十二月

30 日　根据中共闽粤赣边工委和粤东地委决定，梅埔边县委和独二大队抽调李健华、刘铁珊等 10 多人组成韩江税收队，在水兴口、英雅等地实行试收税，以解决军队给养。

一九四八年

一　月

1947 年 12 月 24 日至 1948 年 1 月中旬　粤东地委在丰顺马图召开第二次执委扩大会，边工委常委朱曼平、刘永生、王维到会指导。王维传达了中共中央香港分局的指示，朱曼平作关于"形势和任务"的报告，王立朝作"粤东支队在建军工作上的初步总结"报告。这时，粤东地区已按地理条件形成了 7 个边区，会议决定，各区域立即成立县委；并将各属游击大队统一改编为独立大队，受支队和县委双重领导。统一规定的番号为：埔丰边为闽粤赣边区人民解放军粤东支队独立第一大队（以下简称为"独×大队"）至独立第七大队，另地委直属一个税收大队，番号为独八大队（粤东支队属下后来还成立了独九、独十两个大队）。

二　月

18 日　梅埔边县委在梅县三乡小都竹头墩传达贯彻地委马图会议精神，并对部队进行整训和改编。

中旬　粤东支队独八大队在梅县三乡寨上村成立。这是一个专门负责武装征收韩江出入口货物税，以解决部队给养的大队，直属粤东地委领导。

三　月

2 日　粤东支队主力在梅蕉杭武边县委和独七大队及当地民兵的配合下，一举攻克蕉岭县城，击溃敌自卫队、县警队等 5 个中队和 1 个便衣队，毙、伤、俘敌 90 余人，缴长短枪 300 余支，子弹 15000 余发，烧毁敌军械库一座。蕉岭一仗，震动粤东，影响很大。

五　月

31 日　根据粤东地委的指示，独二大队在大队长张其耀指挥下，将企图利用宗族关系，对张其耀进行策反的敌少将参议张光前生擒，给敌人以沉重的打击。

六　月

根据边工委决定，闽粤赣边区人民解放军总队改称为边区纵队，并把粤东支队改编为边纵直属一团。粤东地委另外重新组建粤东支队。

八　月

粤东地委在大埔银江乡冠山村举办粤东军政干部学校，负责人梁集祥。梅埔、梅蕉杭武、梅兴丰华等各县均派干部参加培训。

九　月

粤东地委在大埔银江内乡召开第三次执委扩大会议，会议决定地委机关由梅埔丰边迁至梅蕉杭武边，并发表《告各界同胞书》，宣布成立梅县人民政府，张其耀任县长（梅县人民政府除宣布了县长外，尚未有其他机构）。

十 月

上旬　根据闽粤赣边区党委决定，粤东地委在大埔境内的大坪村重新组建了地委主力部队——闽粤赣边纵第一支队，支队司令员郑金旺，政委廖伟（兼），副政委王立朝。

十一月

26日　闽粤赣边区党委指示：粤东地委改称为梅州地委，廖伟为书记，王立朝为副书记，陈仲平为组织部部长，何勇为为组织部副部长，谢毕真为宣传部部长。

一九四九年

一 月

1日　奉中共中央指示，中国人民解放军闽粤赣边纵队正式成立，司令员刘永生，政委魏金水，副司令员兼参谋长铁坚，副政委朱曼平，政治部主任林美南，副主任徐杨。至此，梅州地区人民武装正式纳入中国人民解放军的战斗序列。

三 月

8日　松源区人民民主政府（梅蕉杭武边县属）成立，区长王立俊，指导员黄桐。松源区人民民主政府是梅州地区第一个建立的区级人民民主政权，其意义和影响十分重大。

11日　刘永生指挥边纵一团，在梅兴丰华边县委、独三大队和当地民兵、群众的配合下，攻克梅县重镇畲坑，摧毁驻敌广东省第六清剿区第二指挥所、畲坑警察所、乡公所等，计毙、俘敌人50余名。

五　月

2日　闽粤赣边纵队发布《中国人民解放军闽粤赣边纵司令部命令》，命令国民党各级政府机关和军政人员，立即停止军事行动，派出代表到本部及本军所属部队，进行和平谈判。

上旬　通过民主人士杨凡的联络，陈柏麟、叶明章分别在白宫山区和梅县长沙圩，约见了国民党政府梅县县长张君燮和省保安团团长魏汉新的代表孔昭泉和魏鉴贤。

中旬初　梅埔丰边县委主要领导成员刘健、杨扬、张其耀等奉地委指示，到达梅县城郊坜龙坪，会同梅兴丰华边县委和一支队独立营，作好进梅城接管准备。

14日　由吴奇伟领衔，李洁之、曾天节、魏鉴贤、肖文、蓝举初、魏汉新、张苏奎联名在龙川老隆通电起义，投奔中国共产党和中国人民解放军。

17日　省保安十二团团长魏汉新和梅县县长张君燮在梅县城实行和平起义，接受中国共产党和人民解放军的领导。至此，梅县实现和平解放。

24日　梅县军事管制委员会成立，郑金旺（一支队司令员）为主任，陈仲平（梅州地委副书记、梅县县长）为副主任。军管会下设秘书、民政司法、财粮、文教、公安、社会、交通、卫生八个科和税捐稽征、新闻出版两个处，分别具体执行各项接管工作。同日，梅州地委委任陈仲平、张其耀、陈柏麟为正副县长，成立梅县人民民主政府。6月11日，梅县人民民主政府正式挂牌。

月底　梅州地委由城郊迁入梅县城济园，直接领导和参与了梅县城的接管工作。

六　月

10日　梅州地委决定撤销各边县，按原行政区划建县，分别成立各县县委和县人民民主政府。

13日　梅县人民民主政府在梅城东较场召开各界庆祝粤东解放暨梅县人民民主政府成立大会，党、政、军机关和各界群众20000多人参加，并举行庆祝游行。

28日　中共中央华南分局（即原香港分局）书记方方率部分机关工作人员，由揭阳迁来梅县，驻在城南水白。同时，闽粤赣边区党委书记魏金水亦率区党委机关从大埔角迁来梅县，与华南分局会合。

是月　县长陈仲平，副县长张其耀、陈柏麟先后奉命他调，上级委派王志安为梅县县长。

七　月

1日　华南分局、边区党委，梅州地委、梅县县委在梅县城南水白中学召开"七一"纪念大会，方方等同志作报告。

月初　被南下解放大军追赶溃逃的国民党胡琏兵团2个军4个师连同江西地方反动武装25000人，分东、西两路南窜，其中主力15000人于7月3日进入粤境平远县。

3日　华南分局召开紧急会议，分析敌情，布置撤退和抗击来敌事宜。

4日　华南分局、边区党委撤离梅县至大埔坪砂，其他机关、团体、学校亦组织迅速撤退。

上旬　梅州地委决定：保留各县建制，恢复战时各边县领导体系，以利独立自主地组织发动广大军民开展抗击胡琏军的游击战争。

八　月

8日　边纵直属一团在三乡击退胡琏军200多人。

25日　边纵主力护送方方和华南分局机关，从梅县尧塘出发北上江西赣州，参加由叶剑英主持召开的华南分局扩大会议。

31日　一支队司令部率二团收复梅县城。

九　月

2日　梅州地委机关进驻梅城南郊三角地。

6日　梅县县委、县政府派杨扬、陈秉铨等率短枪班进入梅城县府大院。随后，县委、县政府机关重进梅城办公。

25日　边纵一团、七团，在一支队二团的配合下，将松口之敌陈英杰五十三团500余人追至丙村予以歼灭，仅陈英杰率少数随从逃走。

30日　边纵一、七团，在一支队二团、一团的配合下，由边纵司令员刘永生指挥，在畲坑歼灭敌七十二团钟志群营，毙敌政宣主任、副营长以下118人，俘敌172人。至此，梅县境内胡琏残部已全部溃逃。梅县城乡全面收复。全县军民满怀胜利喜悦，迎来了中华人民共和国的成立。

梅县老促会组建与章程及历届领导机构

（一）梅县老促会组建与成立

梅县老区建设促进会成立于 1989 年，其时，老区各项基础设施建设薄弱，行路、照明、上学、看病、饮水"五难"问题相当突出，经济发展缓慢且地区之间发展很不平衡，许多人温饱问题尚未得到解决。为促进老区建设加快脱贫致富步伐，根据省老促会提议，各市、县要相应成立老促会的要求，时任县人大常委会主任的陈建同志多次与有关职能部门协商，召开当年在老区工作、战斗过的部分老同志座谈会商议组建老促会有关事宜。经过一段时间筹备就绪后，报县委批准，于 1989 年 12 月 2 日在县会议招待所会议厅正式成立"梅县老区建设研究促进会"，经过几年实践，为上下配合开展工作，从 1995 年至 2018 年先后推动三乡、梅南、松东、松源、隆文、石坑、畲坑、城东谢田、水车小桑等重点老区镇、村成立老促分会。梅县老促会成立以来进行了五次换届选举，先后挂靠梅县老区办、民政局、扶贫办。

老促会是以离退休干部为主，部分职能部门领导参加组成的"社会团体"，它在老区建设中起参谋、助手、桥梁和促进作用。

（二）梅县老区建设促进会章程（1989 年 12 月 2 日）

第一章　总则

一、梅县老区建设促进会（下称本会）成立于 1989 年 12 月，本会的成立是根据广东省老促会关于"为促进老区建设、加强联系配合工作，各重点老区县要相应设立老促会"的要求，由县人大常委会部分领导发起，报县委批准，经民政部门注册登记成立的"社会团体"。

二、本会以毛泽东思想、邓小平理论为指导，在宪法和法律范围内活动，在县委、县政府领导下开展各项工作。

三、本会由热心老区建设事业的离退休老同志、教师、科技人员和主要职能部门领导参加组成。

四、本会宗旨：服务老区人民，促进老区经济发展，加快社会主义新农村建设步伐。

五、本会作用：对老区建设事业起"桥梁、参谋、助手"作用。

六、本会组织下设镇村老促分会。

第二章　任务

一、深入老区调查研究，反映老区人民的意见和要求。

二、努力宣传老区的历史功绩、革命精神和奔康致富经验。

三、为老区建设提供信息、接受咨询、建言献策。

四、为发展老区经济做协调沟通和穿针引线工作，筹集资金支持老区建设。

五、协助党委、政府发动华侨、港澳台同胞和社会各界人士捐资帮助老区搞好基础建设，改善生产生活条件。

六、协助老区培训技术人才。

第三章　组织

一、本会的组织原则是民主协商制：民主协商产生理事会成员和领导机构。其主要职责是制定、讨论和决定本会的工作方针任务，制定工作计划并组织实施，听取和审议工作报告。

二、理事会设正副理事长及正副秘书长、常务理事若干人，均由理事会推选，并由上述人员组成常务理事，执行理事会的方针任务和工作计划。

三、每届理事会的领导成员任期五年，可连选连任。

四、本会聘请德高望重的老同志为名誉会长、顾问。

五、常务理事推荐2—3人负责日常工作。

第四章　经　费

本会经费来源由政府拨款和接受单位、热心人士赞助。

第五章　任　务

本会挂靠梅县相关职能部门。

（三）梅县老区建设促进会历届组织机构成员

第一届理事会
1989年12月2日

顾　　问：曾启珍　陈秉铨　陈　冰　姚　安　陈彬宗
理 事 长：陈　建
副理事长：廖　戈　黄琪振
常务理事：叶俊才　林　庠　黄良福
秘 书 长：黄琪振
副秘书长：蓝锦生　黄灼林

第二届理事会
1995 年 12 月 27 日

名誉理事长：李华扬

顾　　　问：张志瑶　曾启珍　陈　　冰

理　事　长：陈　建

常务副理事长：李锦祥

副 理 事 长：廖　戈　陈秉铨　黄琪振　姚　安　张启成
　　　　　　　余光旋

秘　书　长：梁启荣

副 秘 书 长：蓝锦生　李耿新

1997 年 1 月 15 日，增选蓝锦生同志为常务副理事长。

1999 年 1 月 29 日，推荐吸收李纪新担任副理事长。

第三届理事会
2001 年 3 月 27 日

名誉理事长：李华扬　陈　建　姚　安　廖　戈　杨　干

顾　　　问：曾启珍　陈　冰　陈彬宗

理　事　长：李锦祥

常务副理事长：张启成　蓝锦生

副 理 事 长：李纪新　黄琪振　余光旋　邓玉印

秘　书　长：蓝锦生

副 秘 书 长：刘元梦

第四届理事会
2006 年 4 月 13 日

名誉理事长：姚　安　陈　建　刘新生

顾　　问：曾启珍　杨　干　陈　冰　廖　戈

理　事　长：李锦祥

常务副理事长：张启成　蓝锦生

副 理 事 长：叶亚标　黄声洪　余光旋　邓玉印　古锡桧
　　　　　　　梁荣生

秘　书　长：蓝锦生

副 秘 书 长：刘元梦　安　平

注：2010 年 3 月 8 日，推荐吸收李耿新同志担任副理事长。
2010 年 12 月 30 日，推荐吸收曾令文同志担任副理事长。

<h2 style="text-align:center">第五届理事会</h2>
2012 年 3 月 27 日

名誉会长：钟秀堂

会　　长：黄声洪

副 会 长：叶剑灵　侯鹏伟　邓玉印　古锡桧　梁荣生
　　　　　李耿新　曾令文

秘　书　长：李耿新（兼）

副秘书长：安　平　叶立新　陈其树

注：2016 年 3 月 24 日，推荐吸收邱荣宗担任副会长。

<h2 style="text-align:center">第六届理事会</h2>
2017 年 3 月 27 日

顾　　问：李锦祥　蓝锦生　余光旋

会　　长：黄声洪

副 会 长：叶剑灵　李耿新　梁荣生　邓玉印　邱荣宗

秘　书　长：李耿新（兼）

副秘书长：陈其树　王继伟

注：2020 年元月 13 日推荐王继伟同志担任副会长。

《梅州市梅县区革命老区发展史》编纂委员会部分成员合影

前排左起：老促会副会长兼秘书长李耿新，老促会会长黄声洪，老促会副会长邓玉印，原梅县区委党史室副主任郭来生。

后排左起：老促会副秘书长王继伟，老促会副秘书长陈其树，原梅江区委党史室副主任黄水泉，老促会副会长梁荣生，梅县区委、政府调研室副主任安平，老促会副会长丘荣宗。

为建国七十周年献礼，中国老区建设促进会于 2017 年 6 月下发了《关于编纂全国 1599 个革命老区县发展史的安排意见》，2018 年 1 月广东省老区建设促进会、广东省老区建设办公室联合发文，要求全省的革命老区县（市、区）都应于 2019 年 10 月前完成编写《革命老区县发展史》一书的任务。

在梅县区委、区政府的关心、重视下，在梅州市老促会的具体指导下，在编委会全体同仁的共同努力下，经过近一年的奋战，《梅州市梅县区革命老区发展史》终于编纂完成。

《梅州市梅县区革命老区发展史》将梅县从大革命、土地革命战争时期，梅县党组织从 1925 年创建到 1949 年 10 月不断发展壮大、浴血奋战取得革命胜利的历史过程进行重点阐述；同时对中华人民共和国成立后在党和政府领导下全县发展变化，特别是在改革开放以来，党的十八大后取得的丰硕成果进行客观的记述展现在本书的有限篇幅之中。

本书编写方式，根据上级老促会有关要求，在突出梅县特色的总基调下，在编写方法上，采取以纪事本末体为主，结合编年体，以史为主，力争党的历史"纵不断链"，史论结合的写法。全书分为区域和革命老区概况、大革命时期和土地革命战争时期、抗日战争时期、解放战争时期、中华人民共和国建设时期、改革开放发展时期、附录革命旧址遗址和文献资料等章节，计约 30

万字。

梅县是有着光荣革命传统的革命老区，它开展革命斗争时间早、规模大、时间长、历史贡献多，涉及的革命历史事件影响大，革命历史人物多，在新民主主义革命建设时期，梅县党组织带领广大人民群众进行了艰苦卓绝的斗争，创造了辉煌的业绩，谱写了壮丽的历史篇章。梅县是广东省重点革命老区县、中央苏区县光荣队列中的成员。

中华人民共和国成立后，梅县人民在党和国家政府的领导下，积极投身到社会主义建设的伟大事业之中，在改革开放春风吹拂下，特别是党的十八大以来，以习近平同志为核心的党中央领导下，梅县的各项建设取得翻天覆地的变化，人民群众幸福指数一年比一年在长足提高。

盛世修史、以史为鉴，毋忘历史，这对于发扬革命传统，传承红色基因，弘扬苏区精神，不忘初心，牢记使命，与时俱进，都有重要意义。《梅州市梅县区革命老区发展史》为进入新时代的梅县区干部群众，特别是为青少年奉献出一份对梅县革命历史和红色文化传承教育的生动教材。

在本书编撰过程中，梅县区老促会的一批离退休的老同志，在黄声洪会长带领下，不辞劳苦，夜以继日，挖掘出不少的珍贵史料编入书中。全书于八月底完成初稿后，数易其稿，进行了系统的编撰和修改、校对，完成了繁重的统稿工作。

本书是在梅县区委区政府领导下，梅州市老促会罗德宜会长多次带领市老促会同志前来梅县指导，梅县区老促会全体成员上下一心，梅县区区委办、组织部、宣传部、党研室、史志办、档案局、扶贫办等有关部门通力协作共同努力的结果，是集体劳动和智慧的结晶。

本书由李耿新、郭来生、黄水泉、安平、王继伟、陈其树执笔编写；黄声洪、翁尚华、李耿新、郭来生、黄水泉、王继伟审稿。

在本书编写审核成书过程中，得到了梅县老促会成立 30 年以来历届老促会同仁的关心、鼓励，众多曾在梅县工作，不少还曾担任主要领导职务的老领导们的鼎力支持。值此《梅州市梅县区革命老区发展史》出版之际，对所有关心支持此书顺利出版的上级领导、同仁、相关单位、编撰人员表示最诚挚的感谢！

特别感谢王维、梁集祥、谢毕真三位年逾百岁的老前辈，梅县革命进程中的亲历者、领导者为本书作序、审稿。

由于本书编写时间短，要求表述内容时间跨度长（1925—2018 年），且受篇幅与文字总量要求等因素（不超过 20 万字），加上水平所限，本书难免存在错漏或表述不够准确之处，恳请读者朋友批评斧正。

《梅州市梅县区革命老区发展史》编委会

2019. 3